La crisis en Estados Unidos y México:
la dificultad de su salida

a **Emiliano y Natalia**

La crisis en Estados Unidos y México: la dificultad de su salida

Arturo Huerta González

Universidad Nacional Autónoma de México
México, 2010

Este libro se inscribe en el proyecto titulado "Fragilidad y vulnerabilidad de la economía mexicana: alternativas de solución", con el número IN304808, financiado por el Programa de Apoyo a Proyectos de Investigación e Innovación Tecnológica (PAPIIT) de la Dirección General de Asuntos del Personal Académico (DGAPA) de la UNAM.

Diseño de portada: Carlos Huerta

Primera edición: octubre de 2010
Primera reimpresión: 22 de marzo de 2011

ISBN 978-607-02-1718-0
Impreso y hecho en México/Printed and made in Mexico.

Capítulo 2

El fracaso de las políticas de rescate en Estados Unidos 103

Introducción

En sus dos primeros capítulos, el presente libro analiza la crisis en Estados Unidos (EU), sus causas y repercusiones en los mercados financieros, así como en la economía global; analiza también las políticas de rescate instrumentadas para ver a quién han beneficiado, y en qué medida han encarado los problemas que la ocasionaron. El texto muestra que la crisis se origina en el patrón de acumulación predominante, y además, se advierte que sigue tal cual, por lo que las perspectivas que se presentan no son de crecimiento, sino que seguirá el contexto de fragilidad y crisis recurrente. En los otros dos capítulos se analiza la crisis de la economía mexicana donde –a diferencia de lo dicho por el gobierno, de que ésta vino de fuera, y que la economía nacional estaba bien–, se demuestra que es consecuencia de las políticas económicas predominantes que nos llevaron a un alto nivel de vulnerabilidad externa, por lo que al caer la economía de Estados Unidos, se propició a que la nuestra cayera incluso más que las del resto de América Latina. En el libro se plantea una propuesta alternativa para alcanzar condiciones de crecimiento sostenido que sea más estable y más equitativo.

En el estudio de las causas de la crisis financiera presentada en Estados Unidos en septiembre de 2008, se abordan los aspectos vinculados al propio desempeño del sector financiero, potenciado en un contexto de liberalización y desregulación financiera y en la mayor disponibilidad de liquidez y bajas tasas de interés; que son resultado de las políticas contra-cíclicas establecidas durante el período 2000-2003. En dicho análisis se incorpora el hecho que el sector productivo y la llamada economía real no enfrentaban un gran dinamismo, ni ofrecían atractivas opciones de inversión, lo que estimulaba que los flujos de recursos se canalizaran hacia el sector financiero. Todo ello motivaba el desarrollo de la innovación financiera, manifestada en el surgimiento de nuevos instrumentos financieros que ofrecían rendimientos atractivos y otras opciones de inversión en los mercados, configurándose *boom* bursátiles que conducían al mayor distanciamiento de dicho sector en relación al comportamiento de la economía real. Se evidenciaba así que el rendimiento ofrecido por los títulos financieros no tenían respaldo en la generación de riqueza, sino que se sustentaban en el cumplimiento de expectativas del comportamiento de los precios de las casas –en el caso de los títulos que tenían respaldo en las hipotecas residenciales–, como de otros activos o insumos; los que a su vez, respondían más a las acciones especulativas de los agentes participantes en tales mercados. Se evidenciaba el carácter vulnerable y temporal de las burbujas especulativas, dado que cualquier cambio de expectativas en torno al comportamiento de los precios de los activos en que se sustentaba la emisión de los títulos financieros, derrumbaría dichos mercados. Ello aconteció cuando la Reserva Federal aumentó la tasa de interés de referencia –ante el temor de brotes inflacionarios que nunca se presentaron–, lo que acentuó los problemas de insolvencia ya presentes, lo cual llevó a la devolución de casas y a numerosos embargos, que trajeron consigo la caída del mercado de bienes raíces, así como el valor de los títulos financieros que tenían como respaldo sus hipotecas. Con ello se desvalorizaron los activos de las instituciones financieras –como de aquellas empresas poseedoras de tales títulos–, lo que generalizó los problemas de insolvencia, la caída de los mercados financieros, así como quiebra de grandes instituciones hipotecarias y bancos.

La actividad de la economía real rápidamente se afectó, tanto porque gran parte de sus activos eran títulos financieros que se desvaloraron, como por la restricción crediticia; lo que repercutió a su vez en la caída de la inversión, del consumo, y por tanto, de sus ingresos; acentuándose los problemas de insolvencia que retroalimentaban la problemática del sector bancario-financiero.

El gobierno estadounidense tenía que actuar, ya que al dejar a la economía a las libres fuerzas del mercado, implicaba la profundización de la crisis, debido a que continuarían desvalorizándose los activos financieros, así como la caída de los mercados de capitales, conduciendo ello a mayores problemas de insolvencia, a la deflación de deuda, y de la economía. Ante ello, el gobierno estadounidense, junto con la Reserva Federal intervinieron, e inyectaron liquidez a los mercados y redujeron la tasa de interés, a fin de frenar la caída de los mercados financieros y la desvalorización de los títulos financieros. Los rescates se centraron a favor de lo financiero, como si el problema se circunscribiera sólo a dicho sector, o como si el comportamiento de éste no estuviera vinculado a la economía real, es decir, a los ingresos de empresas e individuos, que es lo que finalmente determina la demanda por los activos –insumos, casas, etcétera–, en los que estaban sustentados los títulos financieros, así como el reembolso de las deudas contraídas, y por tanto, el valor de los títulos y la solvencia de los bancos e instituciones financieras. De ahí que al ser relegada la economía real, y al no replantearse el patrón de acumulación que ha atentado sobre las condiciones de rentabilidad en la esfera productiva, continúan los problemas de desempleo y de bajos ingresos de los deudores; por lo cual, los apoyos otorgados al sector financiero sólo han beneficiado a dicho sector, que vuelve a repuntar su dinamismo sin que ello se traduzca en mayores créditos para alcanzar una dinámica más sostenida en la economía estadounidense.

El crecimiento mostrado a fines de 2009 y principios de 2010 es una respuesta a las políticas contra-cíclicas –monetaria, fiscal y cambiaria– instrumentadas en aquel país, pero no ha tenido el dinamismo esperado, dado que el contexto de liberalización económica hace que se filtre al exterior gran parte del crecimiento de la demanda, y que su sector financiero siga siendo más atractivo para invertir que el sector productivo. Es por ello que prosigue la caída del precio de las casas, así como la restricción crediticia, lo que junto al anuncio del gobierno de que reducirá el déficit público –que fue de 13% en relación al PIB en 2009–, avizora a que se frenará de nuevo la dinámica económica, ya que el sector privado no cuenta con capacidad de mantener por sí solo el crecimiento, ni tampoco pueden lograrlo a través de las exportaciones, dado el panorama de la economía mundial, agravado por la problemática de los países de la zona-euro.

La economía de Estados Unidos no tiene condiciones para seguir siendo el motor de la economía mundial. El problema que enfrenta no se resuelve con meras políticas contracíclicas, tal como la realidad lo ha demostrado, y no hay perspectivas de que se realicen cambios profundos en el patrón de acumulación predominante. La reforma financiera aprobada por el Congreso estadounidense no asegura la estabilidad del sector, ni aleja la posibilidad de nuevas crisis, ya que no se contempla medida alguna a favor de la economía real para evitar el diferencial de rentabilidades entre ambos sectores. Y mientras no mejore la rentabilidad en la esfera productiva, el capital buscará mejorar su ganancia en la esfera financiera-especulativa, y seguirá eludiendo y evadiendo las regulaciones que se impongan, lo cual propicia *boom* bursátiles, que terminarán en crisis. Por ello, mientras no mejoren los ingresos de empresas e individuos, seguirán latentes los problemas de insolvencia, así como las presiones sobre el sector financiero.

En relación a la crisis en México, se evidencia que ésta era anunciada, ya que nuestro país venía creciendo en la primer década del presente siglo por debajo de la media de los países de América Latina y de África; no obstante, la gran entrada de recursos provenientes del *boom* petrolero, como de las remesas, la inversión extranjera y del lavado de dinero. Las políticas de liberalización económica, conjuntamente con las políticas macroeconómicas de *estabilidad*, han actuado a favor del sector financiero, y en detrimento del sector productivo nacional, en presiones crecientes sobre el sector externo y en bajo crecimiento. Ello ha llevado a la economía a depender cada vez más de la entrada de recursos, por lo que se cae en un círculo vicioso, ya que se establecen políticas favorables al capital financiero, lo que ahonda los rezagos productivos y las presiones sobre el sector externo.

La economía nacional no tiene condiciones endógenas de acumulación y crecimiento, ni para mantener su inserción en el proceso de globalización, ni para viabilizar la política macroeconómica de *estabilidad*, es decir, la estabilidad del tipo de cambio, la autonomía del banco central, la disciplina fiscal, y la reducción de la inflación. Ello ha sido posible porque las variables externas –exportaciones, remesas, inversión extranjera– han actuado en forma positiva a la economía nacional.

La presente crisis –y la profundidad de la misma–, evidencia que no se puede continuar con las políticas económicas predominantes, pues han atentado sobre las condiciones endógenas para hacer frente a las adversidades externas, y nos llevan a depender de factores externos, los cuales han pasado a actuar en forma negativa, y no se vislumbra expectativa de actuación positivas. Y aunque ello sucediera, la economía nacional no se ve beneficiada, tal como se evidenció en años pasados, ya que se reciclan dichos recursos de nuevo al exterior a través de importaciones, fugas de capital, y además, no se logra contrarrestar los desequilibrios externos e internos crecientes que enfrenta la economía nacional. Por tanto, la economía no puede recurrir al endeudamiento externo, ni a mayor extranjerización de sectores estratégicos para mantener nuestra inserción en el contexto de la globalización y la estabilidad de un tipo de cambio –que más que favorecer a la economía nacional, ha actuado en contra de ella–, beneficiando sólo a los dueños del dinero. La mayor deuda devengará en crisis de deuda, ya que no se tienen condiciones de reembolso.

La liberalización económica nos ha llevado a perder el manejo soberano de la política económica a favor del crecimiento, ya que no puede actuar en forma contra-cíclica, a fin de no afectar las condiciones de estabilidad cambiaria exigidas por el capital financiero. Al no tener viabilidad de dinamizar al mercado interno y así contrarrestar la caída de exportaciones y de remesas, el gobierno mexicano está esperanzado a que Estados Unidos salgan rápido de la crisis, para que nuestro país vuelva a crecer. Es decir, se sigue apostando a las variables externas, sin darse cuenta de que esa estrategia no fue exitosa, y menos ahora en que las perspectivas son de bajo crecimiento de la economía mundial, que acelerará la competencia de mercados, donde –en dicho contexto– el país no tiene condición alguna de salir airoso.

No hay preocupación por parte del gobierno de generar condiciones endógenas de acumulación. Se continúa con la misma política económica que generó la crisis, y los resultados no pueden ser más que seguirnos recreando en el clima de recesión, bajo crecimiento, desempleo, mayor extranjerización de la economía, mayor concentración de la riqueza, más miseria y más violencia.

Al final, el libro señala que la salida a la crisis pasa por replantear nuestra inserción en el proceso de globalización, así como por la política macroeconómica que le acompaña. No se puede dejar al mercado de economía abierta la regulación y reestructuración de la economía, pues ello nos ha llevado a estar más subdesarrollados de lo que estábamos antes de tales políticas.

Una es la política económica a favor de lo financiero y otra es la política a favor de la esfera productiva y del pleno empleo. Esto último requiere modificar en nuestro país el papel que el banco central ha venido desempeñando en los últimos años, así como el papel de la política fiscal y la política cambiaria. El manejo de dichas políticas no puede seguir actuando a favor del sector financiero, pues tienen que responder a las necesidades de recomponer el aparato productivo –industrial y agrícola–, así como a la generación de empleo, y a reducir el déficit de comercio exterior; como los requerimientos de flujos de capital. El problema es político, de correlación de fuerzas, y a pesar que los excluidos son la gran mayoría de la población, no tienen la conciencia política, ni se dan los niveles de movilización necesarios, para viabilizar políticas económicas a favor de los intereses de las grandes mayorías del país.

La elaboración de éste libro empezó durante mi estadía de año sabático en agosto de 2008 en la Universidad de Missouri-Kansas City, Estados Unidos, donde me tocó vivir, presenciar y debatir el desarrollo de la crisis financiera en dicho país, y dos años después: lo culmino. Se inscribe en el proyecto titulado "Fragilidad y vulnerabilidad de la economía mexicana: alternativas de solución", número IN304808, apoyado por la Dirección General de Asuntos del Personal Académico (DGAPA) de la UNAM. Agradezco el apoyo brindado por el Conacyt en mi año sabático (ago. 2008-jul. 2009), así como a mis asistentes becados por DGAPA y Conacyt, que me apoyaron en la elaboración de cuadros, gráficas y búsquedas bibliográficas: David Maldonado, Carolina Hernández, Daniel Díaz, Sergio Carrillo, Diego Galicia, Fabián Salabarría, José Silva, Nalleli Serrano y Martín Vega.

Capítulo 1

Elementos que conformaron la crisis

Liberalización y desregulación financiera

En toda crisis financiera de las últimas décadas se ha señalado que aquellas son resultado de deficiencias de regulación y supervisión, sin considerar que han sido consecuencia de las propias políticas de liberalización de mercado que se han instrumentado, tanto en el sector financiero, como en la economía en su conjunto. Primero se liberalizan y desregulan los mercados, y después que ello facilita y estimula el espíritu especulativo que todo capitalista lleva dentro, y que termina generando crisis, se señala que hubo "deficiencias en la regulación financiera"; y uno se pregunta: ¿Cuáles deficiencias?, ya que el proceso de liberalización y desregulación pasó a legitimar la libre movilidad de capitales y las acciones especulativas que lo acompañan.

La liberalización y desregulación financiera se instrumentaron como respuesta a las críticas y cuestionamientos que ejercían los dueños del dinero, respecto al intervencionismo y control que el Estado ejercía sobre el sector financiero. Se cuestionaba que siguiera vigente la ley Glass-Steagall que había sido establecida desde 1933 en el periodo del *New Deal* de Roosevelt, la cual se había instrumentado para salir de la Gran Depresión, a través de la regulación y control del sector financiero para evitar prácticas de especulación, de corrupción y de manipulación financiera, así como para que la política económica no siguiera subordinada a los intereses del capital financiero, y pudiera flexibilizarse a favor del crecimiento.

Dicha ley separaba a los bancos comerciales, de los bancos de inversión. Los primeros estaban destinados a hacer préstamos a negocios a partir de los depósitos, y se les prohibía realizar inversiones especulativas. Por su parte, la banca de inversión era la que realizaba inversiones en los mercados financieros (Pollin, 2009). Las intervenciones de regulación establecidas por el Estado eran permanentes y estaban encaminadas a frenar las prácticas que desestabilizan los mercados. Nos dice Minsky que "las intervenciones fueron establecidas para disminuir la competencia que causó la Gran Depresión". Añade que "las intervenciones gubernamentales mejoran la estabilidad económica sin imponer costos en la asignación ineficiente de recursos" (Minsky, 1986a). Sin embargo, los defensores del libre mercado argumentaban que las medidas regulatorias y tal estructura financiera, incrementaban los costos de las operaciones financieras y actuaban en detrimento de la competitividad del sector.

El proceso de desregulación financiera y de flexibilización de las reglas a los propietarios a los bancos de ahorro en Estados Unidos (EU) empezaron desde la década de 1970 (Wray, 2007), lo cual estaba encaminado a mejorar la competitividad en el sistema bancario. Ello se instrumentó como respuesta a las críticas y cuestionamientos que se realizaban en torno al intervencionismo y control que el Estado ejercía sobre el sector financiero, ya que según ellos, ello frena la creatividad, la eficiencia y el crecimiento de la economía. De ahí que se deja a dicho sector su autoregulación, para que fueran las libres fuerzas del mercado las encargadas de mejorar la asignación de recursos.

En 1999 se institucionaliza dicho proceso con Bill Clinton para la abolición de la Ley Glass-Steagall. Con tal medida se dio lugar a que la banca comercial ampliara su margen de actividades financieras e introdujera nuevos productos y servicios no regulados que le permitieran mejorar su competitividad (Wray, 2007). Con la nueva ley promulgada se permitiría la modernización de los servicios financieros, y que ambos bancos ofrecieran servicios financieros. Dentro de la lógica de la competencia, era importante la desregulación y liberalización financiera para ponerlos en igualdad de circunstancias para encarar y mejorar la competitividad al interior de dicho mercado.

Para disminuir costos y mejorar su posición competitiva, procedieron a evadir regulaciones y a realizar prácticas especulativas de alta rentabilidad y riesgo. Ello trajo por resultado el surgimiento de instrumentos financieros que ofrecían atractivos rendimientos, y configuraron "burbujas" en diferentes mercados de bienes, que estimulaban el flujo de capitales hacia ellos, lo que retroalimentaba el alza del precio de los mismos, que terminan siempre desestabilizando al sistema financiero.

La crisis deviene de las políticas de libre mercado y de desregulación de las instituciones financieras, las cuales dieron pauta a prácticas especulativas, a favor de las condiciones de rentabilidad del sector financiero y en detrimento de la dinámica de acumulación en la esfera productiva, lo que aumentaba los diferenciales de niveles de rentabilidad a favor de lo financiero y favorecía la canalización de recursos hacia este sector.

La liberalización y desregulación financiera gestó el desarrollo de la llamada banca paralela –compuesta por la banca de inversión–, dando lugar al auge de los fondos de pensión, los fondos *hedge*, así como los fondos mutuos, que pasan a ser los principales compradores en los mercados financieros (Guttman, 2008), lo que desplazó a los tradicionales bancos comerciales.

Gran liquidez, prácticas de riesgo e innovación financiera

La ortodoxia culpa a la Reserva Federal de haber mantenido una baja tasa de interés y de generar gran liquidez, como política contra-cíclica instrumentada frente a la recesión del 2001-2003 en EU, lo que facilitó las prácticas especulativas que desembocaron en la crisis. La tasa de interés pasó de niveles de 6% en enero del 2001, y se redujo hasta llegar a 1% en junio del 2003, y se mantuvo a ese nivel hasta julio del 2004 (véase gráfica 1.1). A ello se suma el hecho que se disminuyeron los requerimientos de depósitos de los bancos, lo que contribuyó a incrementar la liquidez en el mercado. Lo que no se considera es que de no haberse bajado la tasa de interés, se hubiera prologado el contexto recesivo de la economía de EU manifestada del 2001-2003, así como los problemas de insolvencia.

Gráfica 1.1

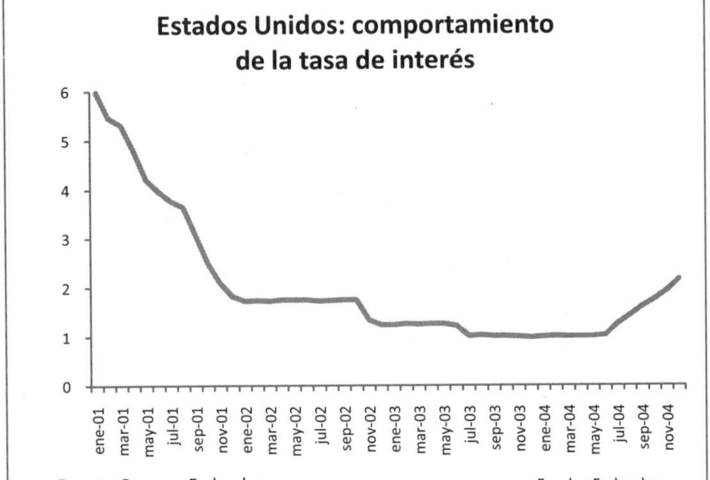

Fuente: Reserva Federal, EU.

No es la baja de la tasa de interés, ni el incremento de la liquidez los causantes de los *booms* especulativos que desembocaron en la crisis. El problema deviene del hecho que la mayor liquidez se canalizó a favor de los mercados especulativos que ofrecían mejores niveles de rentabilidad en relación con la esfera productiva. Lo que contribuyó a la crisis, por un lado, fue la falta de regulación y control del sector financiero en torno al tipo de instrumentos financieros especulativos de alto riesgo ofrecidos, pero sobre todo fue la falta de opciones de rentabilidad en el sector productivo lo que llevó a que los recursos se canalizaran al sector financiero, configurando ello los *booms* de dichos mercados.

La canalización creciente de recursos a la esfera financiera, conjuntamente con la mayor liquidez y bajas tasas de interés, dieron pauta a que la banca y el sector financiero asumieran posiciones de riesgo, que dieron cauce al desarrollo de prácticas especulativas, y al otorgamiento de créditos a sectores que jamás habían sido sujetos de tales recursos, así como a la introducción de nuevos instrumentos financieros a través de la innovación financiera, que ofrecían altos rendimientos y dieron lugar a *booms* bursálites. Ello fue facilitado por el contexto de desregulación y falta de supervisión del sector financiero.

El desarrollo del proceso de innovación financiera se había potenciado en la década de 1980, cuando el gobierno de Estados Unidos había instrumentado políticas monetarias restrictivas –que restringieron la liquidez y generaron problemas de insolvencia–, lo que dio lugar a la introducción de nuevos instrumentos financieros para crear mayor liquidez, como para evadir los controles de las autoridades monetarias y de las gubernamentales. Toda crisis financiera reciente ha tenido las mismas causas. Wray señala que "la crisis de los ochenta de los bancos de ahorro fue precedida de innovaciones que aumentaron la oferta de créditos y relajaron las reglas y la supervisión" (Wray, 2007).

Gran parte de tales recursos fluyeron al mercado de bienes raíces dadas las opciones de rentabilidad e inversión que ofrecía. Como el mercado de capitales estadounidense deja de ofrecer opciones de inversión atractivas, la menor tasa de interés dio cause a que el mercado de bienes raíces pasara a convertirse en un mercado atractivo para la especulación (véase gráfica 1.2).

Gráfica 1.2

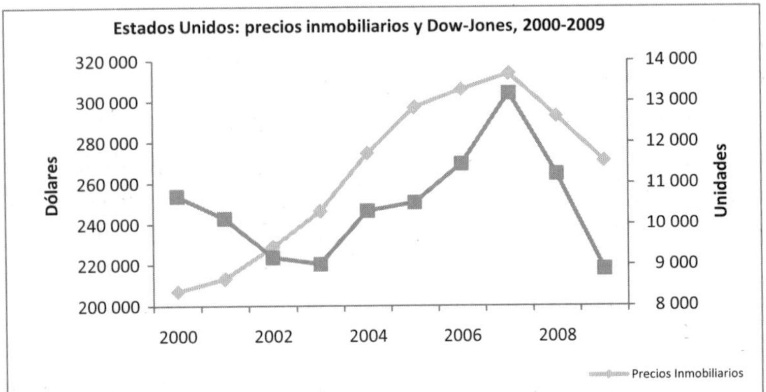

Fuente: Elaboración propia con datos de US Census Bureau y Yahoo Finanzas.

La estabilidad incentivó posiciones de riesgo

El contexto de estabilidad monetaria, de liberalización y desregulación financiera permitió a los bancos autoregularse y que midieran su propio riesgo.

La euforia de la estabilidad era incentivada por las autoridades monetarias, que generaron las condiciones de confianza, así como de desregulación y liberalización financiera, que llevaron a los bancos, instituciones financieras, empresas e individuos a asumir posiciones especulativas y de alto riesgo.

En 2004 Bernanke (actual presidente de la Reserva Federal de EU) señalaba que "la era de la baja inflación no solo ha mejorado el crecimiento económico y la productividad, sino también marcó la reducción de la volatilidad... un fenómeno que ha sido marcado como 'la Gran Moderación'...hoy evidencia que el control de la inflación ha contribuido en importante medida a este bienvenido cambio en la economía" (Bernanke, 2004). El bienvenido cambio de la economía que festejaba Bernanke, que desde su perspectiva denotaba que la volatilidad de los mercados financieros no estaría presente, desató una fiebre por la ganancia de corto plazo que llevó a los agentes financieros a realizar apuestas especulativas que dispararon los precios de los activos en los mercados bursátiles en una proporción *n* veces mayor al crecimiento de la economía real, ocasionando ganancias insostenibles a los poseedores de los mismos y que desembocó en una crisis de proporciones, nunca vista desde la Gran Depresión de 1929-1933.

La banca paralela o de inversión como resultado de la innovación financiera

Entre los factores que han ocasionado la crisis financiera en Estados Unidos cabe destacar la política económica a favor del sector financiero, que procedió a liberalizar y desregular dicho sector, permitiendo así su libre movilidad y desempeño, así como el desarrollo de la innovación financiera que introdujo nuevos instrumentos que ampliaron la liquidez y las prácticas especulativas.

El contexto de estabilidad, de liberalización y desregulación financiera generó mayor confianza en los agentes financieros, que los llevó a asumir posiciones de riesgo en la búsqueda de mayores ganancias. Como señala Minsky: "En tiempos de estabilidad se propician acciones de especulación y de alto riesgo, dado que los inversionistas presuponen que tal contexto de estabilidad configurará las condiciones de rentabilidad deseadas por ellos" (Minsky, 1986b:11).

Como consecuencia de ello, se desarrolló y potenció la innovación financiera, lo que promovió la emisión de nuevos títulos financieros que ofrecían alta rentabilidad –dadas las expectativas de mayor crecimiento de los mercados financieros–, lo que les permitía captar mayores recursos y expandir el sector financiero. Se desarrolló un proceso de transformaciones estructurales en dicho sector, que aumentaron el poder y participación de la llamada banca paralela (las instituciones financieras no bancarias, es decir, de inversión, hipotecarias y otras) en tal mercado, y redujeron la participación de la banca tradicional –tanto en capital–, como en el manejo de los recursos (Wray, 2008a).

La banca de inversión, o banca paralela, capta recursos del resto de la economía, dada la menor ganancia relativa que muestra el sector no financiero. Dicha banca pasó a ofrecer mejores opciones de financiamiento a las empresas para su capital de trabajo e inversión, como papel comercial, derivados y otro tipo de instrumentos, lo que ocasionó que se relegara la banca tradicional.

La innovación financiera introdujo nuevos instrumentos financieros (entre los que destaca el gran crecimiento de los derivados, los fondos *hedge*, los *swaps*, los fondos de pensión, y otros) que contribuyeron a la mayor liquidez de la economía y permitían evadir los mecanismos de regulación y supervisión que ejercían las autoridades en el sector financiero.

La gran liquidez generada, acompañada de la baja inflación –conjuntamente con el proceso de desregulación financiera–, propiciaron prácticas de alto riesgo que se tradujeron en la gran introducción de nuevos instrumentos financieros, que propiciaron que los flujos de capital se canalizaran al mercado financiero-especulativo.

Ello ocasionó que la banca de inversión desplazara a los tradicionales bancos comerciales

Entre estos instrumentos destacan los derivados, los fondos *hedge*, los *swaps*, los fondos de pensión, los fondos mutuos emitidos y controlados por la banca de inversion, las opciones y otros, que se volvieron la principal preferencia de financiamiento por parte de las grandes empresas (Guttmann, 2008). Asimismo, la emisión de papeles comerciales por parte de empresas, como los derivados, eran instrumento de mejor opción de financiamiento frente a los préstamos bancarios, lo que a su vez les evitaba comprometer sus activos como colaterales exigidos por la banca. Dichos instrumentos aceptados y demandados por los inversionistas institucionales y de todo tipo, ya que se amoldaban a las necesidades de rentabilidad y de financiamiento para las transacciones comerciales y financieras a realizarse, tanto en el corto como en el largo plazos.

Estos instrumentos ofrecían la eliminación o bajo riesgo en torno al precio, a la tasa de interés –como del tipo de cambio en que éstos se realizaban–, dando cause a que los flujos de inversión se canalizaran al sector financiero, y a su vez se incrementara la liquidez de la economía, facilitando las prácticas especulativas, como la expansión crediticia. Por más que se señalaba que estos instrumentos servían para reducir el riesgo y realizar transacciones e inversiones más seguras, todas ellas implicaban acciones de incertidumbre y especulación, dado el desconocimiento del futuro. Así, los instrumentos derivados son activos financieros o bonos, cuyos valores se derivan del precio de alguna mercancía subyacente, activo o conjunto de activos. Los derivados pueden estar vinculados a las *commodities*, las tasas de interés, el tipo de cambio, el precio de las acciones, etcétera, todo lo cual es incierto.

Entre 1977 y 2007 los activos de todas las instituciones de depósitos cayeron de 56.3 a 23.7% del total de activos del sector financiero (D'Arista, 2009). Asimismo, en 1951 –cuando las instituciones de depósitos mantenían 65% de los activos del sector financiero– el balance de reservas representaba 11.3% de los depósitos bancarios y daba cuenta de un amortiguador confortable para el sistema financiero que contribuyó en la estabilidad financiera y económica estadounidense. A fines del 2001, el balance de reservas había caído a 0.2% de los depósitos y la participación de los bancos en el total de los activos y pasivos financieros había caído a menos de la mitad de lo existente en los cincuenta" (D'Arista, 2009).

Los mercados financieros, al no ser regulados por la Reserva Federal, y al estar exentos del requerimiento de reservas bancarias y de capital, pasan a tener menores costos y mayor liquidez que la banca comercial que sí es regulada (Wray, 2007), por lo que pasaron a tener mejor posición competitiva frente a esta. Al disminuir los requerimientos de reservas bancarias para la operatividad de tales instituciones financieras, nos dice Jane D'Arista, se perdía uno de los más importantes cojines del sistema financiero. Al desaparecer prácticamente las reservas bancarias, se le otorgaba liquidez a los bancos para la expansión crediticia, sin ninguna capacidad del banco central para incidir en los ritmos del crecimiento del crédito bancario y frenar la posición pro-cíclica que ello configuraba; lo cual permitió que "la banca paralela se comprometiera en prestamos de más riesgo, en relación con la banca tradicional" (Palley, 2008).

La innovación financiera fue funcional tanto a acreedores como a deudores. Los primeros pudieron ampliar su red crediticia y con ello sus ganancias. Fue tal la acogida que tuvieron los nuevos instrumentos financieros que los bancos e instituciones de inversión incrementaron los niveles de apalancamiento crediticio, sin considerar los riesgos de los mismos. Por su parte, los deudores no solo pudieron adquirir los fondos crediticios para financiar sus inversiones y adquisiciones, tanto de bienes raíces como de consumo, sino que cayeron en niveles de sobreendeudamiento ante las facilidades otorgadas.

Los nuevos instrumentos financieros le permitieron a la banca tradicional, como a la banca de inversión, mayor disponibilidad de liquidez; lo que junto a las menores tasas de interés las llevo a asumir posiciones de riesgo más ofensivas.

La banca paralela financió bienes raíces y el consumo: Hizo préstamos sin tener depósitos base, lo que funcionaba a través de renegociación de fondos obtenidos por medio del mercado de dinero; operaba con poco capital y otorgaba alto endeudamiento, obteniendo así altas ganancias a costa de tomar alto riesgo (Palley, 2008).

El incremento de la disponibilidad de créditos hipotecarios ocasionó el *boom* especulativo en el precio de las casas y de los instrumentos financieros ligados a este, lo que incrementó la liquidez mundial. Esta, a su vez, retroalimentaba las presiones sobre los precios de activos, tanto en el propio mercado financiero como en aquellos a los cuales se dirigían dichos recursos, sea el accionario, el de bienes raíces, el de *commodities*, entre otros. Ello conformó expectativas positivas sobre la actividad económica, lo que retroalimentaba la innovación financiera así como el mayor apalancamiento (el tamaño de sus activos –créditos– en proporción a su capital) de las instituciones financieras y de la banca.

El poder alcanzado por los bancos de inversión los lleva a operar con una relación endeudamiento/recursos propios de 30-35/1 (Wade, 2008), lo que refleja la actitud especulativa de dichos bancos, propiciada por el entorno de estabilidad predominante –por la gran liquidez–, como por la falta de regulación gubernamental sobre el comportamiento de los mismos. En el tercer trimestre de 2008, la deuda privada de EU fue de 280%, mientras que en 1981 era 123% del PIB. En el caso de la deuda de las familias, dicha relación fue de 48% en 1981 y en el 2007 fue de 100% (Wolf, 2009).

Las bajas tasas de interés y las perspectivas de crecimiento manifestadas por la propia actitud de los bancos de expandir los créditos llevó a empresas e individuos a aumentar sus relaciones de endeudamiento, confiados en que sus ingresos crecerían y con ello su capacidad de reembolso. La baja tasa de interés reducía los pagos mensuales a los que se comprometían los que adquirían las hipotecas, lo que permitió una gran demanda por hipotecas y por casas, lo que aumentaba el precio de estas, así como de los activos financieros.

Los comercializadores de las hipotecas, como los bancos de todo tipo, vendían las hipotecas porque ganaban de las comisiones que cobraban en ello, sin importar la capacidad de reembolso de la hipoteca del demandante. Muchos bancos sacaban de las hojas de balance dicha contabilidad, a fin de evadir los requerimientos de reservas y de capital exigidos por las autoridades reguladoras en tales transacciones (Wray, 2007).

Las acciones de riesgo asumidas por los inversionistas, que el contexto de estabilidad propicia, terminan ocasionando inestabilidad en el sector financiero y la crisis económica. En términos de Minsky, la estabilidad es desestabilizadora.

Boom *de los bienes raíces*

La gran canalización de recursos crediticios hacia el mercado hipotecario, aunado a la mayor disponibilidad de recursos generados como consecuencia de la creación e introducción de los nuevos instrumentos financieros, trajeron como resultado mayor oferta y demanda por créditos hipotecarios, lo que dio lugar al *boom* del mercado de bienes raíces. Éste fue resultante también del hecho que el mercado de acciones había dejado de ser atractivo, por lo que los capitales financieros fluyeron para el floreciente mercado de bienes raíces, dado lo atractivo que resultaba por la expansión de créditos hipotecarios. La mayor entrada de capitales a dicho mercado incrementó el precio de las casas como el de los títulos financieros que respaldaban las hipotecas (véase gráfica 1.3).

Gráfica 1.3

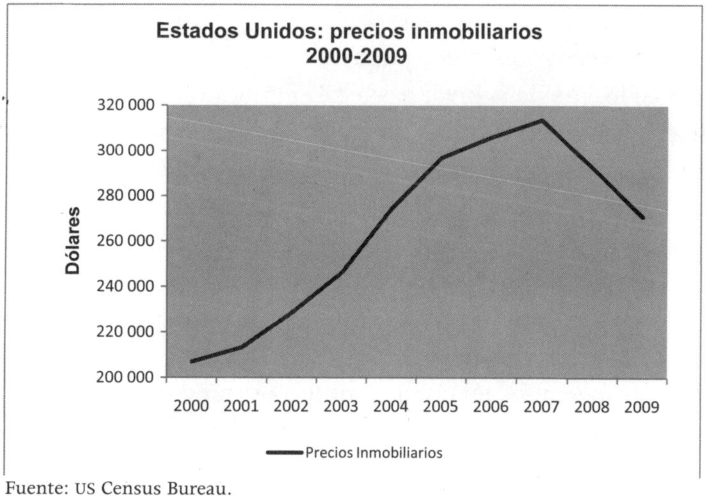

Fuente: US Census Bureau.

Ello retroalimentaba la expansión crediticia hacia tal sector, así como la demanda por créditos. Como señala Minsky, en tiempos buenos, los inversionistas toman más riesgos, lo que lleva a que se disparen los precios de los activos financieros y aumenta la deuda (Minsky, 1986). La innovación financiera expandió la disponibilidad crediticia, así como las prácticas financiero-especulativas.

El clima de confianza y expectativas de crecimiento generadas ocasionó una espiral especulativa de precios de la vivienda, de aumento de la construcción, de emisiones de hipotecas y títulos colateralizados –que tenían como respaldo tales hipotecas. Los títulos con respaldo en las hipotecas residenciales ofrecían rendimientos atractivos, dado el crecimiento del precio de las casas, por lo que se realizaron compras masivas de títulos por parte de los bancos, difundiéndose así el riesgo de emisión de los mismos.

Se retroalimentaba un proceso de financierización, baja inflación, expectativas de crecimiento –que incrementaban el crédito hipotecario, la demanda por casas, y el precio de las mismas–, lo que daba lugar a que se emitieran nuevos títulos financieros (derivados de la innovación financiera), respaldados en las hipotecas residenciales, pensando en que el precio de las casas seguiría creciendo, lo cual garantizaba la rentabilidad ofrecida por tales títulos, así como el reembolso de las hipotecas.

El crecimiento del mercado de bienes raíces minimizaba la incertidumbre, por lo que se asumían mayores posiciones de riesgo, mayor especulación (que retroalimenta el alza de precios de los mercados en crecimiento). Los nuevos instrumentos emanados de la innovación financiera "permitían diversificar riesgos en términos de emisión de garantías" (Wray, 2008a).

En este proceso se involucraron todos los bancos, instituciones financieras, e inversionistas (fondos de pensión, fondos de inversión, etcétera), los que pasaron a adquirir los títulos financieros y que tenían como respaldo las hipotecas, los cuales ofrecían rendimientos atractivos. Dada el alza de los precios de las casas en el *boom* del mercado de bienes raíces, "el *boom* financiero excedió la habilidad de la economía real" (Rudi, 2008).

Las condiciones de estabilidad y de baja tasa de interés generaron confianza y redujeron el riesgo crediticio que llevó a la banca a expandir el crédito hipotecario a todo tipo de demandante de créditos, hasta aquellos que jamás habían tenido acceso al crédito para una casa, y así se constituyeron los créditos hipotecarios *subprime*. Estos fueron otorgados a personas de bajos ingresos y, sin pedir aval en dichos créditos que por lo general no tenían sustento de activos ni de flujo de ingresos que garantizaran el reembolso de los créditos concedidos, por lo que colocaban a los mercados financieros y a la economía en una posición de alta vulnerabilidad. En la gráfica 1.4 se observa cómo los créditos hipotecarios de casas pasaron de 400 mil millones de dólares en el 2000 a niveles superiores a un billon de dólares en el 2005 y el 2006.

Gráfica 1.4

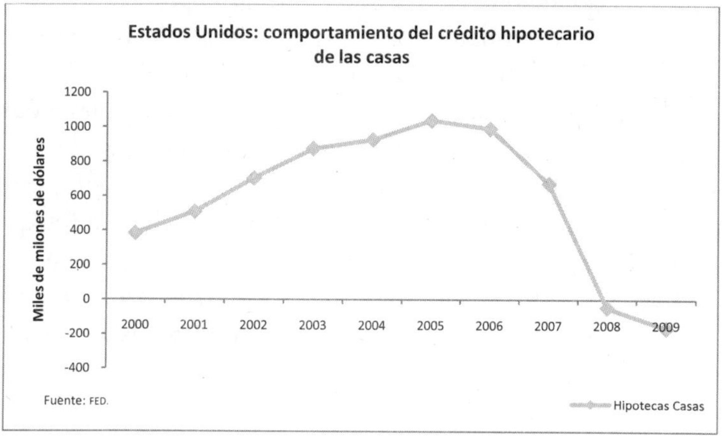

Se ofrecían hipotecas con bajas tasas de interés en los primeros dos o tres años, en las que después estas se disparaban, ocasionando problemas de insolvencia. El porcentaje de hipotecas residenciales con tasas ajustables aumentó de 74% en el 2001 a 93% en el 2005 (Wray, 2007).

En las hipotecas ofrecidas para la compra de casa, los deudores no tenían que aportar dinero, ya que el alza de los precios de las casas actuaba como garantía de solvencia de la deuda contraída (Papadimitriou, 2008).

Las prácticas especulativas de los bancos e instituciones financieras se refleja también en el otorgamiento de mayor financiamiento a actividades no productivas, en relación con las productivas. Se otorgaron más créditos de los permitidos por los depósitos existentes a los cuales tenían que sujetarse, dadas las reglamentaciones establecidas por los organismos reguladores –tanto por la Reserva Federal–, como por otras instituciones gubernamentales: evadieron las regulaciones que prevalecían, lo que permitió la realización de prácticas especulativas y fraudulentas.

Las instituciones financieras repitieron las mismas prácticas de alto riesgo, de otorgar préstamos de largo plazo y fondearse a corto plazo (Honohan, 2008): se pedía prestado a corto plazo para invertir en títulos de largo plazo que ofrecían alto rendimiento (D'Arista, 2009). Ello colocaba a las instituciones en una situación de alta vulnerabilidad ante problemas de fondeo en el mercado de dinero. En cambio, "los banco tradicionales están fondeados con los depósitos de sus clientes" (Palley, 2008) que, en principio, los colocaba en una posición menos riesgosa.

Tales prácticas de alto riesgo contribuyeron a los *booms* de los mercados financieros, los cuales se vieron impulsados por los grandes flujos de recursos recibidos por parte de los inversionistas que buscaban opciones de alta rentabilidad.

El *boom* de los mercados financieros, como el crecimiento logrado en la economía de EU, estuvo sustentado tanto en los préstamos otorgados a las familias, como en la emisión de los títulos financieros. Los activos financieros derivados de dicho proceso actuaban como colaterales que garantizarían el reembolso de los mayores créditos.

La mayor disponibilidad crediticia a favor de la vivienda, propiciada por los nuevos instrumentos financieros, ocasionó alza de los precios de los activos en los mercados de capitales y de bienes raíces, como en aquellos a los cuales se dirigían dichos recursos. Ello derivó en mejores condiciones de rentabilidad en relación con la esfera productiva, por lo que se retroalimentaban los *booms* bursátiles, así como el crecimiento de la disponibilidad crediticia, hacia los bienes raíces, como hacia el consumo; lo que posteriormente desembocaría en inestabilidad y crisis en los mercados financieros.

Cabe recordar que toda crisis financiera reciente ha tenido las mismas causas. Wray señala que "la crisis de la década de 1980 de los bancos de ahorro fue precedida de innovaciones que aumentaron la oferta de créditos y relajaron las reglas y la supervisión" (Wray, 2007).

El *boom* de los bienes raíces descansó en la mayor demanda por casas, derivada de la mayor disponibilidad crediticia otorgada por la banca –dada la menor tasa de interés establecida por la Reserva Federal para reactivar la economía (en el periodo 2001-2003)–, como por los mayores títulos con respaldo en las hipotecas residenciales que eran adquiridos por la banca internacional.

El crédito otorgado a las hipotecas residenciales aumentaba la demanda por casas y el precio de estas. Esto auguraba expectativas de mayor riqueza por parte de las familias, lo que les permitía ser sujetas de crédito, ya que ponían como colaterales a sus hipotecas. Los pasivos hipotecarios de casa pasaron de dos trillones en 1997 a 10 trillones en el 2005 (en la medición estadounidense) (Wray, 2007).

La expansión crediticia estaba en función de las expectativas de ingresos futuros que ofrecían las ganancias de los mercados de bienes raíces y de los títulos que ofrecían seguridad y respaldo, sustentados en el propio valor de tales activos que estaban en poder de las familias poseedoras de las hipotecas residenciales. El mayor precio de tales activos y bienes mejoraba los niveles de capitalización de los poseedores de tales activos y de los propietarios de casas, lo que permitía el reembolso del crédito o del rendimiento ofrecido por los títulos emitidos surgidos por la innovación financiera.

Los activos colateralizados vendidos por las instituciones financieras con respaldo en las hipotecas vendrían pagando el principal y los intereses de la deuda hipotecaria. De ahí que no había preocupación de la banca para evaluar el historial crediticio y las condiciones de reembolso de los demandantes de crédito. "El banquero no tiene interés en la evaluación del crédito, en que el interés y el principal de los prestamos originados serán pagados por los compradores finales de los activos colateralizados" (Kregel, 2008a).

No fue el aumento del empleo y de los salarios y del poder adquisitivo de los demandantes de casa lo que propició el *boom* de los bienes raíces. Por tanto, no había condiciones que aseguraran el pago de las obligaciones financieras que se derivan de la compra de casas que estaba generándose por los mayores créditos obtenidos.

Los títulos que unas instituciones emitían con respaldo en hipotecas eran adquiridas por otras instituciones financieras. Estas se apoyaban unas en otras: financiaban sus activos emitiendo pasivos que eran absorbidos por otras instituciones financieras; todas estaban entrelazadas, todas tenían activos que eran pasivos de otras instituciones, y los activos de estas, eran los pasivos de las otras; se apalancaban unas a otras, sin que tales títulos tuviesen sustento en activos rentables con flujo de recursos asegurados, o en depósitos asegurados; Ofrecían colaterales contra el crédito extendido a ellos por otros, mientras los acreedores permitieron un máximo de apalancamiento en deuda colateralizada (Tymoigne y Wray, 2009).

Bajos salarios y endeudamiento

La baja dinámica de acumulación en la esfera productiva y el escaso crecimiento de los salarios reales de los trabajadores ha incrementado los niveles de endeudamiento de empresas e individuos para contrarrestar sus bajos ingresos y para satisfacer sus requerimientos de inversión y consumo, respectivamente.

La mayor disponibilidad crediticia se destinó principalmente a las familias, por lo que vieron incrementada su relación de endeudamiento (D/Y). Los niveles de endeudamiento de las familias pasaron de representar 50% del PIB en 1980, a 100% en el 2007 (Gowan, 2009). Hay quienes señalan que esta llega a niveles de 120% (Veneroso, 2009).

El crecimiento de la disponibilidad de créditos al consumo es explicado por factores de oferta y demanda por créditos. En el caso de la oferta de créditos, se explica fundamentalmente por la innovación financiera y el *boom* del mercado de bienes raíces, ya que ello hace a los poseedores de estos ser sujetos confiables de crédito. Nos dice Kirman que un indicador de la financierización es el nivel de deuda privada (2009). Un elemento importante a destacar es la posición especulativa de alto riesgo asumida por los bancos, al otorgar créditos a los individuos, a altas tasas de interés, que eran rentables para el banco. Por su parte, los individuos, al no ver incrementados sus salarios (dados los problemas de competitividad antes señalados), cayeron en altos niveles de endeudamiento, a fin de satisfacer sus necesidades (véase Foster y Magdoff, 2008).

Los bajos ingresos de las familias eran resultado de los problemas de acumulación que enfrentaban varias ramas productivas por su baja competitividad frente a productos asiáticos, que impedía que los salarios se ajustaran al crecimiento de productividad. En la gráfica 1.5 se observa el gran diferencial entre el comportamiento de los salarios reales por hora y el crecimiento de la productividad, medida por PIB por hora trabajada, lo que se explica además por el debilitamiento del poder sindical. Ejemplo de ello lo evidencia el hecho que los trabajadores del sector privado que estaban sindicalizados en EU en la década de 1950, representaban un tercio del total de trabajadores y, en cambio, ahora sólo 8% está sindicalizado (Schmit, 2009).

Gráfica 1.5

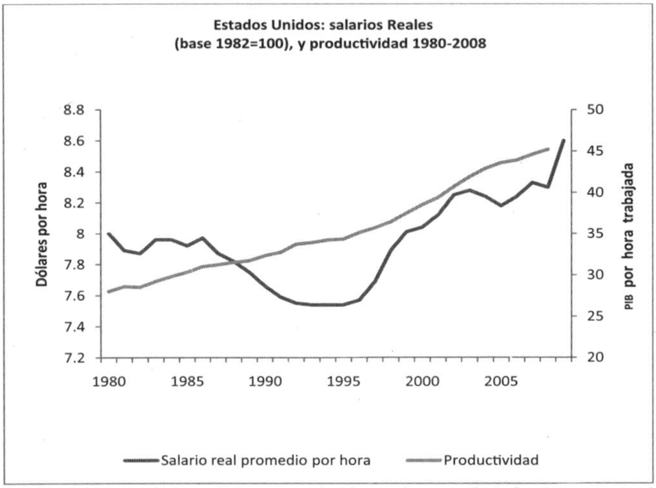

Nota: productividad medida en PIB (USD) por hora trabajada. Eje principal: mide los salarios reales. Eje secundario: mide la productividad.
Fuente: Economic Report of the President 2010 y OCDE.

De ahí que las familias recurrieran a demandar mayores créditos, lo cual era funcional a la política de los bancos de expandir el crédito y ganar con ello. Las familias contaron con disponibilidad de recursos que les permitió consumir más allá de su ingreso, y permitió mantener la dinámica de la demanda, lo que actuó a favor del crecimiento alcanzado de 2004 a 2007.

Las posiciones y decisiones de los bancos y de las familias llevaron a aumentar la relación de endeudamiento de estas últimas, ambos sin tener certeza de la generación de ingresos suficientes que aseguraran el reembolso de los créditos.

Las acciones especulativas en torno a la bonanza de los mercados financieros y de bienes raíces estimulaba la mayor disposición de crédito, sin tener nada de ello sustento en el crecimiento productivo y de que se asegurarían las condiciones de rentabilidad ofrecidas y el reembolso de los créditos otorgados.

El sector bancario-financiero se colocaba en un contexto de alta vulnerabilidad en torno al comportamiento de la tasa de interés, como de la capacidad de reembolso de la deuda por parte de las familias, así como del valor de los activos financieros emitidos con respaldo a los créditos hipotecarios otorgados.

La fragilidad de los booms *de los mercados financieros*

El *boom* de los bienes raíces propició prácticas especulativas de emisión de títulos que ofrecían alto rendimiento y que tenían como garantía el alza del precio de las casas. Tales títulos eran de riesgo, ya que el rendimiento dependía del comportamiento del precio de las casas, el cual actuaba como activo de respaldo, por lo que colocaban al sistema financiero en función del comportamiento de dichos precios. El auge de dicho mercado se sustentaba en el alza del precio de las casas, por lo que "al caer el precio de estas, el modelo se rompería completamente y podría producir un *default* catastrófico" (Kregel, 2008b).

En la perspectiva de aumentar sus niveles de ganancia, los agentes cayeron en niveles de endeudamiento, y procedieron a adquirir activos financieros de alto riesgo que prometían altas ganancias. De ahí que la expansión crediticia trajo consigo burbujas en el mercado de bienes raíces, y de otros mercados financieros internacionales, lo que incrementaba las ganancias en estos y, así, retroalimentaba la expansión crediticia y el flujo de recursos a tales mercados.

Las emisiones de los nuevos títulos surgidos de la innovación financiera no tenían respaldo en el sector productivo, no eran avalados por activos productivos que asegurasen el flujo de ingresos y rendimientos ofrecidos por los mismos. Estos derivaban del incremento esperado del valor de los títulos adquiridos. El valor de estos y su capitalización dependía del comportamiento de los mercados de los bienes que respaldaban esos títulos. En el caso de los títulos que tenían como respaldo las propiedades habitacionales que habían adquirido a través de las hipotecas, era muy atractivo, dado el *boom* del mercado de bienes raíces. O, en el caso de los derivados o títulos a futuros vinculados a las divisas o al mercado de *commodities* –donde también el precio de estos estaba aumentando–, también había una gran demanda por esa clase de instrumentos financieros.

Se propiciaron *booms* bursátiles y de precios de bienes raíces y de títulos financieros, en el que el precio de tales activos y títulos no estaban tasados en función de los respaldos rentables que los convalidaran, por lo que ante cualquier cambio de expectativas o de movimiento adverso de los mercados, dejaría de operar el optimismo que los mantenía y, por tanto, todo aquello se derrumbaría.

Ello colocaba a dichos títulos en una situación de alto riesgo e incertidumbre, pues su valorización dependía de las expectativas que se tenían de los mercados de divisas o de bienes que respaldaban dichos títulos, y no de la generación de riqueza de los sectores productivos y del comportamiento de la economía.

Asimismo, los créditos estaban en función de la apreciación de activos financieros, lo cual respondía al *boom* de los mercados financieros y de bienes raíces, como del precio de los *commodities*. El mayor precio de tales activos y bienes mejoraba los niveles de capitalización de los poseedores de tales activos y de los propietarios de casas, lo que permitía el reembolso del crédito y del rendimiento ofrecido por los títulos emitidos surgidos por la innovación financiera. Tales activos eran colocados como garantías para obtener mayores créditos, y les permitía a empresas y familias mayor poder adquisitivo, tanto para especular como para incrementar el consumo.

La mayoría de los títulos surgidos de la innovación financiera tenían como respaldo los bienes raíces que estaban aumentando su precio, derivado de la expansión de las hipotecas –las cuales crecían ante las expectativas de que continuaría el *boom* de los bienes raíces–, y la demanda por los títulos financieros emitidos. Otros estaban vinculados al precio de los *commodities*.

Tales títulos no estaban regulados ni respaldados por la Reserva Federal, ni por el Tesoro estadounidense. El problema se agudizó porque las instituciones financieras no se autorregularon. Hicieron lo que quisieron: emitieron la cantidad de títulos que quisieron –ofreciendo altos rendimientos asociados a alto grado de riesgo–, los cuales no tenían respaldo de activos productivos o de flujo de ingresos seguros que garantizaran el rendimiento ofrecido. Estos derivaban del incremento esperado del valor de los títulos adquiridos. El valor de estos y su capitalización dependía del comportamiento de los mercados de los activos que respaldaban esos títulos, sin que hubiera un sustento endógeno de la dinámica productiva que garantizara la rentabilidad en tales mercados. Como señala Minsky: "Cada instrumento en el mercado financiero debe ser apoyado por el flujo de efectivo" (Minsky, 1986b). Si el flujo de efectivo aumenta, se incrementa a su vez el precio del instrumento financiero creado, y a la inversa. El problema es que, en el caso del mercado de bienes raíces, el flujo de efectivo dependía del alza de precios de estos bienes, y no de recursos derivados de la esfera productiva.

Se retroalimentaban así los *booms* de los mercados financieros, como la expansión crediticia a favor del consumo –como de las viviendas–, todo sustentado bajo la expectativa de que se mantendría el alza de precios de los activos.

La innovación financiera permitió que las hipotecas se volviesen títulos asegurados

Ante el riesgo que implicaban las hipotecas, se emitían los seguros, los cuales respaldaban el título emitido, a fin de disminuir el riesgo de no pago del rendimiento ofrecido. Estos seguros eran avalados por los activos adquiridos por los títulos hipotecarios, es decir, por el precio de las casas, el cual estaba al alza. De tal forma, el *boom* del mercado de vivienda dio pauta al desarrollo de innovaciones financieras que introdujeron nuevos papeles y títulos financieros, respaldados por las hipotecas otorgadas.

A pesar que los títulos de seguridad (*securities*) emitidos eran de alto riesgo, trataban de demostrar que tenían baja posibilidad de caer en insolvencia de pagos, para que consiguieran ser bien evaluados en la categoría de grado de inversión (Wray, 2007). Al conseguirlo, fueron aceptados por los bancos, las instituciones financieras e inversionistas de todo el mundo, dado que se garantizaba su liquidez. En ello entraron los títulos respaldados en hipotecas *subprime*, lo que permitió que estos fueran aceptados por la banca hipotecaria oficial. Las instituciones hipotecarias gubernamentales Freddie Mac y Fannie Mae, que solo garantizaban las hipotecas convencionales, pasaron a garantizar a las hipotecas *subprime* que previamente les había otorgado un grado de "seguridad". Nos dice D'Arista que: "Fannie Mae y Freddie Mac jugaron papeles importantes en facilitar el proceso de "securitización" (D'Arista, 2009).

Los instrumentos financieros que estaban respaldados por las hipotecas *subprime* (emanados de la ingeniería financiera) fueron adquiridos por fondos de pensión, fondos *hedge*, como por la banca e instituciones financieras de EU y Europa proceso que había sido avalado por las agencias evaluadoras, que habían calificado tales títulos como libres de riesgo. Fueron copartícipes las instituciones financieras y las agencias evaluadoras. Estas fueron envueltas dentro de las perspectivas optimistas que ofrecía la baja inflación, como el crecimiento de los precios en el mercado de bienes raíces, y ante las expectativas de que ello se mantendría, lo que alejaba la posibilidad de que tales títulos (que tenían como respaldo las hipotecas residenciales) cayeran en no pago. Ello llevó a la subestimación de los riesgos tanto por parte de las agencias evaluadoras como de los reguladores y de los inversionistas, tanto de aquellos que vendían los títulos financieros creados por la innovación como por aquellos que los adquirían, que eran la gran mayoría de las instituciones financieras del mundo, por lo que se difundía el riesgo de emisión de los mismos. Tales títulos habían sido comprados a un alto precio y en gran volumen, dado el rendimiento que ofrecían como resultado del alza del precio de las casas (Honohan, 2008).

Las agencias evaluadoras fueron copartícipes del fraude y de la vulnerabilidad de los mercados

Las autoridades reguladoras y supervisoras no exigieron a los bancos mantener los niveles de capitalización ni las reservas deseadas en relación con la expansión de créditos verificada.

Las agencias evaluadoras que asignan los riesgos asociados a los títulos financieros emitidos, en vez de frenar y prohibir las prácticas de alto riesgo asumidas por la banca y las instituciones financieras, fueron copartícipes de los propios negociados de las emisoras de títulos asegurados, a fin de participar en el lucro que ofrecían. Otorgaban grado de inversión, es decir, libres de riesgo de no pago, a los títulos donde ellos tenían participación, y recomendaban la adquisición de estos. Por ejemplo, 47% de todos las nuevos títulos tasados por Standard and Poor en el 2007 fueron tasados con AAA (Naudé, 2009). Ganaban tanto por lo que cobraban por dichas calificaciones como por el rendimiento que tales títulos ofrecían. Nos dice Gutman (2008) que: "Las agencias evaluadoras tales como Standard and Poor's y Moody's enfrentaban conflicto de intereses que erosionaba su capacidad para evaluar objetivamente. No solo se les pagaba por aquellos productos que eran supuestos a valorar, sino que también servían como consultores en reunir paquetes de crédito securitizados que ellos acordaban dar alta valoración". Señala Kregel que: "las agencias evaluadoras privadas respaldaban los intereses de los bancos emisores, quienes les pagaban comisiones, en vez que a los compradores finales" (Kregel, 2008a). De ahí que "los títulos de grado de no-inversión fueran vendidos a fondos *hedge*, deseando tomar más altos riesgos para mayores rendimientos, o eran agrupados juntos y usados como colaterales" (Kregel, 2008a).

Los sectores bancario y financiero actuaron libremente, incrementando el crédito y emitiendo títulos y papeles sin respaldo de reservas o activos que aseguraran el rendimiento de los mismos, bajo el consentimiento de las instituciones supervisoras y de las agencias calificadoras de títulos, por lo que no podía haber un proceso de regulación y supervisión y evaluación que actuase en contra de los papeles y títulos de baja calidad, sin respaldo de activos productivos o de flujos de ingresos seguros que avalaran las ganancias ofrecidas.

Ello evidencia el fracaso del mercado para asegurar las ganancias esperadas, así como la inoperatividad de las instancias reguladoras en poner orden, debido a que la corrupción tiende a imperar en los directivos de las instituciones bancarias y financieras y en los encargados de la regulación de dicho sector así como de las propias agencias calificadoras de dichos títulos financieros.

Los títulos asegurados frente al riesgo eran igual de inseguros

Se creaban títulos financieros en torno a deseos de comportamiento futuro de ciertos activos y variables. Era un capital "ficticio", ya que no era sustentado con el aval, o soporte de algún activo físico, productivo que generara riqueza y flujo de ingresos que respaldara el rendimiento ofrecido.

Era tal la demanda por los títulos (*securities*) que tenían como respaldo las hipotecas, dados los rendimientos ofrecidos por estas, que hasta los bancos entraron al negocio de emitir sus propios *securities*-títulos, como forma de incrementar su financiamiento (más allá de sus depósitos) y así su disponibilidad crediticia, acentuado así las prácticas de especulación inherentes al sistema financiero.

Los títulos llamados *securities* operaban como créditos, dado el flujo de rendimientos que ofrecían, por lo que sustituyeron a los préstamos tradicionales como principal forma de financiamiento.

Muchos instrumentos surgidos de la innovación financiera son mecanismos de deuda. Las obligaciones de deuda colateralizada (GDO, por sus siglas en inglés) son variantes de deuda que aumentaron la liquidez de la economía e inflaron los precios, tanto de las casas como de los activos financieros en los mercados bursátiles.

Se creaban títulos financieros en torno a deseos de comportamiento futuro de ciertos activos y variables, llevando a mayores créditos hipotecarios que retroalimentaban dicha espiral especulativa. Era un capital "ficticio", ya que no era sustentado con el aval, o soporte de algún activo físico, productivo que generara riqueza y flujo de ingresos que respaldara el rendimiento ofrecido. Ello hizo al sistema financiero más frágil e inestable, dada la mayor liquidez generada como por el alto riesgo que implicaban dichos títulos ya que su respaldo descansaba en torno a expectativas del comportamiento de precios de ciertos activos y mercancías; ello los hacía ser altamente vulnerables.

La securitización supuestamente protege a los activos financieros ante eventualidades adversas de los mercados, pero tal securitización era endeble, ya que no se sustentaba en bases reales que aseguraran el valor de dichos títulos, sino que descansaba en las mismas expectativas del comportamiento de los mercados de bienes raíces, como de los *commodities*.

Las posiciones de riesgo desestabilizaron al sector financiero

La banca, en su búsqueda de altas ganancias, asumió posiciones de altos riesgos al incrementar los créditos hipotecarios, así como al consumo, sin constatar la capacidad de reembolso de los deudores, los cuales rápidamente cayeron en insolvencia y ello afectó al sistema bancario y a la valorización de sus activos, acentuándose así su problemática financiera.

La banca se fondeaba con préstamos de corto plazo y realizaba créditos de largo plazo; así cayó en una situación de alta fragilidad que desemboco en crisis, y más considerando el alto nivel de endeudamiento en que se redujo con relación a su capital (Palley, 2008). Al desvalorizarse sus activos, rápidamente pasaron a ver ampliados sus problemas, dada la alta relación deuda/capital con que estaban trabajando.

En las crisis financieras, siempre las instituciones más afectadas son aquellas que prestan a largo plazo y se endeudan a corto plazo, y más cuando las tasas de corto plazo resultan mayores que los créditos otorgados a largo plazo. Esto siempre acontece. Así como pasó en el caso de los bancos de ahorro en la crisis de inicios de la década de 1980 en EU (Wray, 1998), ahora nuevamente aconteció con la crisis actual.

Los grandes bancos de inversión estadounidenses incurrieron en altos niveles de apalancamiento, donde su capital era mínimo, en relación con su deuda (Leijonhufvud, 2009). De ahí que, al desvalorizarse sus activos (de los cuales la gran mayoría los había adquirido por deuda), cayeron en graves problemas de insolvencia que los llevaron a la bancarrota, teniendo que entrar el Gobierno de EU a su rescate.

El problema no es de los deudores, sino de las instituciones financieras que expandieron los créditos y asumieron posiciones de riesgo, violando las reglamentaciones existentes y otorgando créditos a sectores que no tenían garantizado el reembolso de los mismos.

La mayoría de las hipotecas fueron introducidas por corredores (o *brokers*) y por instituciones de ahorro y, en menor medida, por bancos. Muchos sacaban de las hojas de balance dicha contabilidad, a fin de evadir los requerimientos de reservas y de capital exigidos por las autoridades reguladoras en tales transacciones (Wray, 2007), lo que les permitía expandir más los créditos.

El *boom* especulativo de bienes raíces, donde el valor de los bienes raíces pasó de 10 trillones en 1997 a 20 trillones en el 2005 (nomenclatura de EU) no sólo se dio por la mayor demanda por casas y las mayores hipotecas residenciales otorgadas, sino también porque los acreedores inflaban el precio de las casas para hacer negocio con los créditos (Wray, 2007).

No sólo se vendieron hipotecas, sino que se "incorporaban en esquemas de inversión de riesgo" (Papadimitriou, 2008).

El *boom* del mercado de los bienes raíces y las ganancias que la banca comercial y de inversión obtenían los lleva a aumentar sus niveles de apalancamiento y a asumir posiciones de alto riesgo, como el otorgamiento de las hipotecas *subprime* y todo tipo de crédito, en lo cual no solo estaba la banca de EU, sino también participaron la mayoría de los grandes bancos europeos. La banca japonesa no participó en estas acciones especulativas, dada la crisis de proporciones que enfrentó en 1991, que le ha llevado a crisis subsecuentes y a un proceso de reestructuración, mismo que la alejó del proceso especulativo que ha desembocado en esta crisis de proporciones. Asimismo, la banca de China y otros países asiáticos está sujeta a fuertes medidas de regulación que la excluyeron en cierta medida de las operaciones de alto riesgo que predominaron en EU y Europa.

El empaquetamiento de los préstamos hipotecarios

Tanto las hipotecas, como otro tipo de préstamos que se vendían como *securities* (préstamos de autos, de consumo, de estudio, etcétera) fueron empaquetados en una variedad de clases de riesgo con diferente precio para cubrir el riesgo (Wray, 2007). Los bancos e instituciones financieras proveían garantías líquidas, tanto a los que empaquetaban las hipotecas y las vendían como títulos, así como a los poseedores de dichos títulos. Estos títulos aseguraban flujos de ingreso derivados de ese paquete de prestamos, por lo que eran muy atractivos a los inversionistas de EU y del resto del mundo (Guttmann, 2008) que buscaban inversiones atractivas y de corto plazo. Los títulos se vendían en pequeños trozos, con diferentes nominaciones, para así reducir el riesgo, además de ofrecer altas tasas de rendimiento (Zingales, 2008).

Ello se daba en un contexto de baja inflación, de estabilidad financiera y de *boom* de los mercados financieros —como del mercado de bienes raíces—, que se traducía en altas ganancias para los participantes en el ámbito financiero y generaba expectativas optimistas que se tradujeron en la subestimación de los riesgos, tanto por parte de las agencias evaluadoras como de los reguladores. De ahí que tales títulos contaran con el respaldo de dichas agencias, las cuales les daban calificación de AAA, y los colocaba exentos de riesgo y potenciaba la capacidad de endeudamiento de las instituciones financieras que los emitían, por lo que se fueron adquiridos por todo tipo de inversionistas en los mercados internacionales y se diseminaron por doquier tales títulos (Greater Kansas City Chamber of Commerce, 2008).

En este proceso de empaquetamiento y subdivisión de préstamos y venta de títulos seguros, con aprobación y calificación como libres de riesgo por las agencias calificadoras, todos participaron en el engaño: los que las emitieron así como los que los calificaron como libres de riesgo.

Se ofrecieron tales títulos financieros bajo la creencia que aumentaría su precio y que redituaría altas ganancias, seguros y no de alto riesgo, por lo que tuvieron una gran demanda por parte de bancos, instituciones financieras, inversionistas institucionales de fondos *hedge*, de fondos de pensión, fondos mutuos, etcétera, debido a que tales títulos financieros "asegurados" ofrecían atractivos rendimientos ante el aumento del precio de las casas en el mercado de bienes raíces en Estados Unidos así como en otros países desarrollados. Todas las instituciones financieras y bancos se endeudaron a fin de adquirir los títulos y participar tanto de los rendimientos, como de la protección (securitización) ofrecida.

Con ello se diversificó y difundió el riesgo que conllevaba, colocando a todo el sistema en un contexto de alta vulnerabilidad y fragilidad en torno al comportamiento de los mercados en que se sustentaba el valor de dichos instrumentos financieros. Así, "los préstamos eran vendidos o empaquetados con otros préstamos y entonces eran vendidos a otras instituciones de títulos, que eran clasificados" (Kregel, 2009).

La gran demanda que se dio por estos títulos financieros incrementaba su precio y convalidaba las acciones de riesgo asumidas, redituando ello ganancias a los poseedores de tales títulos. Se retroalimentaba así una espiral de alzas de precios de muchos de los títulos emitidos así como de los activos que respaldaban la emisión de dichos títulos.

Los títulos emitidos que tenían como respaldo a las hipotecas eran muy demandados. Los *securities* respaldados por hipotecas *subprime* pasaron de 95 billones en el 2001 a 483 billones en el 2006 (nos dice Wolfgang Muchau que: "todas las burbujas históricas fueron acompañadas por un aumento en el endeudamiento") (sept. 2007) ante el *boom* de los bienes raíces.

No contentos con los títulos emitidos que aseguraban los títulos de deuda anteriores, surgieron otros, en la perspectiva de protegerse contra el riesgo del no pago de los anteriores. Estos permitían a los inversionistas protegerse contra pérdidas ocasionadas por el no pago de los títulos adquiridos por lo que venían a cubrirlos ante cualquier eventualidad de que los títulos asegurados no cumplieran con la ganancia ofrecida. En este proceso también participa el mercado de derivados, encaminados a reducir el riesgo de quiebre de los mercados donde operaban dichos instrumentos financieros, sea en el mercado de bienes raíces, en el de dinero o en los mercados de divisas –donde el apalancamiento de los tipos de cambio juega un papel importante. En el caso de los derivados o títulos a futuros vinculados a las divisas o al mercado de dinero, también había una gran demanda por esa clase de instrumentos financieros. Ello colocaba a dichos títulos en una situación de alto riesgo e incertidumbre, pues su valorización dependía de las expectativas que se tenían de los mercados de divisas o de bienes que respaldaban dichos títulos.

Los compradores de los títulos asegurados estaban protegidos por el seguro o por el respaldo de los mismos, lo que les daba mayor capacidad para crear instrumentos financieros para fondear posiciones.

Al estar estos mercados en crecimiento, ofreciendo alta rentabilidad, atraían capitales, los cuales hacían que los precios de los títulos (activos) aumentaran lo que a su vez estimulaba mayor entrada de capitales y seguía el *boom* de tales mercados.

La crisis no deviene exclusivamente de lo financiero

La crisis no se deriva sólo de lo financiero. El *boom* mostrado en los mercados financieros, así como la innovación financiera, el surgimiento de nuevos instrumentos financieros que incrementaron la liquidez de la economía, la disponibilidad crediticia y las prácticas especulativas no son sólo resultado de la desregulación de dicho sector, sino del hecho que la esfera productiva dejó de ofrecer opciones de inversión rentables; ello propició que gran cantidad de recursos se canalizaran hacia el sector financiero, situación que este aprovecha para ofrecer opciones de inversión atractivas.

En el contexto de la globalización, el capital tiende a priorizar la búsqueda de ganancias de corto plazo y de ahí, el flujo de recursos a los mercados financiero-especulativos. Estos terminan generando mejores niveles de ganancia en relación con las ofrecidas por la esfera productiva, que implican inversiones de más largo plazo.

Las condiciones de estabilidad y la búsqueda de opciones de inversión atractivas, fuera de la esfera productiva, propiciaron la innovación financiera, cuyos instrumentos emitidos fueron aceptados y demandados por los inversionistas institucionales y del propio sector productivo.

El hecho que los agentes económicos hayan tomado riesgos excesivos en el sector financiero en las últimas décadas, se explica en gran medida por el hecho de que varias de las ramas productivas vieron reducidos los niveles de rentabilidad, y de ahí la búsqueda de opciones de alta rentabilidad, tanto en el sector de bienes raíces o como en la esfera financiera-especulativa para contrarrestar su baja dinámica de acumulación.

La apreciación del dólar durante varios años contribuyó a la reducción de la inflación y a la estabilidad monetaria en EU, a costa de reducir la competitividad y la dinámica de acumulación de muchas ramas industriales, dado el contexto de apertura comercial existente.

La baja de competitividad frente a productos importados, como la estrechez del poder de compra de los trabajadores para ampliar su consumo y su demanda, llevó a los inversionistas a buscar mejores opciones de inversión en el sector financiero, lo que crea un caldo de cultivo para el desarrollo de la innovación financiera. Esta hace posible la introducción de nuevos instrumentos financieros atractivos para aquellos que buscaban opciones de inversión de rentabilidad mayor a la ofrecida en la esfera productiva. Ello ocasionó gran demanda por estos instrumentos, así como mayor endeudamiento para la adquisición de los mismos (Wray, 2008b).

La gran demanda que se dio por tales instrumentos financieros incrementaba sus precios en los mercados de capitales y de bienes raíces, lo que pasaba a ofrecer mejores condiciones de rentabilidad y de liquidez en relación con la esfera productiva. De ahí que el *boom* especulativo financiero que se da es resultado en gran medida de las pocas opciones de inversión rentable en la esfera productiva.

La política macroeconómica y el contexto de liberalización económica han actuado a favor de la primacía de lo financiero sobre lo productivo y la subordinación de este en relación con el primero. Dicho proceso pasó a ser denominado "financierización" de la economía (Epstein, 2005).

El contexto de libre mercado, tanto en países desarrollados como subdesarrollados, los ha llevado, a la gran mayoría, a procesos de desindustrialización, incremento del desempleo y a no aumento de salarios reales –que han afectado la dinámica de acumulación de las empresas y el poder adquisitivo de los trabajadores–, ocasionando altos niveles de endeudamiento en ambos sectores. Es decir, detrás de la baja dinámica de acumulación, los problemas de insolvencia, la inestabilidad financiera y la crisis económica actual está la apertura comercial que ha pasado a afectar a los propios países desarrollados, dado que muchos de sus productos han sido desplazados por los provenientes de los países asiáticos. La falta de condiciones de acumulación en la esfera productiva, decíamos, llevó a muchos a buscar en el sector financiero-especulativo opciones de inversión, potenciando más a dicho sector. El problema es que no se acepta que el libre mercado sea causante de la crisis.

La "financierización" de las economías: supremacía de lo financiero sobre lo productivo

El proceso de globalización predominante en las últimas décadas ha sido comandado por el capital financiero, conformándose así el llamado contexto de "financierización" de la economía. Este se caracteriza por el hecho que las transacciones financieras (de compra y venta de activos financieros) superan con mucho a las que se realizan en proyectos de inversión productiva. En el 2009 el sector manufacturero de EU representaba 11% del PIB, mientras que el sector servicios financieros (finanzas, seguros y bienes raíces) había crecido a 21% (gráfica 1.6).

Gráfica 1.6

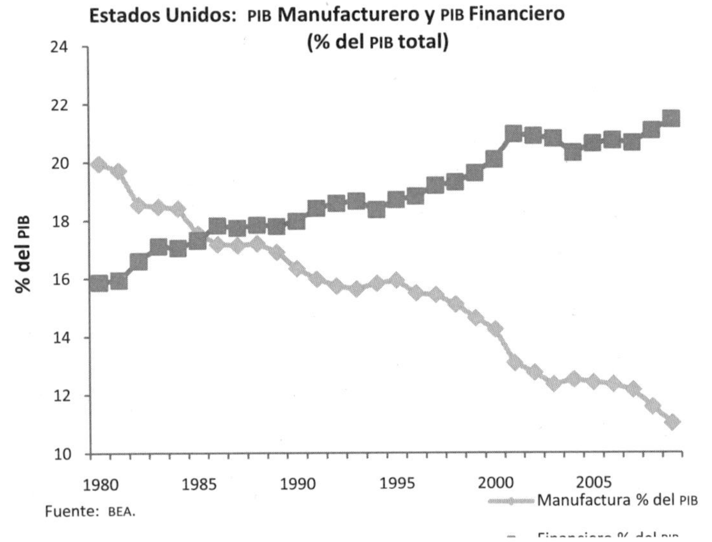

Ello se explica por el contexto de liberalización y desregulación económica, así como por la política de estabilidad predominante y la innovación financiera. Esto, por un lado, amplía la fuente de recursos que actúa a favor de la valorización de los activos financieros, y por otro, atenta sobre las condiciones de rentabilidad en la esfera productiva, lo que hace que la inversión en dicho sector disminuya significativamente y se canalice en parte hacia la esfera especulativa, impulsando así las burbujas del precio de los activos en dichos mercados. Se amplía el diferencial de rendimientos ofrecidos entre el sector financiero y el productivo.

Las mayores ganancias en el sector financiero se mantienen mientras fluye capital a dicho sector, lo que incrementa el precio de los activos financieros e incentiva mayores flujos de capitales a dichos mercados. El rezago de lo productivo se tradujo en bajos niveles de ingreso de empresas e individuos, lo que llevó a las empresas a invertir recursos crecientes en el sector financiero para contrarrestar sus bajas ganancias, impulsando así la financierización de la economía.

Las prácticas especulativas aumentan a tal nivel los precios de los activos financieros, que dejan de tener sustento en la esfera productiva, pues se valoran en torno a ingresos esperados, lo que los coloca en una situación de alta vulnerabilidad.

El sector financiero hace más dinero (D–D′) mientras entran más flujos de capital a dicho sector, por las mejores condiciones de rentabilidad que ofrece, en relación con el sector productivo. Se incrementa el valor de los activos financieros y, en consecuencia, los ingresos que se derivan de estos, sin pasar por la esfera productiva. El dinero invertido en la esfera financiera pudo haber salido de la esfera productiva (porque quizá esta dejó de ofrecer opciones atractivas de inversión), pero el incremento del D–D′ se da en el sector financiero.

El proceso de globalización y liberalización financiera ha llevado a aumentar el proceso D–D′ y a disminuir el D–M–D′. Se impulsa el circuito del capital dinero, donde el dinero (D) tiende a incrementarse en la esfera financiero-especulativa, sin pasar por la esfera productiva. No se tiene que producir mercancías (M) para obtener dinero incrementado (D′) en la realización de la misma. Ello es debido a que se han creado mayores condiciones de rentabilidad en el proceso de "financierización" y menos condiciones de acumulación en la esfera productiva.

Parte creciente de las ganancias de las empresas no financieras pasan a explicarse cada vez más por lo que se obtiene de las inversiones financieras, y cada vez menos por la propia ganancia obtenida en la empresa no financiera (Guttman, 2008 y Croty, 2008). En las corporaciones estadounidenses, la participación de las ganancias generadas en el sector financiero de la década de 1980, representaba 10% y en 2006 pasó a representar 40% del total (*The Economist*, 2008). De ahí creció la importancia de los mercados financieros, tanto en países desarrollados, como subdesarrollados. Ello colocaba a las empresas productivas en una situación de alta vulnerabilidad y fragilidad, en torno al comportamiento del sector financiero; es decir, del mundo de lo ficticio, pues sus ganancias ya no dependían tanto de la esfera real, sino que estaban en función del comportamiento de los precios de los activos financieros. Así, al desvanecerse los mercados financieros y los activos de estos, se trastoca rápidamente la esfera productiva, dada la gran posesión de activos financieros en su poder.

Mientras siga el sector financiero ofreciendo mayores ganancias en relación al resto de la economía, los capitales continuarán canalizandose a dicho mercado, aumentando los precios de los activos financieros ahí cotizados. De ahí el *boom* de los mercados bursátiles (de las bolsas, y posteriormente del mercado de bienes raíces y de los *commodities*), lo que disparaba el diferencial de rendimientos ofrecidos entre el sector financiero y el resto de la economía y estimulaba la asignación de recursos a favor del primer sector, lo que retroalimentaba dicho diferencial.

Ha sido a través de la innovación financiera y la consecuente expansión de los mercados financieros a nivel internacional que se ha ampliado la fuente de recursos y se ha contrarrestado las menores ganancias que se han presentado en ciertos sectores productivos, por ser menos competitivos.

Los recursos no fluyen a lo productivo

La mayor liquidez y disponibilidad crediticia que se derivó de la innovación financiera y de la menor tasa de interés establecida a partir del 2001 no se canalizó hacia lo productivo, sino que tales recursos pulularon en los mercados financieros y en el de bienes raíces y en los mercados especulativos de los *commodities*, dadas las mejores opciones de inversión, lo que infla los mercados a través del surgimiento de nuevos instrumentos financieros, así como el precio de los activos financieros, que retroalimentan el mayor flujo de recursos a tales mercados, distanciándose cada vez más de los niveles de rentabilidad y de la dinámica de la economía real.

A pesar que las autoridades económicas siempre ven con buenos ojos los *booms* bursátiles, pensando que ello se traduce en mejores condiciones financieras para el crecimiento, tal situación no se da.

El *boom* financiero del mercado de capitales, de bienes raíces y de los otros mercados de bienes no se tradujeron en mayor inversión en la esfera productiva (fuera del incremento observado en la industria de la construcción durante el auge del mercado de bienes raíces) que implicase aumento de la actividad productiva, del empleo y salarios reales. Los recursos ahí generados se reinvertían en el mismo sector y no se canalizaban hacia otros sectores de la economía, por no ofrecer mejores opciones de rentabilidad.

Al no canalizarse los recursos de los mercados financieros, ni los créditos hacia la esfera productiva, se atentaba sobre la modernización del aparato productivo necesario para encarar el proceso de competencia, como para mejorar las condiciones de acumulación y de ingresos de empresas y de salarios en dicho sector, para convalidar el valor de los activos financieros. De ahí que la expansión crediticia, y las burbujas de precios en los mercados financieros –como de bienes raíces y de *commodities*–, no se tradujeron en condiciones de crecimiento económico significativo, que acompañara al *boom* financiero.

Las burbujas financieras retroalimentan la inversión en tales mercados e incentivan el incremento de la deuda para canalizar ahí los recursos. La capacidad de reembolso de la deuda está en función del comportamiento del precio de los activos financieros, como del ingreso de los deudores. El problema se agravó porque la mayor liquidez y el poder de compra generado por el auge financiero, si bien incrementaron la demanda, esta en gran medida se canalizó hacia importaciones, dado el contexto de apertura comercial y la baja competitividad en diversas ramas industriales. Ello se tradujo en creciente déficit de comercio exterior.

Por tanto, no hubo mayor crecimiento de la producción, del empleo o del ingreso de las empresas e individuos para asegurar el reembolso de las deudas que estaban contrayendo (véase gráfica 1.7).

Gráfica 1.7

Fuente: BEA.

Las burbujas especulativas en los mercados bursátiles, de bienes raíces y de materias primas eran acompañadas del rezago de la producción de la industria manufacturera en los países desarrollados y la mayor parte del mundo (con la excepción de China y los países asiáticos), lo que pasaba a cuestionar las altas ganancias ofrecidas por la esfera financiero-especulativa. Al caer el precio de los activos financieros, los deudores se colocan en una posición de insolvencia, y ello conduce a la recesión. Nos dice Kregel que: "la fragilidad emerge como resultado directo de los fracasos en la estructura y regulación del sistema" (Kregel, 2008a).

El desarrollo de los mercados de capitales dio pauta a que se realizaran procesos de fusiones y absorciones de empresas financieras y no financieras. Las empresas pasaron a crecer a través de este proceso, y no por los aumentos de capacidad productiva derivados de aumento de la inversión.

El boom *especulativo no tenía sustento productivo*

El comportamiento de la esfera productiva estaba ausente de lo que acontecía en los mercados financieros. Existía un comportamiento inverso de tales sectores. Las ganancias ficticias que ofrecía el sector financiero no tenían sustento en lo productivo, que garantizara la rentabilidad en tales mercados, sino que dependía del comportamiento de las tasas de interés y del precio de las casas, como de los *commodities*. Como señala Minsky: "Cada instrumento en el mercado financiero debe ser apoyado por el flujo de efectivo" (Minsky, 1986b). Si el flujo de efectivo aumenta, se incrementa a su vez el precio del instrumento financiero creado.

El problema es que, en el caso del mercado de bienes raíces, el flujo de efectivo dependía del alza de precios de estos bienes, y no de recursos derivados de la esfera productiva. El valor que pasaban a adquirir la gran mayoría de los títulos financieros (que estaban en relación con las hipotecas residenciales) era determinado por las expectativas del desenvolvimiento de los mercados de los activos que las respaldaba. Al cambiar estas, se comprometía el valor de los activos financieros.

Los nuevos instrumentos financieros eran respaldados por otros papeles, cuyo aval descansaba en expectativas esperadas y, en muchos casos –sobre todo en lo referente a las emisiones relacionadas a las hipotecas residenciales–, en el comportamiento del precio de los bienes raíces. Se creaban papeles de la nada o en torno a deseos de comportamiento futuro de ciertos activos y variables. Es lo que Marx denominó capital ficticio, ya que no eran sustentados con el aval (o soporte de algún activo físico), productivo que generara riqueza y flujo de ingresos que respaldara el rendimiento ofrecido.

Se canalizaban recursos en forma creciente a actividades especulativas, confiados en que estas se mantendrían generando altos rendimientos para asegurar el reembolso de los créditos que financiaban dichas inversiones, siendo que las ganancias especulativas buscadas no tenían ninguna base real de sustento.

Ello hacia insostenible los *booms* financiero-bursátiles en el mediano y largo plazos, ya que descansaban en el flujo de capitales que se canalizaba a tal sector, los cuales, a su vez, dependían de las expectativas de los agentes como de la liquidez de la economía.

Las empresas del sector productivo, al colocar recursos crecientes en el sector financiero-especulativo eran colocadas en el mundo de lo "ficticio", por lo que al desvanecerse los mercados financieros y los activos de estos, se trastocaría rápidamente la esfera productiva, dada su fuerte interdependencia configurada a través de lo financiero.

La política económica predominante a favor de lo financiero termina actuando contra el propio sector, pues descapitaliza la esfera productiva y no genera riqueza, ni aumenta el ingreso de empresas para valorizar en forma mas sostenida los propios activos financieros y avalar las ganancias "ficticias" de la esfera especulativa, por lo que estas terminan evaporándose, ya que no descansaban en resultados seguros (de certidumbre), derivados de inversiones realizadas en mercados productivos o de servicios (no financieros) que aseguraran los ingresos y los niveles de rentabilidad deseados.

Nos dice Minsky que no puede disociarse el sistema monetario de la producción (Minsky, 1986b). El sector productivo contribuye en forma importante en la valoración de los activos financieros y en la determinación de los flujos de ingresos de empresas e individuos para convalidar la rentabilidad ofrecida en los mercados financieros, como los ingresos suficientes para cubrir el reembolso de la deuda, por lo que no puede ser relegado. De hecho, el capitalismo no crece equilibrado, sino anárquicamente en función de las oportunidades de inversión que cada sector ofrece, las cuales son diferentes. No hay mano invisible que homologue las ganancias entre sectores para que todos crezcan igual, pero el repunte de lo financiero, sobre el resto de los sectores de la economía, no puede durar mucho tiempo.

Los problemas de acumulación en la esfera productiva terminan frenando la valorización del capital en la esfera financiera, tanto porque deja de tener niveles de rentabilidad que aseguren el reembolso de su deuda. ello le ocasiona problemas de insolvencia que afectan a la banca y, en consecuencia, al valor de sus activos y capital, como porque se frena la transferencia y canalización de recursos para ser invertidos en la esfera financiera. Asimismo, los menores ingresos de empresas e individuos que elaboran en la esfera productiva, dejan de demandar activos financieros, como bienes y activos en los que están sustentados muchos títulos financieros, por lo que cae el valor de estos.

Al distanciarse lo financiero de la esfera productiva, generó problemas en el sector bancario, como el estallamiento de las burbujas especulativas en el mercado de capitales, de bienes raíces y en las *commodities*, evidenciándose su temporalidad. Ello derivó en la crisis y la recesión actual, que pone en entredicho el proceso de "financierización" de las economías.

Tal situación se ha repetido una y otra vez en la historia económica. La búsqueda de ganancias rápidas siempre ha llevado a que los mercados financieros se distancien de los mercados productivos, terminando en crisis, ya que no hay sustento para convalidar las ganancias especulativas.

Al relegarse la esfera productiva y al no crecer la inversión y la capacidad productiva, el empleo y los salarios reales, impide que se conformen las condiciones de ingreso por parte de empresas y trabajadores para cubrir el reembolso de las deudas contraídas por parte de tales sectores, lo que da lugar a problemas de insolvencia y que derivan en embargos y devolución de casas y en la caída del precio de las mismas. Ello rápidamente desvaloriza los títulos financieros que fueron emitidos con respaldo a las hipotecas, así como los activos de las instituciones financieras poseedoras de dichos títulos, con la consecuente caída de las bolsas de capitales a nivel mundial.

Al no generarse riqueza y al no aumentar el ingreso de empresas que avalara las ganancias "ficticias" de la esfera especulativa, estas terminan evaporándose, ya que no descansaban en resultados seguros (de certidumbre), derivados de inversiones realizadas en mercados productivos o de servicios (no financieros) que aseguraran los ingresos (niveles de rentabilidad) deseadas.

Las leyes de la economía siempre cobran los excesos y los errores, no se puede generar riqueza de la nada. Sólo por muy corto tiempo se pueden generar expectativas de rentabilidad, sustentadas en alza de precios especulativos. Las ganancias se concretan conforme aumenta el número de participantes en tales mercados, pero, al cesar y al disminuir los flujos de capital a tales mercados, dejan de crecer los precios de los activos en juego y, con ello, las ganancias ofrecidas, dado que no se realizó ningún vínculo con la esfera productiva, para a través de esta sustentar las ganancias.

No se puede relegar la esfera productiva y la generación del empleo y el crecimiento de los salarios reales, ya que se atenta sobre la generación de riqueza que convalide la rentabilidad ofrecida en los mercados financieros, la cual termina siendo ficticia por no tener sustento. Asimismo, es imprescindible el incremento de ingresos de empresas e individuos para garantizar la realización de las ganancias, como el reembolso de los créditos, y asegurar la estabilidad bancaria, situación que no garantizó la política económica predominante.

El alza de la tasa de interés y la caída del mercado de los bienes raíces

La Reserva Federal empieza a aumentar la tasa de interés a mediados de el 2004 (véase gráfica 1.1) tanto por la preocupación de que el alza de precios del petróleo como de las materias primas y los alimentos pudiesen generar presiones inflacionarias. A través del manejo de la tasa de interés, se trató también de regular el comportamiento de los mercados financieros. Ante alzas desmedidas en el mercado de capitales, proceden a aumentar la tasa de interés para asegurar condiciones atractivas de inversión en el mercado de dinero y así frenar la especulación que estaba presente en el mercado de bienes raíces como en el mercado de las materias primas. De haber llegado la tasa de interés a 1% en el 2003, se fue incrementando hasta llegar a 5.25% en el 2007.

Ello se dio en un contexto de alto endeudamiento de las familias. En la gráfica 1.8 se observa cómo dicha deuda se había duplicado del 2000 al 2006, por lo que al aumentar la tasa de interés se incrementó el servicio de la deuda y ello llevó a disminuir el consumo y la inversión. Se frena el crecimiento de la producción, así como la generación de empleo y, con ello, el ingreso de empresas e individuos, por lo que se recrudecen la insolvencia, se acentúa la contracción crediticia y la tendencia depresiva de la actividad económica.

Gráfica 1.8

El problema de incapacidad de pago inició en las obligaciones financieras mensuales de los poseedores de hipotecas *subprime*. Tales hipotecas fueron otorgadas a sectores pobres sin indagar la percepción de ingreso ni la capacidad de reembolso, por lo que era lógico que tales créditos fueran los primeros en caer en insolvencia, y más por el contexto de bajo crecimiento de salarios que se venía dando.

Los comercializadores de las hipotecas sabían que muchos de los solicitantes no tenían aseguradas las condiciones de reembolso y, no obstante, les otorgaban créditos. Los *subprime* crecieron de 190 billones en el 2001 a 625 en el 2005 (nomenclatura de Estados Unidos), de 8.6 a 20% del mercado (Wray, 2007).

El fraude en las hipotecas residenciales fue en mayor medida cometido por los acreedores, que estimulaban a los individuos a aceptar dichos créditos, sin considerar o importar las condiciones de reembolso de los deudores. Los comercializadores de hipotecas ganaban con las comisiones recibidas por la colocación de dichas hipotecas y por la venta de casas.

Los problemas de insolvencia rápidamente se difundieron entre los poseedores de hipotecas normales, pues estas también cayeron en cartera vencida, debido a que los créditos habían crecido en mayor proporción de los ingresos de los deudores, y, por ende, de la capacidad de pago. Señala Kregel que: "desde esta perspectiva, la crisis actual tiene poco que hacer con el mercado de hipotecas, sino con la estructura básica de un sistema financiero que sobreestimó el crédito *creditworthiness* (confiabilidad crediticia) y subestimó el riesgo" (Kregel, 2008a). Se sobreestimó la capacidad de reembolso de los créditos. Junto a ello están los bajos niveles salariales. Señalan Rubin y Bernstein (2008) que: "La productividad creció alrededor de 20% del 2000 al 2007; el ingreso real de la clase media y de las familias trabajadoras ha caído 3%". El comportamiento del bajo crecimiento de los salarios reales ha sido debido a la pérdida de poder de negociación de los trabajadores, dada la disminución de agremiados en los sindicatos en dicho país, situación que a su vez se presenta a nivel mundial.

El alza de la tasa de interés aumentaba el costo de las hipotecas por arriba del valor de la casa, lo que propició la devolución de casas y contribuyó a la mayor caída de los precios de estas.

Ante los problemas de insolvencia, vienen los desalojos, la devolución de casas, y la caída del precio de estas, por lo que se frena el *boom* del mercado de bienes raíces y empieza a trastocar el comportamiento del sistema financiero. "Cuando las pérdidas de los *subprime* empezaron a exceder las expectativas en las cuales se habían basado, los precios de los *securities* empezaron a caer" (Wray, 2008a).

El mercado de bienes raíces empezó su debacle no sólo por el problema de cartera vencida, embargos, desalojos y devolución de casas, sino también por la propia lógica de crecimiento del mismo mercado, ya que el alza de precios estimuló el aumento de la construcción de viviendas, las cuales sobrepasaron la demanda por las mismas, generándose una sobreoferta, lo que empezó a presionar hacia la baja los precios. La demanda por casas se reduce a una consecuencia de la restricción crediticia por parte de la banca ante los problemas de insolvencia presentados.

No es tanto el alza de la tasa de interés en sí lo que genera la cartera vencida, y da pie a la inestabilidad y la crisis financiera sino los bajos niveles de ingreso de empresas e individuos, que fueron incapaces de hacer frente a tal situación. Lo que ocasiona la inestabilidad y la crisis no son las fluctuaciones de la tasa de interés, sino las fluctuaciones de la tasa de ganancia y el no crecimiento del ingreso de los individuos.

Al darse la caída del precio de las casas, disminuye a su vez la demanda por estas, dado que esperan que los precios sigan cayendo, además que un alto porcentaje de dicha demanda es realizada por créditos, los cuales fueron drásticamente restringidos por los problemas de insolvencia.

Al caer la venta de las casas (hay más de 1.2 millones de casas vacantes a fines del 2007) y el precio de estas, pasan a perder los constructores y desarrolladores, ya que la construcción de casas ha caído 50% desde el pico, y los precios podrían disminuir 25%. En la Gran Depresión los precios de las casas disminuyeron 30% (Wray, 2007).

A la caída del mercado de bienes raíces le siguió el boom *del mercado de* commodities *y de alimentos*

Una vez que se derrumba el mercado de bienes raíces, el capital se trasladó al mercado de los *commodities* (Wray, 2008c). En la gráfica 1.2 se observa como a partir de 2007 empiezan a caer los precios de las casas, y en la gráfica 1.9, que justo a partir de inicios de dicho año se da el repunte de los precios de los *commodities,* lo que se tradujo en grandes ganancias para el sector financiero y para los inversionistas de tales mercados.

Gráfica 1.9

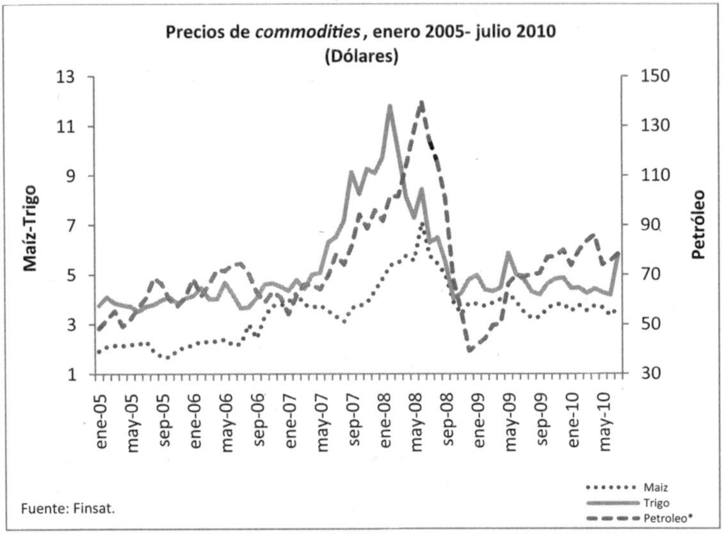

El capital financiero siempre anda a la búsqueda de opciones de inversión. Nos dice Wray que: "cómo el mercado de bienes raíces se enfrió, los especuladores buscaron otras oportunidades de ganancia. Hace un par de años la especulación estaba en los *commodities,* incrementando los inventarios a sus límites para vender después a mayores precios" (Wray, 2008c).

Las burbujas especulativas de los mercados de los *commodities* son resultado del propio contexto de liberalización y desregulación financiera, que facilita y permite el flujo de recursos a dichos mercados para especular ante las expectativas que configuraba la gran demanda internacional por tales materias primas.

El aumento del precio de los *commodities* y de los alimentos presionaba al alza de precios a nivel mundial, lo que vendría a modificar la política monetaria predominante y a acelerar los problemas de insolvencia y la inestabilidad de los mercados financieros.

La caída del precio de las casas y el desmoronamiento de los instrumentos financieros

El comportamiento de los mercados financieros estaba conformado por expectativas de que se mantendría el alza de los precios de tales activos. Al caer en insolvencia los créditos hipotecarios, también lo hace el precio de las casas y, con ello, se compromete el reembolso de las hipotecas, como el rendimiento ofrecido por los títulos financieros que tenían como respaldo las hipotecas residenciales. Esto disminuyó el valor de dichos títulos, por lo que dejaron de ser atractivos, y se produce el colapso de los mercados que habían emitido dichos títulos y de aquellos que los poseían.

Al frenarse dicha alza, y al revertirse el crecimiento de precios de los títulos financieros, se da cause a la manifestación de la crisis financiera, por todas las implicaciones de la desvalorización de activos en el contexto de alto nivel de endeudamiento configurado, que ocasiona graves problemas de insolvencia y descapitalización bancaria.

Un alto porcentaje de los activos de bancos, instituciones financieras y empresas estaban compuestos por tales títulos financieros, y tenían gran cantidad de hipotecas *subprime*, por lo que al desvalorizarse estos, tratan de deshacerse de ellos a costa de abaratar más su precio y de la descapitalización de ellos mismos, por lo que caen los precios de las acciones de tales instituciones bancarias y financieras; lo que acontece conjuntamente con un retiro masivo del mercado de capitales.

Se desvalorizaron los activos de los bancos e instituciones financieras, como de los activos financieros emitidos con respaldo de las hipotecas, derrumbó el *boom* de los mercados de capitales, lo que afectó las finanzas de los poseedores de activos financieros, donde se ubicaban tanto empresas financieras como no financieras. Los bancos se colocaron en una problemática financiera muy seria, ya que no vieron recuperado las inversiones canalizadas en dichos títulos, y de ahí las grandes pérdidas que enfrentan.

No sólo cae el valor de los títulos que tenían como respaldo las hipotecas, sino que se trastoca el valor de todos los nuevos títulos financieros creados por la innovación financiera, lo que evidencia que no tenían activos que los respaldaran. Por más que supuestamente muchos de los títulos emitidos con la innovación financiera, tenían respaldo en activos (la mayoría era en bienes raíces), y se ofrecían (por parte de las instituciones financieras) como instrumentos seguros, para protegerse del riesgo, para diversificarlo y disminuir el riesgo de otro tipo de inversiones, resultaron igual de fraudulentos, ya que se sustentaban en aquellos que habían sido mal evaluados, que eran los propios créditos hipotecarios *subprime*.

Se ponía a su vez en entredicho el reembolso de los créditos que habían sido otorgados bajo las garantías de dichos títulos y pone a la banca en un contexto de alta fragilidad, al no poder cobrarse los prestamos otorgados. Es decir, al caer en insolvencia los créditos hipotecarios *subprime*, se siguió rápidamente toda una secuela de cartera vencida en otros rubros crediticios (papel comercial, tarjetas de crédito, préstamos de autos, prestamos estudiantiles, etcétera), dados los menores ingresos de los deudores, derivados de la contracción económica, como por la desvalorización de los títulos financieros que se habían emitido con respaldo a las hipotecas residenciales, los cuales actuaban como colaterales que respaldaban los créditos otorgados a las familias todo ello afectó el balance de los bancos.

Los problemas de insolvencia se acentuaron también por la caída de los precios de los activos financieros, al caer el precio de los activos de los deudores y, en el caso de las familias, el precio de sus casas, que habían sido puestas como garantes (colaterales) a sus deudas se colocan en una frágil situación financiera. La deuda de las familias ha aumentado a niveles de 113% del ingreso disponible (Foster, 2008). Sus ingresos son insuficientes para el reembolso de sus deudas, por lo que disminuyen consumo para pagar deuda y evitar la pérdida de sus casas.

Hay todo un efecto encadenado de reducción del precio de las casas, de la desvalorización de los activos financieros, de incapacidad de pago y restricción crediticia, que viene a frenar más la actividad económica, y a recrudecer los problemas de insolvencia.

La banca pierde doblemente, tanto por haber adquirido dichos títulos como por aceptarlos como colaterales de los préstamos otorgados. Los grandes bancos universales de EU (ING, Wachovia y otros) tenían un amplio haber en sus carteras de hipotecas de riesgo, por lo que pasaron a encarar fuertes pérdidas (Orlowski, 2008).

De igual forma, cayeron los llamados *hedge funds*, como de los títulos que se emitieron para dar seguridad y respaldo a los que estaban en no pago, como los *swaps* de los créditos morosos (*credit default swaps*, en su nomenclatura en inglés).

No había refugio seguro para el capital financiero. Ello ocasionó pérdidas de capital a los poseedores de dichos títulos, llevando a muchos de ellos a la insolvencia.

Los problemas que se presentaron tienen que ver con las acciones especulativas derivadas de la innovación financiera y aquellas realizadas por los agentes financieros se traduce en caída del precio de las acciones de tales bancos e instituciones y en la desestabilización de los mercados financieros internacionales, desde mediados del 2007.

Esto evidencia que, más que el problema de no haber considerado el historial crediticio de los deudores, fue sobre todo la cantidad de instrumentos financieros creados sin respaldo de activos productivos y riqueza. Nos dice Kregel que: "Fue la composición del paquete de activos y los *default*, no el comportamiento y el historial crediticio de los deudores, lo que estrechó el margen de seguridad" (Kregel, 2008a). A ello se le suman los problemas de insolvencia generados por la política de estabilización predominante, ya que esta genera un contexto donde el costo de la deuda crece en mayor medida que el ingreso de los deudores, sobre todo de las familias.

Es tal la cantidad de títulos que tienen como respaldo las hipotecas que los bancos e instituciones financieras tienen en su haber, sin saber el precio o valor que ellos tienen, –por lo que no saben o no quieren decir–, el monto de sus pérdidas. Tal problemática no sólo se presenta con los títulos que tenían como aval las hipotecas, sino también el papel comercial emitido por empresas y otros títulos derivados de la innovación financiera, cuyos activos que actuaban como aval, se desvalorizaron, por lo que no sólo caen las bolsas, sino los mercados de dinero.

Muchas instituciones financieras cayeron en problemas de iliquidez e insolvencia, incapaces de cubrir los pagos correspondientes a sus obligaciones, o los retiros de sus depósitos. Los bancos e instituciones financieras eran incapaces de prestar ante sus problemas financieros, así como por la incertidumbre existente de no ver asegurado el reembolso del crédito. El contexto de incertidumbre generado da lugar a un aumento de preferencia por liquidez.

Los problemas de sobreendeudamiento

La banca, las instituciones financieras, y las familias en EU habían incurrido en altos niveles de sobreendeudamiento, como consecuencia de la innovación financiera y la mayor liquidez de la economía.

La deuda del sector financiero había crecido en forma exponencial, más que la deuda del sector no financiero y que el PIB. La deuda en EU pasó de 255.3% del PIB en 1997 a 352.6% en el 2007. La deuda del sector financiero pasó de 63.8% a 113.8% del PIB. La deuda de las familias se movió de 66 a 99.9% del PIB, para el mismo periodo (D'Arista, 2009).

Se endeuda no para prestar al sector productivo, sino para retroalimentar la inversión financiera, ya que ofrecía mejores condiciones de rentabilidad, lo que impulsaba el *boom* de los mercados especulativos. Se canalizaban a actividades especulativas, confiados en que estas se mantendrían generando altos rendimientos para asegurar el reembolso de los créditos, siendo que no tenían ningún sustento real para que ello se diera.

El sobreendeudamiento en que cayeron muchas instituciones financieras para la adquisición de los títulos financieros que ofrecían alto rendimiento las llevó a una posición de alto riesgo. Cuanto más alto era la relación de endeudamiento en que habían incurrido los bancos e instituciones financieras, tanto mayor vulnerabilidad pasaban a encarar en torno al comportamiento del valor de sus activos financieros. Al cambiar las condiciones económicas que frenaron el crecimiento del precio de las casas y, al no cumplirse las expectativas de mayores ingresos y del mayor valor de sus títulos, se desmorona todo. Al presentarse los problemas de insolvencia en los créditos hipotecarios, rápidamente se desvalorizaron tales activos, lo que colocó a la banca y a las instituciones financieras en un contexto de alta fragilidad e insolvencia para hacer frente a los pasivos emitidos. Las instituciones financieras se vieron afectadas, tanto por los problemas de insolvencia de los créditos que otorgaron como por la desvalorización de sus activos que descansaban en los activos que veían disminuido su precio.

Pasaron a ser sus mayores pérdidas cuando se evidenció que la mayor parte de sus activos no tenía valor y no podían ser cobrados. Cayó el valor de sus activos en un contexto de altos niveles de endeudamiento por lo que se acentuaron y generalizaron los problemas de incapacidad de pago.

La política económica a favor de lo financiero llevó a que las empresas productivas y los trabajadores caigan en contextos de alto endeudamiento. Así, el sector productivo enfrentaba menores condiciones de acumulación como consecuencia de la pérdida de competitividad frente a los productos asiáticos, lo que llevó a las empresas a caer en niveles de sobreendeudamiento (véase gráfica 1.10).

Gráfica 1.10

Estados Unidos: obligaciones financieras, 1980-2008

(Porcentaje del PIB)

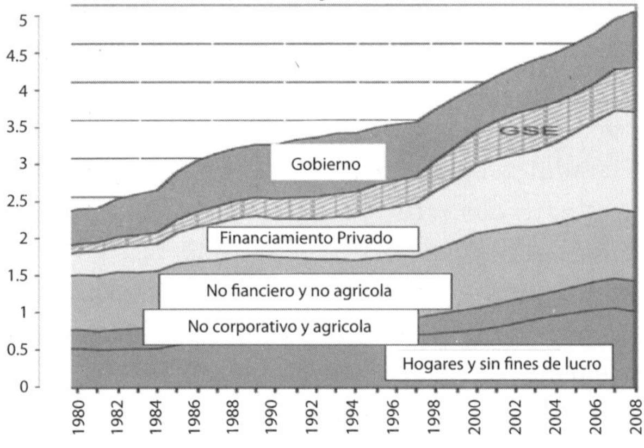

GSE: Incluye gobierno empresas y agencias.

Fuente: Historical Statistics of United States Millenium edition.

Situación similar se da en las familias. Como ya se dijo anteriormente, los trabajadores, al no ver incrementados sus salarios a igual ritmo que la productividad, dados los problemas de competitividad, recurrieron a la deuda para mejorar su poder adquisitivo (véase Foster y Magdoff, 2008).

El contexto de globalización ha llevado a que el financiamiento de empresas e individuos ya no dependa tanto de sus ingresos, sino del endeudamiento. La economía ha pasado a ser más dependiente del financiamiento y, por tanto, del capital financiero, lo que la hace más frágil en torno al comportamiento de este así como de la tasa de interés.

Así, al ser mayor la tasa de interés que cobren los bancos por sus prestamos, menor es la posibilidad de recuperación de los mismos, ya que incrementa el costo de la carga del servicio de la deuda y es más difícil cubrirla y, además, restringe la inversión y, por tanto, el crecimiento de la capacidad productiva y la generación de empleo, lo que merma el crecimiento de ingresos de empresas e individuos y la capacidad de pago.

La estructura económica que se estaba configurando no garantizaba el reembolso de la deuda que se otorgaba (dado que esta no se canalizaba a favor de la producción y de la generación de empleo), ni tampoco pasaba a sustentar los *booms* bursátiles especulativos. No había condiciones para hacer frente al pago de las hipotecas residenciales, ni a las deudas de consumo o de las tarjetas de crédito, ni para convalidar los rendimientos ofrecidos por los instrumentos surgidos por la innovación financiera.

Los banqueros y los directivos de otras instituciones financieras impulsaron a los deudores a endeudarse más y a invertir en títulos de alto riesgo. Los deudores (empresas e individuos) aceptaron tales acciones de riesgo ante la búsqueda de opciones más atractivas de inversión, frente a las que ofrecía la esfera productiva.

El crecimiento de la disponibilidad de créditos al consumo es explicado por factores de oferta y demanda por créditos. En el caso de los oferentes de crédito, es resultado a la posición especulativa de alto riesgo asumida por los bancos al otorgarlos a los individuos a tasas de interés que eran atractivas para el banco. Por su parte, los individuos demandaban créditos, debido a sus bajos ingresos, que resultaban insuficientes para satisfacer sus necesidades. Las familias habían accedido al mayor endeudamiento pensando que sus ingresos y capacidad de reembolso mejorarían, situación que no aconteció, dada la política económica predominante.

La banca otorgaba créditos hipotecarios y al consumo como si los deudores tuviesen garantizado el flujo de ingresos para hacer frente a las obligaciones financieras que estaban contrayendo. Se apostaba a que el entorno económico asegurara el reembolso, sin considerar que no estaban creciendo los ingresos de las familias y que las burbujas de los mercados de bienes raíces y de los *commodities*, eran especulativas, no tenían sustento en la esfera productiva y, por tanto, eran transitorias.

Todo estaba actuando en torno a la configuración de un contexto de insolvencia y de crisis. Por una parte, se daba la burbuja del mercado inmobiliario, y de los títulos financieros ligados a ello, que descansaban en las expectativas de que siguiera aumentando el precio de las casas, es decir, en las propias acciones especulativas. Por otra parte, se expandía el crédito a favor de un consumo que se filtraba en gran medida a importaciones, por lo que no estaba generando las condiciones de empleo e ingreso internamente que garantizaran el reembolso de dichos créditos.

Ambas posiciones y decisiones (la de los oferentes y demandantes de crédito) llevaron a aumentar la relación de endeudamiento de las familias, que terminaría en problemas de insolvencia, dados sus bajos ingresos para hacer frente a las obligaciones financieras que se derivaban de sus deudas.

Los altos niveles de endeudamiento configurados eran funcionales al sector bancario, ya que implican transferencia de recursos del sector productivo y las familias hacia los acreedores por el pago de la deuda, viendo estos incrementados sus ingresos y su participación en la distribución del mismo a nivel nacional. El sector productivo comparte su ganancia con los acreedores financieros. Hay una redistribución de ganancias a favor de lo financiero, a costa de la descapitalización de los deudores (menores ganancias de las empresas y menor poder adquisitivo de los trabajadores), los cuales se ven obligados a restringir consumo e inversión y a vender activos para pagar pasivos. Ello lleva a la caída del precio de los activos y se complica más el pago de la deuda. Los trabajadores se ven doblemente explotados: tanto por las empresas que reajustan los salarios por debajo del crecimiento de la productividad (y en muchos países subdesarrollados por debajo del crecimiento de precios) como por la banca, al cobrarles altas tasas de interés por los créditos al consumo y créditos hipotecarios que les concede. Ello lleva a aumentar la participación del sector financiero en el PIB y disminuye la del sector productivo, como la de las remuneraciones salariales.

La mayor transferencia de recursos a favor de los acreedores no se traduce en mayor demanda de estos, sino que tales fondos se ubican en la esfera financiero-especulativa, por lo que la menor demanda que ejercen los deudores, no es compensada por la mayor demanda por parte de los acreedores.

El sobreendeudamiento y el bajo crecimiento del ingreso de los deudores colocaba a los acreedores y deudores en un contexto de alta vulnerabilidad y fragilidad financiera, en torno al comportamiento de la tasa de interés, como de los precios de los activos financieros adquiridos así como de sus ingresos.

Los problemas se presentan como resultado del no cumplimiento de las expectativas esperadas. Al no aumentar el ingreso de los deudores, al incrementarse la tasa de interés y al caer la apreciación de los activos, se comprometería el reembolso de los créditos *prime* y, con mayor razón, los *subprime*. Al caer el precio de los títulos emitidos con respaldo en hipotecas (que servían de aval [colaterales] de los créditos otorgados por la banca), se acentuaron los problemas de insolvencia de los deudores, pues su capacidad de pago dependía de la valorización de dichos activos, lo que los llevó a dejar de ser sujetos de crédito. La banca se cobra con los activos (colaterales) de los deudores y se acelera así el proceso de centralización del capital a favor del sector financiero o de las instituciones bancarias y financieras sobrevivientes.

La gran mayoría de las empresas e individuos cae a un nivel donde sus ingresos son insuficientes para cumplir con sus obligaciones financieras. Ello obliga a los propietarios de casas a refinanciar sus créditos. Por ello la banca les impone mayores tasas de interés y mayores comisiones, lo que encarece el costo de la hipoteca. Esto resultó contraproducente a los bancos, ya que ante la caída del precio de las casas, los deudores se dieron cuenta que era mejor regresar la casa que conservarla, dado que la hipoteca resultaba más cara que el valor de la casa. Ello llevó a que el precio de las casas cayera más y con ello el valor de los títulos que habían sido emitidos con respaldo a las hipotecas residenciales.

Las personas que habían comprado casas que habían sido inflados sus precios tuvieron mayores problemas cuando se dio la caída de los precios de los bienes raíces, ya que sus activos valían mucho menos de lo presupuestado, aumentando así su descapitalización y sus problemas de insolvencia.

Las crisis financieras son precedidas de la expansión crediticia

El hecho que las crisis financieras son precedidas por el aumento de la disponibilidad crediticia, se explica al hecho de que los créditos no se canalizan hacia la esfera productiva, por lo que no se incrementan los empleos, la productividad ni el ingreso de empresas e individuos para asegurar el reembolso de dichos créditos.

En el caso de EU, los créditos canalizados a las hipotecas residenciales tuvieron un fuerte impulso a raíz de la política de reducción de la tasa de interés y aumento de la liquidez, que se instrumentó como medidas contracíclicas a la recesión de el 2000-2003, lo que impulsó el *boom* del mercado de bienes raíces, que estimulaba más dichos créditos, así como los créditos hacia el consumo, dado el mayor valor de los activos que pasaban a tener las familias poseedoras de dichas hipotecas y residencias, a costa de relegar el crédito a la esfera productiva. Los más favorecidos en la distribución del crédito fueron los sectores financieros, dados los altos rendimientos que ofrecían las prácticas especulativas ahí realizadas, y el sector corporativo fue el menos agraciado en la política crediticia (véase gráfica 1.11).

Gráfica 1.11

Al relegarse la esfera productiva y al no crecer la inversión, el empleo ni los salarios reales, impide que se mantenga el crecimiento de demanda por casas y se conformen las condiciones de ingreso por parte de los trabajadores para cubrir el reembolso de las deudas contraídas, lo que da lugar a problemas de insolvencia que derivan en embargos y devolución de casas y en la caída del precio de las mismas.

La estructura económica que se impulsaba no garantizaba el reembolso de las hipotecas residenciales, ni las deudas de consumo o de las tarjetas de crédito, ni convalidaba los rendimientos ofrecidos por los instrumentos surgidos por la innovación financiera, lo que comprometía la estabilidad bancaria, como los *booms* bursátiles especulativos.

Al pasar a tener alta relación de deuda respecto a su ingreso y al no ser canalizada dicha deuda a incrementar el ingreso, se termina generando problemas de insolvencia. Los créditos concedidos por la propia ingeniería financiera hacia las familias y parte de las empresas productivas caían en esquemas Ponzi (en la definición de Minsky), ya que no se asegura el reembolso de los mismos ante los problemas de bajos salarios, de desempleo y de bajas ganancias y crecimiento de ingreso de muchas empresas productivas. Tal situación generaliza los problemas de no pago no sólo a las hipotecas residenciales, sino a todo tipo de deuda, lo que lleva a que caiga drásticamente el valor de esta, por lo que no se sabe la magnitud de la pérdida que enfrentan los bancos de los países desarrollados.

Detrás de la crisis del sistema financiero global, la cual engloba la crisis *subprime*, la crisis de bienes raíces, y de los derivados, de la innovación financiera, de la desvalorización de los activos financieros está la incapacidad de la esfera productiva para generar ingresos para convalidar el pago de las hipotecas, como la demanda creciente por casas así como para valorizar las ganancias ofrecidas por los *booms* de los mercados financieros. Esto lleva a que se realice la transformación del sistema financiero de las posiciones robustas a frágiles, que en los términos de Minsky es lo que configura la crisis financiera (Wray, 2009).

Problemas de insolvencia y la restricción crediticia

Como todos los bancos e instituciones financieras habían concedido créditos *subprime* y adquirido y vendido los instrumentos financieros surgidos por la innovación financiera que apalancaban y aseguraban los títulos hipotecarios, surgió la desconfianza entre ellos respecto a la magnitud de insolvencia que podían presentar cada uno, por lo que se suspendieron los préstamos interbancarios.

Los problemas de insolvencia tanto por el menor valor de sus activos (dada la desvalorización de los títulos hipotecarios) como por la alta deuda en que había caído para adquirirlos como por la incapacidad de asegurar el reembolso de los créditos y las expectativas recesivas conformadas llevaron a la banca a restringir los préstamos. Ello también se da ante la perspectiva de encarar sus deudas y reducir su relación de endeudamiento, como para capitalizarse, y para contar con liquidez para enfrentar sus problemas financieros.

El excesivo nivel de endeudamiento de empresas e individuos los coloca en una situación de fragilidad, de insolvencia y quiebra, ante la variación de sus ingresos como del precio de las casas y de los activos financieros. Tienen que vender activos para pagar pasivos, lo que disminuye más los precios de los activos y agrava el problema de insolvencia. La gran mayoría de las familias sólo cuentan con el activo de sus casas, cuyo precio sigue cayendo: al mes de marzo del 2009 habían caído 27% en relación al pico mas alto del 2006, por lo que menos condiciones tienen para pagar sus deudas (véase gráfica 1.2). Los menores ingresos de empresas e individuos, como la desvalorización de los activos (financieros y no financieros), lleva a los propios deudores, a su vez, a restringir su demanda por créditos. Los deudores no tienen colaterales que ofrecer para ser sujetos de crédito, o se han desvalorizado, o no quieren perder lo poco que les queda, por lo que no demandan créditos y dejan de ser sujetos de crédito. Ante sus problemas de pago, se ven obligados a reestructurar el pago de la hipoteca, como de sus otras deudas, pero las condiciones impuestas por la banca pasan a ser de mayor tasa de interés que las hipotecas iniciales, lo que recrudece más el problema de insolvencia.

Se desarrolla un círculo vicioso, ya que al no prestar, menos posibilidad hay para incrementar la inversión y el consumo y así la actividad económica y los ingresos de empresas e individuos, por lo que menos se recuperarán los créditos anteriormente otorgados, como la disponibilidad crediticia.

La internacionalización de los booms *bursátiles y de sus vulnerabilidades*

El libre movimiento de capitales impulsaron las prácticas especulativas y la internacionalización de comportamientos similares en los diversos mercados de capitales. Ello estaba en función de las expectativas y de la visión que los agentes financieros tenían de dichos mercados y de las economías, por lo que se configuraban contextos de alta vulnerabilidad y fragilidad. Así como se ramificaron los *booms* bursátiles ante el exceso de liquidez y expectativas optimistas tambien se diseminaron los problemas como resultado del no cumplimiento de las expectativas esperadas, como por las vulnerabilidades presentadas en los diversos países y mercados, lo que afectó el valor de los activos y los ingresos de los participantes, por lo que pasaban a tener problemas para cubrir el reembolso total del pago de los créditos contratados para realizar dichas inversiones, generando ello mayor inestabilidad en los mercados financieros.

El crecimiento alcanzado por los mercados de capitales era insustentable dado que superaba en mucho la dinámica del sector productivo, y la generación de riqueza, lo cual se había rezagado como consecuencia de las políticas predominantes.

Quiebras, fusiones y absorciones de bancos

La crisis financiera ha llevado a la quiebra a grandes bancos, e instituciones financieras, no sólo en EU, sino en los países europeos, dado que todos ellos habían participado en la adquisición de dichos títulos financieros. Casi todos los países cayeron en inestabilidad financiera, como consecuencia de las prácticas especulativas seguidas, y de ahí el carácter internacional de la crisis.

La desvalorización de los capitales, como por la incapacidad de hacer frente a sus compromisos, ha llevado a que muchos bancos tengan que salir del mercado, y otros, como mecanismo de sobrevivencia ante la crisis generada, han acelerado el proceso de fusiones y absorciones al interior de dicho sector, y algunos han sido "nacionalizados" por el gobierno de EU. En el caso de las principales hipotecarias de EU, Fanny Mae y Freedie Mac, tuvieron que ser intervenidas por el gobierno de dicho país, dada la cuantía de sus pérdidas, como resultado de las prácticas especulativas también presentes en ellas, y de los problemas de insolvencia.

La banca e instituciones con menos pérdidas y problemas han podido absorber a las de mayores pérdidas. Ello a su vez ha sido impulsado por las inyecciones de recursos y de capital que el gobierno le está dando a los grandes bancos (bajo el precepto de que tienen menos posibilidad de fracasar) (Kregel, 2008c).

Asimismo, en ese mismo proceso para encarar los problemas financieros y de sobreendeudamiento, los bancos e instituciones financieras proceden a buscar nuevos inversionistas a fin de incrementar el capital y así disminuir la relación de endeudamiento (D/C) y poder hacer frente a sus pasivos. Cuando todos tratan de vender activos y gastar menos para pagar deudas, se recrudecen los problemas financieros, ya que caen los precios de los activos y la demanda, por lo que aumenta la relación D/C, y se recrudecen los problemas de insolvencia (Leijonhufvud, 2009).

La crisis da lugar a procesos de centralización del capital al interior del sector financiero, lo que hará más difícil controlar a dicho sector por parte de las instituciones reguladoras y supervisoras. Los bancos que logran sobrevivir tendrán mayor poder, dados los mayores activos financieros y reales que pasan a controlar. Aunque surge la pregunta, ¿será eso suficiente para retomar la dinámica económica? ¿Los activos que adquieren contrarrestan la desvalorización de los activos financieros que enfrentan?

La generalización de la crisis en los diferentes mercados financieros

La globalización de los mercados financieros y de los títulos y acciones hace que el comportamiento de estos se difunda rápidamente. Así como todo se mancomunó para que los *booms* bursátiles se expandieran a nivel mundial, dada la interrelación de los mercados financieros internacionales, lo mismo aconteció durante la caída de los mercados.

La crisis de las hipotecas *subprime* rápidamente se difundió a nivel mundial, debido a que la gran mayoría de los bancos de los países desarrollados tenía en sus haberes, en sus hojas de balance, títulos financieros que tenían como respaldo dichas hipotecas. Los bancos europeos han sido afectados debido a que participaron en la adquisición de los títulos respaldados en hipotecas de EU. La globalización y difusión de los títulos de alto riesgo vinieron a esparcir la inestabilidad y fragilidad de los mismos. Ello, conjuntamente con los problemas de iliquidez e insolvencia, y su repercusión sobre la economía real, genera un clima de incertidumbre y desconfianza que acentúa la espiral descendente de los mercados y de las economías: "la crisis desenmascara el fracaso inherente del capitalismo manejado por el dinero" (Wray, 2008d).

La liberalización financiera, al permitir la libre movilidad de capitales, hace que se propague rápidamente la inestabilidad financiera presentada en cualquiera de los mercados. La caída de una de las bolsas de un país desarrollado, o de una economía emergente importante, repercute de inmediato en la gran mayoría de los mercados de capitales, lo que desvalorizó más los activos de las instituciones financieras y de los bancos.

La crisis financiera y su impacto en la economía real

El colapso del sistema bancario y de los valores de los activos financieros trastocó rápidamente a la economía real, tanto por la restricción crediticia que pasaron a enfrentar empresas e individuos como por la desvalorización de los títulos financieros que estaban en posesión de las empresas no financieras.

La crisis financiera internacional manifestada en la caída de los mercados de capitales, y en la desaceleración rápida de la dinámica de los países desarrollados, pasó a afectar al resto de las economías del mundo, tanto por la caída de sus mercados de capitales, como a través de las relaciones comerciales, crediticias y financieras, y por las alteraciones en las paridades cambiarias que se han generado como resultado de ello.

La esfera productiva se contrae, y se afectan los aspectos macroeconómicos y de empleo, tanto en EU como en el resto del mundo. Estas se afectan no sólo por lo financero, sino por la caída de sus exportaciones hacia el mercado de EU, tanto por el derrumbre de los precios de los *commodities*, como por el menor volumen exportado.

Las empresas productivas que tenían inversiones (activos) financieras se ven afectadas por la desvalorización de dichos activos como por la restricción de la disponibilidad crediticia, por lo que se afecta su capacidad de gasto e inversión, se contrae la demanda y la dinámica de acumulación de la esfera productiva, lo que hace que la crisis se difunda al conjunto de la economía y la lleve a una recesión. Muchas empresas tienen que cerrar y las otras que realizar importantes reajustes de personal y de producción. Se generaliza así la pérdida de ganancias, las cuales no son contrarrestadas por las obtenidas en este sector, ya que venía mostrando bajo crecimiento y rápidamente pasa a ser afectado por la inestabilidad y crisis financiera.

Al desacelerarse y caer la actividad económica, se aligera el alza de precios y algunos tienden a caer, tal es el caso de los *commodities*. Asimismo, ante los problemas de insolvencia, los deudores venden activos para pagar pasivos, lo que contribuye también a la caída de precios. Las empresas, ante la caída de demanda, para no ver incrementados sus inventarios ni los costos que estos representan, reducen precios y sacrifican su margen de ganancia para minimizar pérdidas. Se recrudece el proceso de competencia para ubicar sus productos en el mercado restringido, por lo que disminuye el precio de muchos productos.

Los países subdesarrollados estaban propensos al comportamiento de las variables externas

La crisis está afectando a todas las economías, independientemente de sus equilibrios o desequilibrios internos y externos.

La política económica predominante en la mayoría de los países subdesarrollados, tales como la estabilidad nominal cambiaria como las altas tasas de interés y la disciplina fiscal sustentada en la restricción del gasto público ha frenado el crecimiento del mercado interno, y ha disminuido la competitividad de la producción nacional manufacturera, lo que aumenta las presiones sobre el déficit de comercio exterior y lleva a las economías a depender de variables externas, tanto de exportaciones, remesas e inversión extranjera.

Ante el desplome de los mercados de capitales, y de la dinámica de los países desarrollados, las variables externas han pasado a actuar en forma negativa para un gran número de países, lo cual ha afectado seriamente a los mercados financieros, la dinámica de exportaciones y la actividad económica nacional, debido a que no existen factores internos que contrarresten tal situación, sobre todo aquellos donde predomina la política macroeconómica de estabilidad que disminuye la competitividad, contraen el mercado interno y generan fuertes rezagos productivos y altos niveles de endeudamiento, que actúan en detrimento del nivel de ingreso disponible, de la inversión y el consumo. Sufren de nuevo las consecuencias de no ver hacia el mercado interno, y de pasar a depender de las exportaciones, lo que evidencia que no ha habido memoria histórica por parte de quienes gobiernan.

Ha pasado a repetirse la historia que se dio cuando la Gran Depresión de 1929-1933, cuando la dinámica de los países subdesarrollados se sustentaba en las exportaciones de los bienes primarios hacia los países desarrollados, como en los flujos de capital.

El impacto de la crisis entre los países es diferente

Las economías subdesarrolladas más afectadas han sido aquellas que venían dependiendo de variables externas (exportaciones, remesas e inversión extranjera), tanto para estabilizar su moneda como para financiar sus gastos públicos, como su inserción en el proceso de globalización, y para crecer. Los países que ven disminuidas sus exportaciones y la entrada de recursos vieron comprometida la estabilidad de sus monedas, como el financiamiento de sus gastos públicos (en el caso de aquellos exportadores de petróleo donde este es propiedad del gobierno), al igual que el déficit externo y de ahí la drástica caída de su actividad económica.

Países como México, no obstante sus exportaciones petroleras y de manufactura de "maquila", enfrenta déficit comerciales externos manufactureros y agrícolas superiores al superávit petrolero, y de las "maquilas", que lo coloca en un contexto de alta vulnerabilidad externa y limita sus márgenes en el manejo de la política macroeconómica.

Ante los menores flujos de capitales, México ha recurrido al endeudamiento externo para mantener lo insostenible, es decir, el modelo económico predominante de liberalización económica (libre movilidad de mercancías y capitales), y la política de estabilidad del tipo de cambio para crear condiciones de confianza a favor del capital financiero internacional para que siga fluyendo al país.

En cambio, economías como China e India, que tienen una situación de holgura en el sector externo y grandes reservas internacionales y además regulan su sector externo y el flujo de capitales han instrumentado políticas contracíclicas, por lo que han aumentado significativamente el gasto público para dinamizar el mercado interno y contrarrestar la caída de sus exportaciones. Ello les ha permitido obtener un crecimiento significativo en el 2009 de arriba de 9% en el caso de China y de 6% en el caso de India. Asimismo, países como Brasil y Argentina, que tienen un gran potencial exportador de bienes agrícolas y ganaderos que les permite tener situación de superávit de comercio exterior (véase gráfica 1.12), han tenido margen de maniobra para flexibilizar su gasto público para contrarrestar los efectos de la crisis internacional. Argentina tuvo un crecimiento de 0.7% y Brasil de 0.3%, a diferencia de México que cayó 6.5%, en dicho año.

Gráfica 1.12

Fuente: CEPAL.

No hay manejo de políticas contracíclicas en muchos países subdesarrollados

La mayoría de los gobiernos de los países subdesarrollados no ha reconocido la magnitud de la crisis que enfrentamos, ni el porqué de la misma, por lo que continúan con la misma política económica que la generó: no instrumentan políticas contracíclicas, ni replantean las políticas económicas predominantes, debido a que dependen de la entrada de capitales, y continúan con las políticas macroeconómicas de "estabilidad", a fin de recibir buen grado de inversión por las calificadoras internacionales para complacer a los mercados financieros internacionales y acceder a ellos a fin de que el capital siga fluyendo a sus mercados. Han perdido el manejo soberano de la política económica a favor del crecimiento, por lo que no tiene capacidad para disminuir la tasa de interés e incrementar el gasto público, como revisar la política de apertura comercial y cambiaria predominante, para poder superar la crisis.

A pesar que se recomienda mantener bajas tasas de interés como medida contracíclica para evitar aumentos en la cartera vencida, y mayores contracciones de la inversión y el consumo y de la actividad económica, se recurre al endeudamiento externo, se mantienen tasas de interés por arriba de las tasas internacionales para asegurar flujos de capitales, para preservar las reservas internacionales y financiar su inserción en el proceso de globalización y la estabilidad del tipo de cambio.

Cabe recordar que la inserción de muchos países subdesarrollados en el proceso de globalización la realizaron debido a que contaban con sectores exportadores dinámicos generadores de divisas, capaces de viabilizar las políticas de liberalización comercial y financiera, como la estabilidad del tipo de cambio que acompaña dicho proceso. En muchos casos las exportaciones no eran suficientes, por lo que se recurrió a acelerar el proceso de privatización y extranjerización de activos nacionales para promover la entrada de capitales para así viabilizar la participación y globalización de los mercados, ya que no existen condiciones endógenas para convalidar dicho proceso. Las políticas predominantes han actuado en detrimento de la dinámica productiva interna, y nos han llevado a depender de las variables externas y, ahora que actúan en forma negativa, pasan a comprometer nuestra inserción en el proceso de globalización.

A pesar de la problemática económica que se enfrenta, países como México (que tuvo una caída de la actividad económica en el 2009 de 6.5%) continúan con la misma política económica que generó la crisis. Se insiste en la apertura económica, en la disciplina fiscal (a través de disminuir el gasto y alza de impuestos), en tasas altas de interés, a fin de evitar mayores presiones sobre su moneda, para mandar señales a los mercados financieros para que los capitales no salgan del país, y sigan fluyendo a este. Se configura un contexto recesivo, con presiones sobre el déficit de comercio exterior, el cual sigue demandando entrada de capitales, y mantienen altas tasas de interés y mayor proceso de privatización y extranjerización para atraer capitales, por lo que se recrudecen los problemas y contradicciones de la economía, ya que aumenta el desempleo, así como la cartera vencida y la restricción crediticia.

El modelo predominante no se puede mantener con deuda externa, y menos al no vislumbrarse expectativas de crecimiento de exportaciones, ni holgura en la balanza comercial, ni flujos de inversión externa que puedan hacer frente al pago de dicha deuda y a las presiones sobre las variables macroeconómicas.

Al proseguir las políticas de libre movilidad de capitales y la convertibilidad peso-dólar a una paridad estable, el banco central no puede bajar más la tasa de interés, para abaratar el costo del crédito, para reducir la carga de la deuda y estimular la inversión y el consumo, y así la actividad económica ante el temor de que al reactivar la economía se generen presiones inflacionarias y sobre el sector externo que lleven a salida de capitales y a desestabilizar más al tipo de cambio. Se configura así un contexto donde la tasa de interés es mayor que el crecimiento del PIB, por lo que la deuda pública y privada tienden a crecer más que el PIB, llevando a aumentar la transferencia de recursos a favor de los acreedores, y a que siga creciendo la cartera vencida del sector privado, lo que frena la actividad económica y compromete la estabilidad bancaria.

Los países desarrollados y otros incrementan su gasto público deficitario para frenar la recesión, aunque no necesariamente están saliendo de la crisis, dado el carácter estructural de esta. Por su parte, la mayoría de los subdesarrollados se aferran a la ortodoxia, incrementan impuestos, y precios y tarifas de los bienes y servicios públicos y restringen el gasto público para evitar el desequilibrio fiscal, por lo que terminan ahondando la contracción de sus economías y con ello reducen la captación tributaria, impidiendo ajustar sus finanzas.

La política de disciplina fiscal está dirigida a abrir espacios de inversión al gran capital internacional (en aquellos sectores estratégicos donde el gobierno deja de hacerlo) y a evitar presiones de demanda sobre precios y el tipo de cambio, así como a mandar señales favorables al capital financiero, lo que se traduce en mayor auge del mercado de capitales.

Muchos países subdesarrollados siguen en la contradicción en la que han permanecido por años: seguir instrumentando políticas a favor de lo financiero. El problema es que la política predominante actúa en forma procíclica y deteriora las condiciones endógenas de acumulación, ya que aumentan los rezagos productivos, el desempleo, restringen el crédito y mantienen las presiones sobre el sector externo y los requerimientos de mayores flujos de capitales.

La recesión económica y las presiones sobre las variables macroeconómicas mantiene el contexto de incertidumbre, ya que las economías pasan a depender más de la entrada de capitales, en un contexto donde no se vislumbran expectativas de que las variables externas pasen a actuar positivamente en los próximos años se vuelven más precavidos de dónde invertir. Cuando los países no ofrezcan condiciones de reembolso –dado el déficit externo y las presiones que enfrentan las finanzas públicas–, se limitará la disponibilidad de créditos externos y se hará insostenible la prosecución de las políticas de liberalización económica y de "estabilidad" predominantes. A la crisis actual se le sumará una grave crisis de balanza de pagos y de deuda externa, pues no contarán con capacidad para hacer frente al pago de la mayor deuda externa.

Al no flexibilizarse la política cambiaria, monetaria ni fiscal, continuaremos con la recesión económica y la pérdida de competitividad, con las presiones sobre el déficit de comercio exterior y los mayores requerimientos de entrada de capitales y, al no venir estos en las magnitudes requeridas, es insostenible mantener la política económica predominante.

Crisis del proceso de "financierización" y de la política macroeconómica que la acompaña

La crisis que se enfrenta es la crisis del proceso de "financierización" de las economías que venía predominando desde fines de la década de 1960 a nivel mundial. Este proceso se desarrolló como respuesta a las menores condiciones de acumulación presentadas en la esfera productiva, lo que llevó al capital a tratar de contrarrestar tal situación, a través de invertir en el sector financiero y desarrollarlo, lo cual lleva a que se presente un mayor crecimiento de las ganancias en este sector, en relación con las ofrecidas en la esfera productiva.

En el contexto de recesión económica y bajo crecimiento, no hay perspectiva de que se valoricen en forma sostenida los activos reales y financieros, por lo que seguirá el comportamiento errático de los mercados financieros.

Al no crecer el precio de los activos financieros ni físicos, no se mejoran los ingresos de sus poseedores, por lo que proseguirán los problemas de insolvencia, lo que frena la disponibilidad crediticia y la inversión. Nos dicen Wray y Tymoigne (2008) que: "los precios de los activos juegan un papel en la determinación de la inversión" (Wray y Tymoigne, 2008). La marginación de los ingresos de empresas e individuos, mantiene latentes los problemas de insolvencia, y frena la recuperación de los precios de los activos, así como los niveles de capitalización de los bancos, y demás instituciones financieras, como de las empresas, para que vuelva a expandirse nuevamente el crédito. Ello demanda no sólo políticas de baja tasa de interés e incremento del gasto público, sino replantear todas las políticas que han estado detrás de esta crisis: es decir, la liberalización y desregulación comercial y financiera.

Mientras no cambie la política que generó la crisis, esta seguirá

Las pérdidas que ha enfrenado el sector financiero, no son fáciles de revertir, no obstante el apoyo recibido por el gobierno, lo que con los problemas de acumulación de las empresas, –como los bajos niveles de ingreso de los individuos que mantienen latentes los problemas de insolvencia–, dificultan superar los problemas del sector financiero.

La política que privilegió lo financiero y el libre mercado, ha generado la crisis que enfrentamos, y no se podrá salir en tanto ello continúe.

Mientras no se configuren condiciones de acumulación y perspectivas de crecimiento que sustenten la valorización de los activos reales y financieros, seguirá la inestabilidad de los mercados financieros. Al no recuperarse el valor de los activos financieros, los poseedores de estos no podrán zanjar el problema de insolvencia. Al no incrementarse el precio de las casas, no hay viabilidad de recuperación del valor de los títulos financieros emitidos con respaldo a dichos activos, como la posición financiera de sus tenedores.

Bibliografía

Bernanke, B., 2004, *Reflections on Monetary Policy 25 Years after October 1979*, Federal Reserve Bank of St., Louis, St. Louis, Missouri, http://www.federalreserve.gov/boarddocs/speeches/2004/20041008/default.htm

Crotty, J., 2008, "Structural Causes of the Global Financial Crisis: A Critical Assessment of the 'New Financial Architecture, Political Economy Research Institute, University of Massachusetts Amherst, Working Paper núm. 180.

D'Arista, J., 2009, *Setting on Agenda for Monetary Reform,* Political Economy Research Institute, University of Massachusetts Amherst, Papers Series No. 190, junio.

Epstein, G., 2005, *Financialization and the World economy, Introduction,* Political Economy Research Institute, University of Masachussetts-Amherst.

Foster, J. B., 2008, The Financialization of Capital and the Crisis, *Monthly Review*, abril.

— y Magdoff, F., 2008, "Financial Implosion and Stagnation: Back to the Real Economy", en *Monthly Review*, vol. 60, No. 7, diciembre.

Greater Kansas City Chamber of Commerce, 2008, *The Current Financial Crisis,* en *The Chamber's 2009 Economic Forecast*, 15 de octubre.

Guttman, R, 2008, "The Crisis of Finance Led Capitalism", artículo presentado en su conferencia celebrada en el Instituto de Investigaciones Económicas, UNAM los días 29 y 30 de septiembre.

Honohan, P., 2008, *Risk Management, and the costs of the Banking Crisis*, Institute for Internacional Integration Studies Discusión Paper núm. 262.

Kirman, A., 2009, "Economic theory and the crisis", *Real-world economics review,* núm. 51.

Kregel, J., 2008a, "Minsky's Cushions of safety: Systemic Risk and the Crisis in the US Subprime Mortage Market", The Levy Economics Institute of Board College, *Public Policy Highlights* núm. 93A.

—, 2008b, «Using Tools from the Financial Instability Hypothesis to Understand the Subprime Crisis. » 17th Annual Minsky Conference: Credit, Markets, and the Real Economy: Is the Financial System Working? The Levy Economics Institute of Board College, 17 y 18 de abril.

—, 2008c, Will the Paulson Bailout Produce the basis for another Minsky Moment?, The Levy Economics Institute of Board College, Policy Note núm. 5.

Leijonhufvud, A., 2009, *Fixing the crisis: Two systemic problems.* www.voxeu.org, 12 de enero.

Minsky, H., 1986a, Global Consequences of Financial Deregulation. The Levy Economic Institute of Board College, Working Paper, núm. 96.

—, 1986b, *Stabilizing an Unstable Economy,* New Haven: Yale University Press.

Munchau, W, 2009, "Prepare for the credit spread", en *Financnial Times,* 3 de septiembre.

Orlowski, Luajan, 2008, *Stages of the Ongoing Global Financial Crisis: Is there a Wondering Asset Bubble?,* Institute for Economic Research (IWH), Discussion Paper núm. 11, septiembre.

Palley, T. 2009, *A Second Great Depreesion is Still Possible,* en www.thomaspalley.com 12 de octubre.

—, 2008, *Why Federal Reserve Policy is Falling,* en www.thomaspalley.com, octubre.

—, 2007, "Financialization: What Is and Why It Matters", The Levy Economics Institute of Board College, Working Paper núm. 525.

Papadimitriou, D., 2008, «Introduction» 17th Annual Minsky Conference: Credit, Markets, and the Real Economy: Is the Financial System Working? The Levy Economics Institute of Bard Collage, 17 y 18 de abril.

Pollin, R., 2009, "Tools for a New Economy. Proposals for a financial regulatory system", *Boston Review*, Jan/Fed, http://bostonreview.netBR34.i/pollin.php).

Rubin, R., y Berstein, J., 2008, «No More Economic False Choices.» *NY Times*, 3 de noviembre.

Rudi, S., 2008, "The breakdown of a relationship? Reflections on the crisis", en http://sites.google.com/site/radical/perspectivesonthecrisis/finance-crisis/on-the-crisis, octubre 21.

Schmit, J. 2009, "Inequity as policy: The United Status since 1979", en Center Economic and Policy Research, *Real-world economics review*, issue núm. 51, diciembre.

The Economist, 2008, "What went wrong in the financial system—and the long, hard task of fixing it", 19 de marzo.

Tymoigne, E. y Wray, R., 2009, "It isn't working: Time for more Radical Polices", en The Levy Economics Institute of Bard Collage, *Public Policy Brief Higlights* núm. 105, noviembre.

Veneroso, F., 2009, US Economy Financial Crisis: The Late Stage Mortgage Amageddon (Mimeo).

Wade, R., 2008, Financial Regime Change?, en *New Left Review* núm. 53, septiembre-octubre.

Wolf, M., 2009, "Japanese lessons for a world of balance-sheet deflation", en *Financial Times*, London UK, 18 de febrero.

Wray, R., 1998, The Political Economy of the Current US Financial Crisis, en P. Arestis, & M. Sawyer, *The Political Economy of Economic Policies* Macmillan, pp. 106-161.

—, Lessons from the Subprime Meltdown, The Levy Economics Institute of Board Collage, Working Paper, núm. 522.

—, 2008a, "Financial Markets Meltdown: What Can We Learn from Minsky?" The Levy Economics Institute of Board Collage, Public Policy Brief Highlights (94A).

—, 2008b, "What's a Central Bank to Do? Policy Response to the Current Crisis". The Levy Economics Institute of Board Collage, Policy Note, núm. 3.

—, 2008c, "The Commodities Market Bubble: Money Manager Capitalism and the Financierization of Commodities". The Levy Economic Institute of Board College, Public Policy Brief, núm. 96.

—, y Tymoigne, E., 2008, "Macroeconomics Meets Hyman P. Minsky: The Finanical Thoery of Investment", The Levy Economic Institute of Board College. Working Paper núm. 543.

—, 2008d, "Demand Costraints and Big Government", en JEI, Vol. XLII, núm. 1, marzo.

—, 2009, "An alternative view of finance, saving, deficits and liquidity", The Levy Economics Institute of Bard Collage, Working Paper, núm. 580.

Zingales, L., 2008, *Plan B*, en www. bepress.com/ev, octubre.

Capítulo 2

El fracaso de las políticas de rescate en Estados Unidos

Las políticas de rescate instrumentadas han favorecido al sector financiero

El keynesianismo emergió después de la Gran Depresión (1929-1933), priorizando la intervención del Estado en la economía y el pleno empleo, a través de la política fiscal y monetaria, y regulando en algunos países el movimiento de mercancias y capitales.

En la crisis económica de Estados Unidos de 2008-2009, su gobierno parte de la concepción que esta es simplemente monetaria, de falta de liquidez, derivada de la inestabilidad financiera. Por ello Tymoigne y Wray nos dicen que se aplican "medidas monetarias para fortalecer al sistema financiero, antes que al resto de la economía" (2009).

Ante el colapso del mercado de las hipotecas, donde se evidencia la gran cantidad de títulos-*securities* emitidos sin respaldo alguno, en el que no había capital o flujo de ingresos que los avalara, la preocupación de las autoridades monetarias y financieras de los países desarrollados afectados ha sido la de inyectar liquidez a los mercados, para frenar la caída de dichos mercados, y recuperar el valor de los activos financieros, como introducir *swaps* (intercambio de deuda por otra deuda) para que los bancos tengan acceso a liquidez (Gutman, 2008) y evitar alzas de la tasa de interes y con ello la profundización de los problemas de insolvencia.

Ante la caída de precios de los bienes raíces, como de los activos financieros en los mercados de capitales y de dinero, se crean problemas de iliquidez, donde los bancos, instituciones financieras y empresas dejan de contar con la liquidez necesaria para hacer frente a sus transacciones financieras rutinarias, como a sus propias deudas. Entre ellos no pueden resolverse los problemas de iliquidez que enfrentan, ni obtener los fondos requeridos para encarar y sortear sus problemas.

Conjuntamente a la mayor liquidez generada, se ha disminuido significativamente la tasa de interés, se han adquirido acciones de los bancos y se han transferido recursos a estos para preservar su capitalización, a fin de frenar la inestabilidad de dicho sector y generar solvencia y confianza en los mercados. Asimismo, se ha procedido a ampliar los seguros a los depósitos, se ha comprado papel comercial, se han otorgado garantía a los prestamos, apoyo a hipotecas y se ha abierto la ventana de descuento a bancos con problemas (Tymoigne y Wray, 2009).

La actuación de las autoridades monetarias y gubernamentales evidencia que las economías no pueden ser dejadas a las libres fuerzas del mercado para la salida de la crisis, caracterizada por el alto sobreendeudamiento, la desvalorización de activos financieros y la caída de ingresos de empresas e individuos que recrudecen los problemas de insolvencia e inestabilidad bancaria-financiera.

Si la solución se dejase al mercado, los precios de los activos de los bancos e instituciones financieras caerían tremendamente, dadas las grandes pérdidas que enfrentan, lo que agravaría más sus problemas de insolvencia y se comprometería el sistema de pagos. Los gobiernos y los bancos centrales tratan de dar confianza a los mercados, inyectando recursos a los mercados de capitales, para frenar la caída de los precios de los activos financieros ahí cotizados, ya que una desvalorización mayor de estos, acentuaba más los problemas de iliquidez e insolvencia de los bancos, instituciones financieras y de las grandes empresas que participan en tales mercados.

La fragilidad financiera es inherente a la incertidumbre que presenta la economía, donde las expectativas de ganancia no están aseguradas. En el contexto de crisis, el gran gobierno y el gran banco central transfieren recursos tanto a los mercados financieros como a la banca y a las instituciones financieras para reducir la incertidumbre y el riesgo de insolvencia. Con tales recursos se trata de generar las condiciones de liquidez, dar seguridad de pago de sus deudas, como de los depósitos existentes, como para frenar la desvalorización de los activos financieros a fin de evitar una crisis de mayores proporciones, y retomar la estabilidad bancaria-financiera.

Aquellos que siempre han estado en contra de la intervención del Estado en la economía, ahora con la crisis y los problemas financieros que enfrentan, demandan su apoyo financiero. La participación de los bancos centrales y los gobiernos se ha centrado sobre todo a favor de trasladar recursos al sector financiero, no obstante que este ha sido el causante de la crisis, dadas las prácticas especulativas impulsadas (de expandir el crédito y los títulos financieros, sin haber condiciones de reembolso, y de valorización de los títulos financieros ofrecidos), y su disfuncionalidad a la dinámica económica sostenida de la economía, además de lucrar a costa de descapitalizar al sector no financiero y a las familias. No obstante ello, sigue imponiendo políticas económicas a su favor, e impide que los gobiernos instrumenten políticas que regulen y limiten su comportamiento.

El poder del gran capital financiero no se ha debilitado; por el contrario, presionan para que los recursos de los bancos centrales y de los gobiernos se canalicen a su favor, y para que prosiga la política económica que los favorece. Ello explica la enorme cantidad de recursos que ha recibido, a costa de quedar marginada la atención de la esfera productiva, como la generación de empleos, por lo que prosiguen los bajos ingresos de empresas e individuos, por lo que no tienen condiciones para mejorar sus condiciones de pago de sus deudas.

Intervención del gobierno en los bancos

El 14 de septiembre de el 2008 se declaró en quiebra Lehman Brothers, después de las grandes pérdidas que enfrentaba y de no encontrar comprador y no recibir apoyo gubernamental. Ello profundizó y generalizó la crisis a todo el sistema financiero (vése gráfica 2.1), debido a que se desvalorizaron todos los activos financieros existentes en dicha institución financiera, y con ello los activos de todos aquellos bancos e instituciones financieras que tenían vínculos con ella. El hecho de que el gobierno no apoyara o rescatara a dicha institución, enviaba señales negativas a los mercados, lo que llevó a la mayor caida de estos.

Gráfica 1

Fuente: Yahoo Finanzas.

El 16 de septiembre de el 2008 la mayor aseguradora del mundo American International Group (AIG), que aseguraba los prestamos de los títulos asegurados que respaldaban los activos, tuvo que ser apoyada fuertemente con 85 mil millones de dólares de crédito de la Reserva Federal, bajo el criterio de que era demasiado grande para dejarla caer, por lo que pasó a controlarla.

Era tal la quiebra de bancos grandes, que el Presidente Bush tuvo que anunciar un paquete de rescate bancario por 700 mil millones de dólares el 20 de septiembre de el 2008, a fin de frenar el clima de incertidumbre y de pánico generado.

El 6 de octubre de dicho año la Reserva Federal anuncia que pagaría a tasa de interés a las reservas de los bancos, esto a fin de mejorar la situación financiera de los bancos y para que mejoraran su dotación de reservas frente a sus obligaciones financieras.

Inyecciones de capital al sistema bancario

Los bancos con problemas no tienen condición de vender acciones para capitalizarse. En los rescates anteriores se había obligado a los bancos a asumir parte de sus pérdidas, y que los depositarios convirtieran sus depósitos en participación en acciones de los bancos (Wray, 1998). Sin embargo, en la crisis actual ello no ha acontecido, no se ha obligado a que los bancos asuman pérdidas, ni que los depositarios asuman parte de las acciones.

La Reserva Federal provee a los bancos de liquidez a través de la ventana de descuento. Se han destinado a la vez recursos para capitalizar a los grandes bancos (que están en supuestas mejores condiciones para sobrevivir) para que puedan responder a sus pasivos y depósitos, y adquieran a los bancos menores con problemas.

A pesar que la Reserva Federal tiene responsabilidad de apoyar sólo a la banca tradicional, finalmente han optado por apoyar a todo el sistema financiero, con la excepción de Lehman Brothers.

Se ha señalado por parte del Tesoro de EU que el apoyo a las instituciones financieras es para que flexibilicen el crédito a empresas e individuos para así retomar la dinámica económica. Sin embargo, tales recursos se encaminan a que el sistema financiero se reestructure en función de que la banca más grande absorba a los pequeños bancos. Ello aumenta los niveles de centralización del capital, pero no mejora la capitalización del sistema bancario, debido a que los problemas existen tanto en pequeños, como en grandes bancos, y el proceso de absorción y de fusiones bancarias, solo hace que los problemas de unos pasen a los otros, sin mejorar los niveles de capitalización del sistema bancario y financiero.

Tal política no implica que dicho sector logre la estabilidad y los niveles de solvencia necesarios para retomar su función de otorgar crédito para impulsar la dinámica económica.

Se inyecta capital a los bancos, esperando que sus propietarios hagan lo mismo para mejorar los niveles de capitalización, para así poder incrementar los créditos, como si en el contexto actual de crisis, ellos tuviesen los recursos para la mayor capitalización.

El dinero trasferido a la banca se ha dado en términos favorables a estos. La Reserva Federal ha pasado a prestar a instituciones bancarias y financieras, sin solicitar colaterales, a fin de evitar mayores quiebras de estos, así como mayor poder en el mercado por parte de los grandes bancos sobre los pequeños (Kregel, 2008a).

En las inyecciones de capital que realiza el gobierno a los bancos, recibe a cambio acciones preferentes (en el sentido de que ante cualquier quiebra, las acciones del gobierno tendrán prioridad en el reembolso de las mismas), pero no tiene derecho de voto, ni de decisión en tales instituciones financieras, las cuales siguen siendo manejadas por los mismos que las llevaron a las prácticas especulativas que terminaron ocasionando su quiebra y la crisis. Al no cambiar el gobierno a los administradores y ejecutivos de los bancos donde pasa a ser socio mayoritario, lo que hace es que prosigan las mismas prácticas de especulación y fraude que llevaron a la inestabilidad y a la crisis a tales instituciones, ya que es lo único que saben hacer los manejadores del dinero, por lo que no se vislumbra que tal rescate vaya a significar resultados positivos para la economía en su conjunto.

Las acciones de bancos que ha comprado el gobierno, se evaluaron por arriba de su valor real, ya que no se consideró la gran cantidad de activos tóxicos en poder de estos, los cuales reducen el valor de los bancos. El argumento justificativo era que si el gobierno compra dichos activos al precio del mercado tampoco ayudaría mucho a tales instituciones.

Las inyecciones de capital a los grandes bancos con problemas se decía que sería bajo la premisa de que se procedería a la reorganización de estos. Sin embargo, las decisiones las siguen tomando los mismos directivos que condujeron a dichos bancos a la quiebra.

Tal política implica desperdiciar recursos, ya que estos podrían ser canalizados a favor de la esfera produtiva y a la generación de empleo.

La política monetaria frente a la crisis financiera

Conjuntamente a la expansión de liquidez, la Reserva Federal disminuye la tasa de interés para preservar activos y reducir el costo de la deuda, como respuesta a los problemas del sector financiero (véase gráfica 2.2).

Gráfica 2.2

La disminución de la tasa de interés en principio aminora los efectos de la crisis, pues reduce el costo de la deuda, lo que permite aumentar el ingreso disponible y con ello el consumo y la inversión. La menor tasa de interés sobre las hipotecas se encamina a aligerar las condiciones de pago y evitar mayores carteras vencidas, embargos y devolución de casas, para así frenar la caída de precios de las casas, como de los títulos que tienen como respaldo las hipotecas residenciales, para que los propietarios de los activos financieros vean mejorada su situación.

El programa de rescate va dirigido a poner un piso a los precios de los activos. Al reducir la tasa de interés se desestimula la compra de bonos, y estimula la compra de acciones. Si no se instrumenta tal política, se incrementa la recesión, aumentan los problemas hipotecarios y de toda la economía. Al continuar ingresando empresas a la bancarrota y al seguir los problemas del mercado hipotecario, hace que continúe la inestabilidad del mercado de capitales. Es por ello que la política de rescate se dirige a generar expectativas positivas sobre la actividad económica.

El paquete de rescate no es a favor de los deudores

Se apoya a la banca y al sector financiero, quien ocasionó el problema. Se canalizan recursos a dicho sector para que siga conservando su posición hegemónica. No se encaran los problemas de raíz. No se procede a mejorar las condiciones de acumulación de la esfera productiva, de empleo y los salarios, para que empresas e individuos tengan mejores ingresos, para que tengan capacidad de reembolso de sus deudas y disminuyan sus requerimientos de endeudamiento, y dejen así de estar sujetos de las prácticas usureras del capital financiero, ni para que los activos financieros se valoricen en contexto de crecimiento económico.

El Paquete de Obama anunciado a inicios de el 2009 para apoyar a los dueños de casas hipotecadas es sólo de 75 mil millones de dólares, lo cual es insignificante en relación con la deuda de las hipotecas residenciales, que suma alrededor de 10.6 billones de dólares (Veneroso, 2009).

Al no recibir los propietarios de las casas hipotecarios atención suficiente por parte del gobierno, seguirán los embargos de las casas, los desalojos, así como la caída de sus precio y de los títulos que tienen como respaldo las hipotecas; por lo que no se restablecerá el valor de los activos financieros, ni los mercados de capitales, ni los balances de los bancos. Al no mejorarse el ingreso o el valor del capital de los deudores, siguen sin ser sujetos de crédito, por lo que no hay viabilidad de aumentar la inversión o el consumo. Ello evidencia la importancia que tiene el atender a los que cayeron en moratoria de sus créditos hipotecarios, a fin de frenar la caída del precio de las casas como del valor de los títulos con respaldo de hipotecas, para así recuperar el ingreso y el valor de los activos para que vuelvan a ser sujetos de crédito y pueda aumentar la demanda para reactivar la economía y los mercados, aunque estos tienen que ser fuertemente regulados. Señala Wray que: "El alivio de la hipoteca y la restauración económica traerán la recuperación más rápida que el Plan de Paulson de tratar de empujar los créditos" (Papadimitriou y Wray, 2008).

Los recursos otorgados por el gobierno de EU y la Reserva Federal al sistema bancario no son para mejorar la posición de pago de los deudores (sea de bienes raíces, de autos o de prestamos de estudio), sino son sobre todo para adquirir activos tóxicos y limpiar las hojas de balance de los bancos e instituciones financieras. Wray señala que "El Plan del Tesoro es gastar 30 dólares en Wall Street y a los poseedores de acciones en relación con el dólar gastado en la deuda de los trabajadores, propietarios de casa y deuda de estudiantes" (Wray, 2009a).

En contextos de inestabilidad y crisis financiera, siempre surgen recursos para apoyar a los dueños del dinero, y se justifica señalando que el rescate bancario es necesario para proteger a los ahorradores, como para retomar la dinámica crediticia y de crecimiento de la economía. El problema de los rescates es que actúan a favor del sector bancario-financiero, no van a favor de la esfera productiva o la generación de empleo.

Se les otorga grandes recursos a los banqueros, a costa de incrementar la deuda pública, la cual tiene que ser pagada por toda la sociedad, sin llamarlos a cuentas, sin reestructurar dicho sector, sin regular la asignación de sus créditos, a fin de frenar sus prácticas especulativas y evitar que vuelvan a repetirse las crisis.

La inyección de capitales a la banca no resuelve los problemas

La justificación del rescate y la inyección de recursos, que los bancos centrales y los gobiernos de los países desarrollados han realizado a favor de la banca y del sector financiero, han sido para evitar otra Gran Depresión, y para que se retome la disponibilidad crediticia hacia empresas e individuos, y así dinamizar la demanda y la actividad económica. Sin embargo, a pesar de la inyección de liquidez y capital a los bancos, ha estado presente la incertidumbre en torno al valor de los bancos, dado el desconocimiento del valor de sus pérdidas. Es tal la magnitud de sus activos desvalorizados, y los problemas de insolvencia, que impiden que se recupere su capitalización, lo que evidencia que los apoyos gubernamentales no son suficientes, por lo que continúa la desvalorización del precio de las acciones de los bancos, como la restricción crediticia entre ellos, y hacia el resto de la economía. Predomina la preferencia por liquidez por parte del sector bancario-financiero. Prefieren atesorarlo para incrementar reservas y mejorar su capitalización, a fin de protegerse frente a la desvalorización de sus activos y el creciente problema de insolvencia que enfrentan, por lo que tales recursos no sirven para que cumplan la función para la cual fueron creados.

Se da la "trampa de liquidez" en el sistema bancario y financiero, como en empresas e individuos, los cuales prefieren mantener la liquidez, ante la incertidumbre existente, en vez de realizar préstamos, en caso de la banca y como gasto e inversión en el caso de familias y empresas. La problemática es tal que no obstante la reducción de la tasa de interés y la inyección de liquidez, poco han cambiado las expectativas de la economía. El precio de las acciones de los bancos no ha repuntado, se mantiene en bajos niveles (véase gráfica 2.3), y a su vez, los activos de tales instituciones financieras sigue sin recuperarse (gráfica 2. 4), evidenciando que mientras no mejores las condiciones de solvencia de los deudores, persistirán los problemas del sistema bancario. Ello a su vez, impide retomar el crecimiento sostenido, y elimiar la incertidumbre económica.

Gráfica 2.3

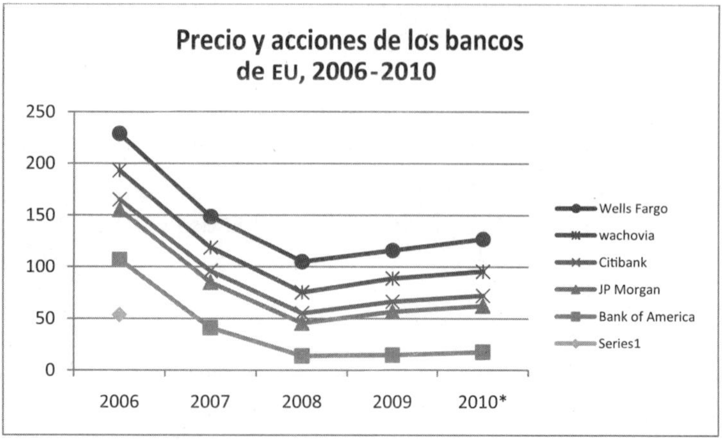

Fuente: Federal Reserve, Banking Data, Yahoo Finanzas.

Gráfica 2.4

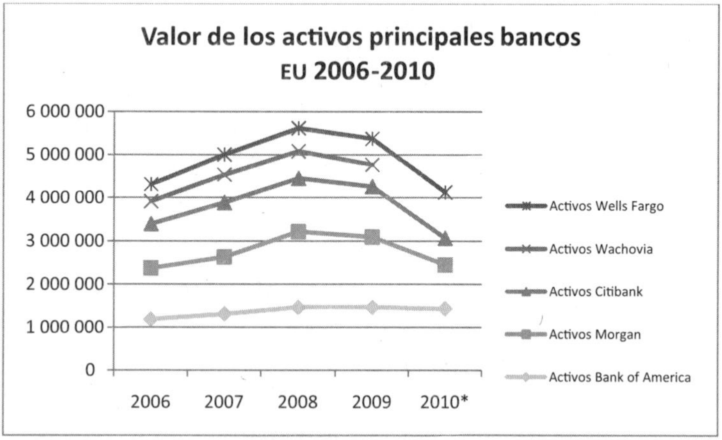

Fuente: Federal Reserve, Banking Data, Yahoo Finanzas.

Es diferente que la banca se capitalice a través de las ganancias derivadas de la recuperación de los créditos prestados y mediante la valorización de sus activos financieros, que a través de los recursos recibidos por el gobierno sea a través de compra de acciones de estos, o de préstamos, o de compra de los activos malos de los bancos.

La deuda tóxica y la inoperatividad de los rescates bancarios

El paquete de rescate inicial de los 700 mil millones de dólares del gobierno estadounidense para apoyar al sistema financiero estaba encaminado al principio a comprar los títulos que tenían como respaldo las hipotecas sin valor que están en poder de los bancos.

El gobierno intenta a través de la compra de activos tóxicos mejorar las hojas de balance de las instituciones financieras a fin de que estas puedan otorgar crédito a las empresas. Por lo general se menciona que, para que se restauren los créditos, el sistema bancario necesita deshacerse de sus activos tóxicos y recapitalizarse (OCDE, 2009).

Con la compra de deuda mala, se trata de evitar la deflación de la deuda: evitar que los deudores no se vean obligados a vender capital para pagar la deuda, ya que al actuar todos al unísono terminan por reducir más el precio de los activos, lo que ahonda los problemas de insolvencia, pues pasan a tener menor capacidad para cubrir sus deudas.

A través de la adquisición de activos tóxicos por parte del gobierno se pretende reformar los activos de la banca, y así evitarle pérdidas y problemas de insolvencia. Por consecuencia, tales recursos van más dirigidos a tratar de mejorar los activos y las reservas del sistema financiero.

A pesar de la gran cantidad de dinero canalizada por el gobierno para apoyar la capitalización de la banca, con la intención de que esta expanda el crédito, para retomar la economía, no logra limpiar los bancos.

Al no comprar el gobierno la mayor parte de la deuda mala, prosigue el problema de los deudores, de su pesada carga del servicio de su deuda, y la necesidad de vender activos y restringir su gasto para cubrir pasivos, situación que acentúa el carácter recesivo de la economía. Asimismo, mientras los títulos de las hipotecas malas sigan en poder de los bancos e instituciones financieras, continuarán sus problemas de liquidez y descapitalización, no generando ello confianza en el mercado, pues perdurará la restricción crediticia. Para salir de tal situación, hay sectores que insisten en que el gobierno debe comprar esas hipotecas malas.

El gobierno quería comprar los malos activos de las instituciones financieras, y el problema era el precio que iba a pagar por ellos, dado que no se sabe la magnitud de la desvalorización de tales activos, pues representaría un alto costo a las finanzas públicas. Si pagaba a su precio de mercado, no ayudaría mucho a los bancos, dado el bajo valor que tales títulos hipotecarios representan, y si pagaba mucho por tales activos, en la perspectiva de apoyar a los bancos, se le iba a agotar muy rápido el paquete de rescate y no alcanzaría a absorber todos los activos tóxicos, dada la gran cantidad de estos (Edwin, 2008), y no habría para destinarlos a otras actividades a favor del impulso al crecimiento económico.

Ante el desconocimiento de la cantidad de pérdidas que enfrenta el sector financiero, como las empresas e individuos por la desvalorización de los activos financieros, así como del desconocimiento de la cantidad de éstas pérdidas que el gobierno haría suyas, como de los paquetes de apoyo y rescates bancarios y a empresas que el gobierno vaya a realizar para amortiguar a la crisis, es imposible predecir el costo de lo que ello implicará, así como el impacto impositivo del mismo.

Los recursos del rescate bancario por 700 mil millones de dólares son insuficientes para adquirir los activos "tóxicos". Las pérdidas que enfrenta el sector bancario y financiero en EU, generadas por la desvalorización de las hipotecas 'tóxicas', como por la desvalorización de otros activos financieros, y por los problemas de insolvencia, son mucho mayores que los recursos que se le inyectan a dicho sector por parte de la Reseva Federal como por su gobierno. Nos dice Papadimitriou y Wray que: "Quizá la mayoría de las instituciones financieras son insolventes. Por esta razón los mercados inmediatamente rechazaron el plan de comprar activos malos" (2008). Cuando se anunció dicho paquete, no fue bien recibido por el mercado, pues continuaron cayendo tanto las bolsas de valores como el precio de los activos.

Por más que el gobierno ha querido que los banqueros asuman la pérdida que les corresponde, estos se niegan a ello. Siempre presionan para que los activos malos los adquiera el gobierno, y al hacerlo, adquiere activos de alto riesgo, a cambio de transferir deuda pública, la cual la socializa a través del aumento de impuestos y restricción del gasto público.

La compra por parte del Departamento del Tesoro de activos malos, así como de las acciones de la banca, no resolverán la problemática financiera (Wray, 2009b). Ello solo favorece a los banqueros, para evitarle pérdidas. La deuda mala no recuperará su valor si los que la vendieron no utilizan ese dinero a favor del crédito hacia el sector productivo para reactivar la economía y así el ingreso y capacidad de reembolso de la deuda.

Como nadie sabe la cantidad de los activos tóxicos que tiene la banca, y como ello pude significar un barril sin fondo, si el gobierno insiste en la adquisición de estos, diversos economistas estadounidenses se han pronunciado por la nacionalización de la banca a fin de que el gobierno detecte la cantidad de tales activos, y limpie las hojas de balance de esta, para que retome su función de otorgar créditos a favor de la dinámica económica. De no limpiar y regular dichas instituciones, así como de no impulsar la dinámica económica, la restricción crediticia continuará actuando como obstáculo al crecimiento.

El gobierno de EU dejó la política de compra de activos tóxicos, porque no se sabe la cantidad de estos. Se había presupuestado 700 mil millones de dólares, pero al parecer hay entre tres y cinco billones de dólares, por lo que se optó mejor por transferir tales recursos a la capitalización de los bancos (Wray, 2009c). Al darse cuenta que era interminable la cantidad de activos tóxicos, decidieron cambiar la estrategia y pasar mejor a comprar acciones de los bancos por arriba de su valor de mercado para impulsar la capitalización de los bancos grandes, bajo el principio de que estos tenían menos posibilidades de quebrar y así adquieran a su vez a los bancos pequeños con problemas.

Tal inyección de recursos y de capital al sistema financiero no encara de raíz el problema, el cual deriva la insolvencia de los tenedores de hipotecas para cubrirlas.

La capitalización y estabilidad de dicho sector no vendrá por los recursos que se le transfieren, sino que depende de la recuperación del valor de los activos financieros, como del reembolso de los créditos otorgados. La valorización de los activos financieros no se resuelve del todo por la adquisición de activos que el gobierno haga de ellos, ni por la liquidez o apoyo financiero que la banca y las instituciones financieras reciban del gobierno, ni tampoco pasa solo por la limpieza de su cartera y activos malos, que de hecho en muchas de ellas son incalculables. El precio de los activos de las instituciones financieras no pueden ser fijados, y cualquier precio será arbitrario (Wray, 2009b). El trasfondo de dichos problemas es la baja dinámica de acumulación en la esfera productiva la que impide sustentar la valorización de los activos financieros y ocasiona problemas de insolvencia, por lo que el valor que presentan actualmente los mercados de capitales no refleja su valor real.

La mejor opción sería que el gobierno se preocupe por reactivar la economía para así mejorar las condiciones de pago de las hipotecas y se rescaten estas y así la banca poseedora de tales títulos vería mejorada su situación financiera.

No toda la banca debe ser salvada

El gobierno no puede rescatar todos los bancos. Aquellos que están en quiebra, cuyos activos han caído muy por debajo que sus pasivos, por la especulación seguida, no deben ser rescatados, sino cerrados, a fin de reducir el costo del rescate. No puede rescatarse aquellos que no son saludables, que no tienen perspectiva de sobrevivencia o no han contribuido a la dinámica productiva, al crecimiento o a la generación de empleo. Nos dice Papadimitriou y Wray que "Los bancos pésimos necesitan ser liquidados. Es mejor vender los activos, pagar a los depositantes y dejar perder a los propietarios y a los poseedores de deuda subordinada" (2008). El problema es que los gobiernos no tienen la voluntad política para ello. Se someten a los intereses del capital financiero, les transfieren recursos, sin reestructurar dicho sector a favor de la dinámica económica.

A pesar de la transferencia de recursos al sector bancario-financiero no hay disponibilidad crediticia

Se otorgan recursos al sector finaciero, sin condicionarlos a un comportamiento diferente del sector bancario y financiero. Por más liquidez que se transfiere a la banca y al resto del sector financiero, no se resuelven sus problemas, pues estos no son sólo de liquidez, sino del hecho que la dinámica predominante no asegura la valorización de sus activos, como las condiciones de reembolso de la deuda contraída, debido a que prosiguen las mismas prácticas y la política que generaron la crisis. "En enero del 2009 la crisis de liquidez quedó superada. Lo que enfrenta EU ahora es un problema masivo de insolvencia y la disminución de empleo y producción" (Wray, 2009b).

Asimismo, Stiglitz señala que: "El Plan provee hacer transfusiones masivas de sangre a un paciente cuya hemorragia continúa. A menos que encaremos el origen del problema, el sangrado continuará" (2008).

Las empresas e individuos no demandan crédito ante el temor de perder sus garantías, y la banca no otorga crédito ante el temor de que siga creciendo la cartera vencida y que ello afecte más sus problemas financieros. De ahí que los créditos no se incrementan en forma tal que retome el crecimiento de la demanda y de la economía, y el gobierno no hace nada para fiscalizar el destino de tales recursos. Se cae en un círculo vicioso, pues más difícil es recuperar la dinámica sostenida de la economía, y el ingreso de los deudores para encarar los problemas de insolvencia, por lo que de nuevo volverá a manifestarse otra inestabilidad de los mercados financieros, ya que no tienen sustento productivo que los convalide. Nos dice Palley que, "los rescates financieros son una forma de seguro a los créditos riesgosos de los especuladores imprudentes" (2008a), y de ahí que su accionar sigue siendo el mismo.

La política de rescate no se encamina a encarar los problemas de acumulación que enfrenta el sector productivo, ni a incrementar empleos, por lo que, a pesar de que la economía estadounidese ha salido de la recesión, no se vislumbran expectativas de una dinámica sostenida que genere condiciones de ingreso y de reembolso en las empresas e individuos para encarar los problemas de insolvencia que ocasionaron la crisis. Al no mejorar las condiciones de rentabilidad, el sector productivo no ofrece niveles de atracción para la inversión, y no es sujeto de crédito en los niveles existentes antes de la crisis. Lo mismo acontece con el crédito al consumo (véase gráficas 1.4 y 1.11).

Al no crecer el empleo ni los salarios de los trabajadores, éstos no son sujetos de crédito. Al no cambiar el contexto de incertidumbre, de bajos ingresos en empresas e individuos, no se incrementarán los créditos, no obstante la inyección de recursos al sistema bancario, por lo que no podrá crecer la inversión ni el consumo, ni la actividad económica en forma más sostenida.

Ni la banca quiere prestar, y los deudores han visto desvalorizados los activos que actuaban como colaterales para pedir prestamos, por lo que no tienen condiciones de pedir créditos, ni ser sujetos a ellos.

No se dará la restauración de la estabilidad del sector financiero mientras prosiga la baja dinámica de acumulación de la esfera productiva, lo que actúa en contra de la valorización de los activos, como de las condiciones de reembolso de la deuda. Ello hace que prosiga la problemática de la banca, y no alcance los niveles de capitalización deseados para mejorar su relación de endeudamiento (D/C) como para otorgar condiciones crediticias. Al concentrarse los paquetes de rescate en favorecer al sector financiero –y no al sector productivo–, seguirán los problemas de la economía.

Al no mejorar sus ingresos ni el valor de sus activos, continuarán los problemas de la banca. La salida a estos tiene que venir de la dinámica económica para que se recuperen así los precios de las casas, los ingresos de empresas e individuos, las condiciones de reembolso de la deuda, como el valor de los activos financieros y por ende, el valor de los activos de la banca. Hay que tomar en cuenta que en México el rescate bancario de 1995-1996 (al cual se canalizaron alrededor de 100 mil millones de dólares) no se tradujo en mayor disponibilidad crediticia. Esta cayó de niveles de 43% del PIB en 1994 a 10% del PIB en 2004, aumentando a 14% del PIB en 2007 (Huerta, 2009).

Es por ello que la política de rescate no debe ser hacia la banca, sino debe canalizarse a mejorar los ingresos de empresas e individuos, a fin de cubrir sus obligaciones financieras para que puedan volver a ser sujetas de crédito, y así retomar el crecimiento de la inversión, el consumo y el fortalecimiento de la economía.

Las empresas se vieron también imposibilitadas (dado el contexto de crisis e incertidumbre) de colocar papel comercial en los mercados para financiarse, lo que obligó a la Reserva Federal a adquirir papel comercial de las empresas (a partir del 7 de octubre del 2008), a fin de evitar el freno del proceso productivo y los cierres de empresas, los mayores reajustes de personal, que se han estado dando.

El hecho que la Reserva Federal haya decidido pagar tasa de interés a los depósitos bancarios contribuirá a que la banca vaya obteniendo mayores recursos, para así actuar a favor de su capitalización. Sin embargo, para que ello se traduzca en disponibilidad crediticia, tiene que haber condiciones de reembolso.

La reactivación no vendrá del gasto privado ni de las exportaciones

La reactivación económica no vendrá por el sistema bancario, ya que este no otorgará crédito, mientras no vea asegurado el reembolso del crédito, para lo cual la reactivación es indispensable. Es decir, en un contexto recesivo no hay crédito (Papadimitriou y Hansgen, 2009). El sector privado no cuenta con mecanismos financieros para incrementar la inversión y retomar la dinámica económica, ni tampoco hay perspectivas de que ello venga del crecimiento de las exportaciones, dado el contexto recesivo o de bajo crecimiento de la economía mundial, donde muchos tratan de proteger su mercado interno, y todos tratan de crecer hacia fuera, ante los problemas de crecimiento del mercado interno, lo que incrementa la competencia por los mercados externos y hace más difícil que represente una alternativa de crecimiento.

No hay ajuste correctivo automático, por lo que la salida de la crisis no será fácil. Ello resalta la importancia de la actuación del gobierno, a través de la expansión de su gasto, para crear confianza y vuelva a aumentar la inversión y el consumo.

En la Gran Depresión, el gobierno de Roosevelt incrementó el gasto público en 55% entre 1932 y 1934, y su participación en el PIB pasó de 10.2 a 17.4%. El gobierno dio empleo a 60% de los desempleados, ocupándolos en la construcción de infraestructura, así como la contratación de mayores profesores y profesionales de la cultura (Galbraith, 2009).

La política fiscal como herramienta anticíclica

La inyección de liquidez, y la reducción de la tasa de interés de referencia en EU, entre cero y 0.25%, y en Europa a 1%, no estimularon la demanda, ni contrarrestaron los problemas de insolvencia, ni retomaron la dinámica económica: obligó a los gobiernos de los países desarrollados (unos más que otros) a flexibilizar la política fiscal a través de expansión del gasto, la disminución y devolución de impuestos, para salir de la crisis. Ello ha derivado en gasto público deficitario de 13% del PIB en el 2009 en EU, teniendo ello un impacto positivo sobre el freno de la recesión (véase gráfica 2.5).

Gráfica 2.5

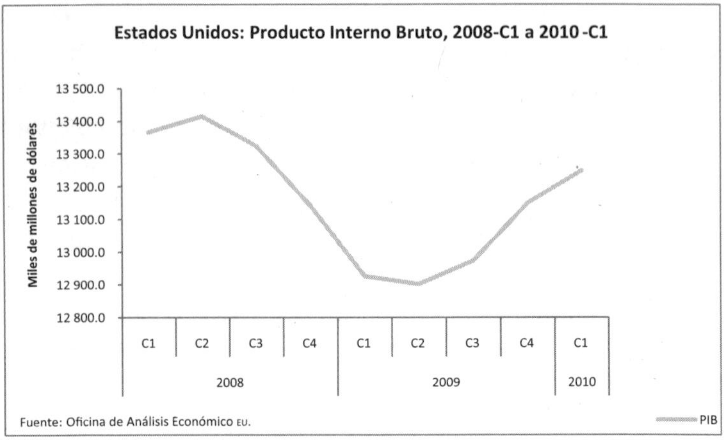

La política monetaria demostró ser insuficiente para actuar por sí sola para frenar la crisis y reactivar la economía, por lo que se requirió la intervención de un gran gasto público deficitario ante los problemas existentes, tanto de la banca, de empresas, como de desempleo.

A pesar que hay reticencias de algunos sectores para trabajar con déficit públicos crecientes ante los impactos inflacionarios que puedan propiciarse, la gran mayoría ha señalado que es mejor eso frente al panorama de recesión que se presentó. Sin embargo, el impacto del déficit fiscal sobre la actividad económica es diferente si dicho déficit es propiciado por el gasto a favor de las instituciones financieras, o si es un gasto a favor de la demanda y del sector productivo. Gran parte de dichos gastos públicos deficitarios han sido por el apoyo brindado a la banca y a las instituciones financieras, no teniendo el impacto deseado sobre la dinámica económica y la generación de empleo.

El programa fiscal anunciado a inicios de el 2009 por el gobierno del Presidente Obama, de incremento del gasto público por 816 mil millones de dólares –donde alrededor de 500 mil irían a infraestructura, al desarrollo de tecnología y energías alternativas–, a impulso de proyectos *verdes*, entre otros, más alrededor de 275 mil millones de dólares por recortes de impuestos a favor de trabajadores para mejorar su consumo y el pago de sus deudas, está encaminado a impulsar la inversión pública y la demanda para frenar el proceso recesivo. La recesión se hubiera prolongado de no haberse instrumentado tales políticas, aunque persisten los problemas de acumulación y de desempleo, que mantienen latentes los problemas que ocasionaron la crisis.

La política fiscal anunciada de 816 mil millones de dólares tendrá poco impacto sobre el desarrollo industrial y sobre el empleo si prosigue el contexto de apertura comercial, ya que seguirá filtrándose la demanda al exterior sin generar los efectos multiplicadores deseados internamente.

La caída de la inversión del sector privado, como del consumo por parte de las familias, es de mayor magnitud que el incremento del gasto público, por lo que no contrarresta la caída de la demanda, lo que impide retomar una dinámica sostenida.

Las limitaciones de la política contracíclica en EU

La disminución de la tasa de interés en principio aminora los efectos de la crisis, pues reduce el costo de la deuda, lo que permite aumentar el ingreso disponible y con ello el consumo y la inversión. La menor tasa de interés sobre las hipotecas se encamina a aligerar las condiciones de pago y evitar embargos y devolución de casas, para así frenar la caída de precios de las mismas como de los títulos que tienen como respaldo las hipotecas residenciales. Se busca con ello frenar la desvalorización de las casas y de los activos financieros para que los propietarios de estos vean mejorada su situación financiera y pasen nuevamente a ser sujetos de crédito y así retomar el crecimiento de su gasto e inversión. Sin embargo, la política monetaria de reducción de la tasa de interés ha sido insuficente para encarar la crisis. A pesar que las tasas de interés de referencia fijadas por la Reserva Federal han bajado a 0 y 0.25%, las tasas de interés de las hipotecas no han disminuido (Hudson, 2008), por lo que han continuado los embargos y, por tanto, la caída del precio de las casas (véase gráfica 1.2).

A pesar de los problemas de cartera vencida y desvalorización de sus créditos, la banca no disminuye la tasa de interés a los niveles en que obtiene las reservas bancarias de la Reserva Federal. Mientras la tasa de referencia de la Reserva Federal está entre 0 y 0.25%, la tasa de interés sobre el crédito al consumo y de las hipotecas está por arriba de ello (véase gráfica 2.6), por lo que no se aligera el costo de la deuda y no disminuyen los problemas, y menos considerando que no se mejora el ingreso de los deudores. La banca trata de protegerse de mayores pérdidas no reduciendo más las tasas de interés, y restringiendo el crédito, así como siendo más estrictos en el otorgamiento del mismo, lo que termina agravando la problemática que enfrentan. Su actitud en contexto de la crisis contrasta con la posición laxa y flexible que asumieron cuando expandieron el crédito en actividades especulativas, confiados en que el contexto de estabilidad monetaria y de *booms* financieros les garantizaría el reembolso de los mismos, y que colocaron al sistema financiero en posiciones de fragilidad.

Gráfica 2.6

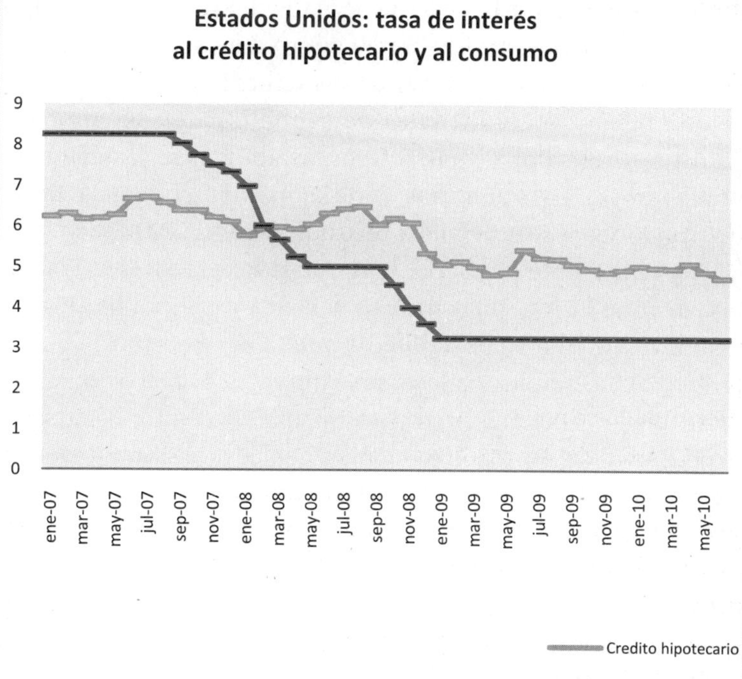

Fuente: Reserva Federal.

La disminución de la tasa de interés y el aumento del gasto público en los países desarrollados no han generado los resultados esperados o deseados por las autoridades monetarias y del Tesoro estadounidense y del resto de los países desarrollados.

La capacidad de los bancos centrales y de los gobiernos a responder a las vulnerabilidades de los mercados y frenar la caída del precio de los activos, como para retomar la estabilidad y la actividad económica, no está siendo tan eficaz como en crisis pasadas. En estas (como las presentadas en las burbujas financieras y las consecuentes caídas presentadas en 1987, 1989 y en el 2000), se salían de ellas a través de la inyección de recursos por parte de la Reserva Federal, con la disminución de la tasa de interés e incremento del gasto público. Ello abarataba el costo de la deuda e incrementaba la demanda, lo que generaba condiciones de capitalización de empresas, aumentaba el valor de sus activos, estabilizaban los mercados financieros, aseguraban las condiciones de solvencia de las instituciones y se revertía la recesión (Kregel, 2008b).

En la presente crisis, por más que la Reserva Federal baja la tasa de interés, inyecta recursos a la banca y compra parte de los títulos respaldados por hipotecas que se desvalorizaron y afectan el balance de los bancos, no influye en la mayor demanda de títulos, ni acciones, ni se incrementa el crédito; debido a las expectativas de depresión económica que lleva al sector financiero a una alta demanda por preferencia de liquidez e intenta compensar las pérdidas reconstruyendo capital (Kregel, 2008b).

A pesar de la reducción de la tasa de interés y la inyección de liquidez, no cambian las expectativas de la economía. Las ganancias están por debajo de la baja tasa de interés, lo cual es debido a la contracción de la demanda, derivada de los bajos salarios (pérdida de poder adquisitivo de los salarios), como los altos montos de sus deudas, la alta carga de la deuda que enfrentan, los menores ingresos de las empresas, la desvalorización de sus activos, como resultado de las políticas económicas predominantes, por lo que no se ofertan ni se demandan créditos, y menos si no ven condiciones para incrementar sus ventas e ingresos para cubrir las obligaciones financieras que se derivan del crédito.

Los prestamos que otorga el gobierno a los bancos e instituciones financieras los justifica señalando que, una vez que la economía se restablezca, ellos redituarán rendimientos al gobierno. De hecho, ello ha venido aconteciendo. Esos préstamos y transferencias de recursos a la banca no significaron mayor gasto para incrementar la demanda; contribuyeron a la mayor capitalización de tal sector, pululando tales recursos en el ámbito del sector financiero, que han llevado a que los mercados de capitales vuelvan a crecer.

Las políticas anticíclicas instrumentadas han sido insuficientes para salir de la crisis y retomar una dinámica sostenida de la economía. No han logrado mejorar las condiciones de acumulación de los sectores endeudados, superar los problemas de insolvencia, la caída de la demanda o conformar expectativas positivas sobre la actividad económica.

La no actuación de prestamistas de última instancia

No obstante que se señale que los bancos centrales han actuado como prestamistas de última instancia, el problema es que ello no sólo consiste en reducir la tasa de interés y aumentar la canalización de recursos al sistema bancario para incrementar la liquidez en el mismo, sino en que tienen que garantizar la estabilidad del sistema financiero y de los precios de los activos financieros, así como la función de que el sistema bancario otorgue crédito y financiamiento para mantener la dinámica económica. Nos dice Minsky que: "El banco central tiene la responsabilidad de asegurar las funciones del sistema bancario y financiero", y añade que: "Cuando las crisis ocurren, los bancos centrales están comprometidos a disminuir el peligro y validar la deuda" (Minsky, 1986a).

La actuación de prestamista de última instancia debe estar dirigida a ayudar a los deudores para evitar que tengan que vender activos para pagar sus deudas. Sin embargo, la actuación de la Reserva Federal y del Tesoro estadounidense no se está resultando en la generación de condiciones de solvencia para el rescate de las hipotecas, es decir, el incremento de ingreso de los deudores, pues siguen los embargos y la venta de las casas para pagar, por lo que continúa la caída de su precio como de los instrumentos financieros que tienen como respaldo las hipotecas.

Además, está el hecho señalado por Palley de que los bancos centrales tratan el problema de liquidez, pero "ninguno encara los problemas de regularizar el financiamiento e impulsar la economía" (2008b). No se habla de reestructurar al sector financiero para dirigir sus créditos a favor de un crecimiento sostenido.

Los problemas de insolvencia que ocasionaron la crisis no se encaran

Al predominar la concepción –por parte de las autoridades monetarias y financieras–, de que la crisis deviene del sector financiero, y no de la economía real, en gran medida es excluida de los paquetes de rescate. Los hacedores de política no analizan el porqué de los altos niveles de sobreendeudamiento de las familias y de muchas empresas, ni del porqué de los problemas de insolvencia, del distanciamiento creciente entre la rentabilidad ofrecida por el sector financiero (y, por tanto, la sobrevaluación de los activos financieros) en relación con la esfera productiva, que llevó y sigue llevando a la distorsión de la asignación de recursos y de las inversiones, que recrean *booms* financieros insustentables, a costa de marginar la economía real. No se analiza el porqué la desvalorización de los activos reales y financieros, así como el porqué la banca no presta; sino que prefiere ahorrar y seguir especulando, lo que lleva a que resurjan las burbujas que conducirán a otra crisis.

Detrás de la desvalorización de dichos activos no están solo problemas de iliquidez, sino sobre todo de insolvencia.

Poco ayuda la capitalización de la banca a través de los recursos públicos, pues –al seguir los bajos ingresos de las empresas e individuos–, dicha capitalización no se traducirá en expansión crediticia, pues prosiguen los problemas de insolvencia.

No consideran que detrás de los problemas financieros están los de insolvencia, que fueron los que desvalorizaron inicialmente a los activos financieros hipotecarios, que después se generalizaron a toda la gama de préstamos y activos financieros ligados a ellos.

Detrás de los problemas de insolvencia están los bajos niveles de ingreso de empresas e individuos y el desempleo, los cuales siguen sin ser atendidos. Mientras no se incrementen los niveles de rentabilidad de la esfera productiva, persistirán los bajos ingresos de empresas, por lo que no hay condiciones para retomar el crecimiento de la inversión, el consumo o la actividad económica, lo que evidencia que la crisis no ha sido superada, y los recursos seguirán fluyendo hacia el sector financiero.

Los problemas de deuda de las familias no se resuelven refinanciando y reestructurando los préstamos, sino a través de incrementar el ingreso de los deudores, su capacidad de pago, y a través de quitas de deuda, situación que no ha acontecido. Se mantienen las políticas que atentan sobre el crecimiento de los ingresos de gran parte de las empresas productivas e individuos. La política de estímulos canalizada hacia el sector productivo y el empleo es de baja cuantía en relación con los recursos destinados a la esfera financiera, y no va acompañada de medidas que aseguren efectos multiplicadores internos. Es por ello que no se ha frenado el desempleo, ni el deterioro del nivel de ingresos de empresas e individuos, y de ahí el porqué las políticas de reestructuración de las hipotecas, para que las familias no pierdan su casa, han fracasado. Asimismo, el programa de cambio vehicular impulsado por el gobierno de EU no tuvo impacto benéfico en la industria automotriz de dicho país, ya que 8 de cada 10 autos comprados, fueron importados (Palley, 2009). Ello evidencia que la problemática de tal país no se resolverá con la sola política de aumento de gasto público, debido a la gran filtración de la demanda hacia el exterior. La crisis es del patrón de acumulación y de la política económica que lo acompaña, la cual tiene que ser cambiada, situación no reconocida por las autoridades ni por la mayoría de los analistas de dicho país.

Al no aumentar el flujo de ingreso en empresas e individuos, es indispensable para validar la deuda y así apreciar el precio de los activos de la banca como del resto de los activos financieros y reales para alcanzar la estabilidad del sector financiero. La capitalización de los bancos tiene que ser resultado de los mejores ingresos de los deudores para que cubran sus obligaciones financieras.

El manejo del tipo de cambio como medida contracíclica

A las anteriores políticas contracíclicas instrumentadas en EU, se le suma la devaluación del dólar frente al euro y el yen. En la gráfica 2.7 se observa cómo a partir de septiembre de el 2008 el dólar se devalúa frente al yen y el frente al euro a partir de fines del 2008, permitiéndole mejorar su competitividad frente a los productos de la zona-euro y Japón, contribuyendo a reducir el déficit de comercio exterior y a frenar la recesión económica estadounidense.

Gráfica 2. 7

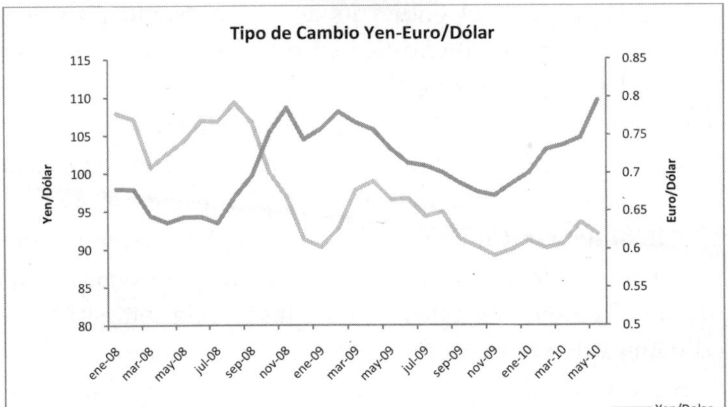

Fuente: OCDE.

Sin embargo, gran parte del déficit de comercio exterior de EU es con China. El problema es que la devaluación del dólar no afecta la competitividad frente a los productos de dicho país, ya que este mantiene anclada su moneda respecto al dólar, lo que hace que cada vez que EU retome el crecimiento, a partir de marzo de 2009, empiece de nuevo a aumentar el déficit estadounidense respecto a China.

Gráfica 2.8

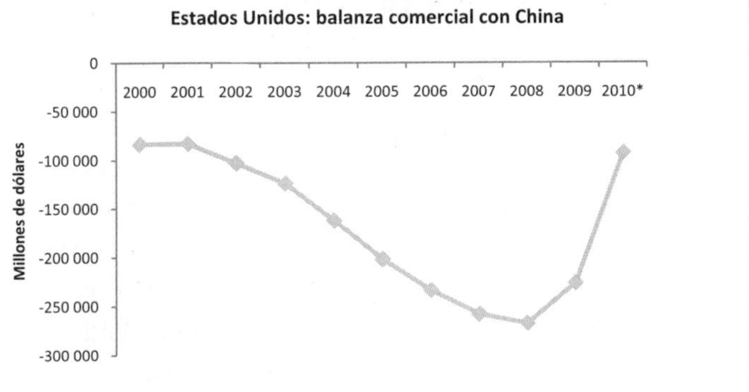

*Datos para el primer trimestre del año.
Datos hasta el mes de mayo.
Fuente: US Census Bureau, Foreign Trade Statics y OCDE.

Es por ello que el gobierno de EU ha estado presionando a China para que flexibilice su moneda, en la perspectiva de que el yuan se aprecie frente al dólar para así mejorar su competitividad, lo que es necesario para disminuir el crecimiento de las importaciones provenientes de tal país, como para dinamizar la industria y el empleo estadounidenses y reducir su déficit. China no cede a tales presiones, y mantiene su moneda anclada al dólar y subvaluada, para tener competitividad frente al resto de las monedas y así la competitividad y dinámica de sus exportaciones y de su economía.

Estados Unidos, por más que quisiera seguir devaluado su moneda para mejorar competitividad, Europa y Japón no lo van a permitir, pues es a costa de que ellos pierdan competitividad, y se agravó su recesión, y las presiones sobre su balanza comercial, y de hecho, los actuales problemas de la zona euro han llevado a la apreciación del dólar frente al euro.

La economía estadounidense puede tener déficit fiscal y del sector externo sin encarar fuerte especulación frente al dólar, dado que el resto del mundo ahorra dólares, tienen activos en dólares, y estos actúan como reserva internacional, por lo que todos, de una u otra forma, tratan de evitar que el dólar se colapse. No se corren contra el dólar, porque además no hay moneda alternativa frente a él (Galbraith, 2006).

Asimismo, a pesar de la devaluación del dólar, no se dará la corrida contra esta moneda: el resto de los países desarrollados y China lo frenarían (como lo han hecho en diversas ocasiones), dadas las implicaciones negativas que ello ocasionaría, no solo a la economía de EU, sino también a los mercados internacionales y al valor de los activos en dólares que la gran mayoría de los países posee. La misma Reserva Federal se da cuenta de los límites de la devaluación del dólar, ya que llevaría al cambio de activos en dicha moneda por monedas más sólidas, por lo que cuando este proceso aumenta, procederá a incrementarse la tasa de interés, a fin de mandar señales a los mercados de que a ellos tampoco les interesa una fuerte devaluación del dólar y que siga siendo moneda de curso de reserva y de ahorro internacional. Pero, como se ha señalado, no requiere mayor tasa de interés para fortalecer el dólar. Los problemas de los países europeos debilitan el euro, lo que favore al dólar.

El ahorro en dólares del resto del mundo beneficia a EU

La fortaleza del dólar frente al euro se debe tanto a los altos niveles de endeudamiento en dólares que tiene la banca europea (como consecuencia de poseer gran cantidad de títulos financieros tóxicos), lo que la hace depender del flujo de dólares para hacer frente a tal situación como al hecho que el dólar es una moneda soberana, a diferencia del euro, donde los países de la zona euro son incapaces de emitir moneda, lo que los lleva a mostrar incapacidad para encarar sus problemas de deuda.

Si los estadounidenses han trabajado con déficit de comercio exterior es porque el resto del mundo ahorra dólares (Wray, 2009b), y para ello le compran menos de lo que les vende. Si el resto del mundo dejase de aceptar dólares, los estadounidenses no podrían seguir trabajando con déficit comercial. A raíz de la contracción económica han disminuido el déficit de comercio exterior (véase gráfica 2.9).

Gráfica 2.9

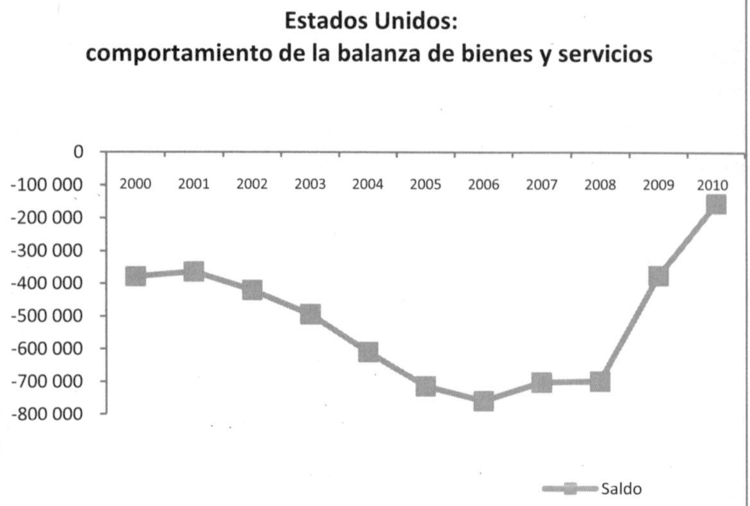

Fuente: BEA.

De ahí que a Estados Unidos le interesa que el dólar siga siendo moneda de curso legal internacional para que continúe siendo aceptado y así poder seguir trabajando con gasto público deficitario, como con déficit de comercio exterior. El problema es que ello es difícil compatibilizar, pues tales desequilibrios, actúan en detrimento de la aceptación del dólar y tienden a debilitar dicha moneda en el mercado de divisas. La ventaja de Estados Unidos y el dólar es que no existe moneda alternativa al dólar que pueda actuar como moneda de curso legal internacional y como reserva internacional, dados los problemas económicos que enfrentan también los países que cuentan con monedas sustitutas, como los países europeos, al igual que Japón. La situación económica de la zona-euro enfrenta mayores problemas, que han actuado en la devaluación de su moneda, llevando a que el capital se refugie en el dólar y ello le da margen a Estados Unidos para flexibilizar su política económica a favor del crecimiento, situación no presente en la zona euro.

Lo financiero vuelve a repuntar, no obstante el rezago de la economía real

Si los mercados financieros han repuntado (véase gráfica 2.1), desde el nivel más bajo alcanzado en la crisis (octubre de el 2008), se explica por la gran liquidez que se ha inyectado a tales mercados, ya que sigue sin haber otras opciones de inversión. Se manifiesta el auge de los mercados financieros en un contexto de recesión económica y posterior bajo crecimiento, así como de aumento del desempleo (vése gráfica 2.10).

Gráfica 2.10

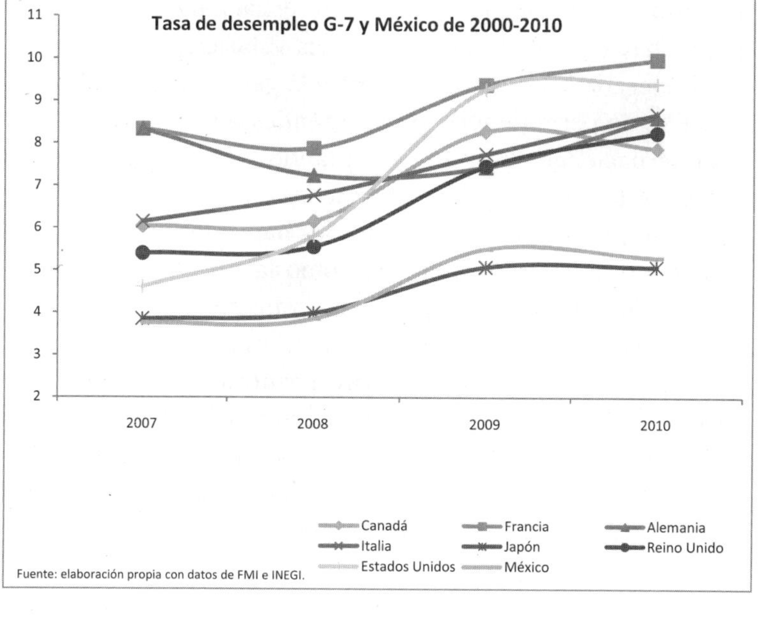

Fuente: elaboración propia con datos de FMI e INEGI.

La gran liquidez inyectada a los mercados financieros como a los bancos e instituciones financieras se ha invertido en el mismo sector. Al no ofrecer el sector productivo condiciones de rentabilidad y crecimiento, no se canalizan los flujos de inversión a este, sino por el contrario, se invierten en los mercados financieros, asumiendo de nuevo posiciones de riesgo, por lo que se da el repunte de tales mercados. Sigue repitiendo el mismo patrón de comportamiento, no obstante las lecciones que se derivan de la crisis.

El rescate bancario-financiero realizado por la Reserva Federal y el Tesoro de Estados Unidos de inyectar liquidez y capital a los mercados financieros y a la banca, así como de comprar cartera mala a estos para mejorar su situación financiera, sólo ha actuado a favor del repunte de los mercados.

La política sigue instrumentándose a favor del sector financiero, el cual responde haciendo lo que sabe, es decir, desarrolla prácticas especulativas, y de ahí que se estén recuperando los mercados financieros internacionales, a pesar de que no hay condiciones reales que los valoricen, es decir, continúa relegada la esfera productiva y la generación de empleo.

Se sigue permitiendo que las grandes instituciones y bancos internacionales continúen actuando igual que antes de la crisis, por lo que se están repitiendo las mismas prácticas, dada la gran liquidez que los gobiernos les han transferido para encarar los problemas financieros. Como las instituciones financieras enfrentaron fuertes pérdidas a raíz de la crisis, y tienen altos niveles de endeudamiento, han aprovechado la liquidez y apoyo recibido por parte de la banca central y las tesorerías de sus gobiernos para emprender de nuevo prácticas de alto riesgo en la perspectiva de lucrar con ello, para resarcir en parte sus pérdidas, lo que explica el nuevo *boom* de las bolsas a nivel mundial, manifestado desde mediados de el 2009 a la fecha.

Las burbujas especulativas amplían nuevamente el diferencial de rentabilidad entre lo financiero y lo productivo, lo que lleva a que los recursos fluyan al primer sector, en detrimento del segundo, por lo que se recrean las condiciones para la manifestación de otra crisis financiera, ya que de nuevo el valor de los títulos financieros no tiene sustento alguno en la riqueza productiva y que no se puede mantener ese nuevo *boom* bursátil, ya que lo financiero no se valoriza por sí solo, tal como se evidenció en la crisis de 2008.

Los bancos grandes están obteniendo ingresos, no porque estén recuperando el reembolso de los créditos, sino porque han vendido activos, así como bancos que habían adquirido antes, como por las políticas de rescate a dicho sector, donde el gobierno está absorbiendo las pérdidas de los activos malos (Tymoigne y Wray, 2009), como por la nueva alza del precio de los activos financieros. A través de los ingresos que están obteniendo, tratan de recomponer sus activos, como rembolsar parte de los préstamos gubernamentales recibidos. El 9 de junio del 2009 se anunció que 10 grandes bancos de Estados Unidos reintegraban 68 mil millones de dólares al gobierno de dicho país que habían recibido por el rescate realizado frente a la crisis financiera. Ello fue como resultado de que los bancos están en contra de las regulaciones que el gobierno quiere imponerles, como las restricciones a los pagos de ejecutivos que impuso el gobierno como condición de tales fondos. El gobierno, a cambio de dichos fondos, había recibido títulos preferentes que pagan dividendos, por lo que al regresar esos recursos, los bancos están recuperando las acciones que le transfirieron al gobierno en el rescate.

Los ingresos que está obteniendo el sector bancario-financiero no son duraderos, pues no tienen sustento en la economía real, y además persisten los problemas de insolvencia que llevaron a la crisis financiera, los cuales pasan a comprometer la *estabilidad* que los mercados financieros han alcanzado como consecuencia de los apoyos gubernamentales brindados.

¿Se ha superado la crisis?

A raíz de la flexibilidad de las políticas monetaria, fiscal y cambiaria, la economía de Estados Unidos muestra indicios de freno a la recesión económica a fines de el 2009, así como reducción del déficit de comercio exterior. A ello se suma el repunte de los mercados financieros como el reembolso de recursos antes señalados que algunos bancos realizan a la Reserva Federal y al Tesoro de EU de los créditos recibidos.

La problemática económica no se resuelve solo a través de la flexibilización de la política monetaria, fiscal y cambiaria. La recuperación económica alcanzada es frágil e insustentable, pues no hay política tendiente a incrementar el ingreso de empresas productivas, el empleo y el ingreso de los trabajadores, para reducir los problemas de insolvencia, lo que impide configurar una dinámica sostenida. Las políticas contra-cíclicas instrumentadas han sido insuficientes para recuperar la dinámica de acumulación en la esfera productiva, evidenciando el caracter sistémico de la crisis.

Hay sectores que presionan porque se reduzca el gasto público deficitario

Los sectores conservadores de EU han venido presionando al gobierno para que reduzca el déficit público, sea a través de incremento de impuestos o para la restricción del gasto, a fin de evitar presiones inflacionarias y altos niveles de endeudamiento. Sin embargo, el fenómeno de la inflación siempre ha estado presente en los planteamientos de tales grupos, que han llevado en otras ocasiones (como a fines de la década de 1990, cuando se dio el auge del mercado de bienes raíces y del mercado de *commodities* en el 2004-2007) a que se instrumenten políticas de alza de la tasa de interés y políticas fiscales restrictivas, para contener la inflación, y sólo originaron aumento de los problemas de insolvencia y precipitaron la recesión y la crisis, dados los altos niveles de endeudamiento existentes, sin que se haya concretado la inflación esperada.

El endeudamiento de Estados Unidos es alto para el sector privado, pero no para el sector público. A inicios de la década de 1930 del siglo pasado, el nivel nominal de la deuda era tres veces más alto que el valor nominal del PIB, en cambio en 2008, era cinco veces más alto, pero el mayor endeudamiento recae en el sector privado y no en el sector público. La relación de deuda privada/PIB en el 2008 fue 3.6, comparada con 0.73 para el gobierno (0.53 para el gobierno federal). La deuda del gobierno es baja en relación con el tamaño de la economía (Tymoigne y Wray, 2009).

El sector privado estadounidense requiere del gasto público deficitario para poder ver incrementados sus ingresos, y su capacidad de reembolso y reducir su relación de endeudamiento. El sector privado tendría problemas si se reduce el gasto público deficitario. El Presidente Obama ha señalado que al final de su periodo gubernamental reducirá el déficit fiscal a la mitad, y de hecho la política fiscal de estímulo está diseñada para operar hasta el 2010.

De ceder el gobierno a las posiciones de los grupos conservadores y proceder a la restricción del gasto público deficitario, frenará la incipiente y frágil recuperación presentada a fines del 2009 y principios de 2010, ya que el gasto público deficitario es lo que está dinamizando la demanda, ante la caída de la inversión y del consumo, y no hay otro motor de crecimiento. No hay perspectivas de que el sector privado y las familias estadounidenses vean incrementados sus ingresos y el empleo y mejoradas las condiciones de reembolso de sus deudas, por lo que éstas permanecerán altas, limitando su capacidad de gasto, de inversión y consumo. Tampoco EU tiene condiciones de que las exportaciones pasen a convertirse en el motor de crecimiento, dado el entorno de recesión del comercio internacional, y porque no tiene condiciones de competitividad en muchas ramas industriales frente a China y otras economías asiáticas.

Si se procede a disminuir el déficit público, la economía podrá reducir las presiones sobre el sector externo y la emisión de deuda pública, pero a expensas de evitar la recuperación económica, lo que seguiría manteniendo latentes y crecientes los problemas de insolvencia que desestabilizarían nuevamente al sector bancario.

El gasto público deficitario podría seguir aumentando para impulsar el crecimiento de dicha economía, sin generar presiones sobre precios, salarios o tasa de interés, dados los crecientes niveles de capacidad ociosa y desempleo (gráfica 2.11) que tiene, por lo que contribuiría a reducir los problemas de insolvencia y a incrementar la inversión privada y el consumo de las familias. Además, la reactivación permitiría incrementar la productividad, lo que evitaría presiones sobre los precios y el sector externo.

Gráfica 2.11

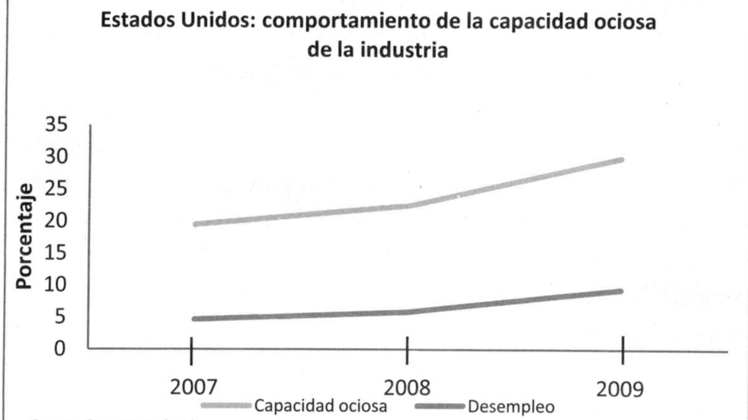

Fuente: Reserva Federal.

El planteamiento de la escuela ortodoxa de que el gasto deficitario del gobierno aumenta la deuda y ocasiona problemas de insolvencia y que incrementa impuestos para encarar el pago de la deuda que se deriva de ello, es no comprender el funcionamiento de un gobierno soberano, que tiene el control de su moneda, y que trabaja con tipo de cambio flexible, donde el gasto público no es controlado por los impuestos, ni por la deuda (Wray, 2009c). Esta se emite para regular la liquidez generada por el gasto deficitario, no para financiarlo. Los impuestos desempeñan igual función: regulan la liquidez para que la moneda del gobierno sea aceptada, y con esta cubren sus obligaciones fiscales. El gobierno gasta acreditando a la cuenta bancaria de los que reciben tales ingresos (Wray, 2009c), es decir, quienes que le venden bienes y servicios al gobierno.

El gobierno estadounidense no tiene problemas de endeudamiento, ya que lo hace en su propia moneda, y refinancia su deuda emitiendo más deuda, la cual es aceptada, dada la solvencia del gobierno. El gasto deficitario actúa a favor del crecimiento, por lo que no se incrementará la relación de endeudamiento, y menos en el contexto de baja tasa de interés, donde ésta estará por debajo del crecimiento del PIB y de los ingresos del sector público, por lo que no hay límite al gasto deficitario, ni al monto de la deuda. Por tanto, puede mantener el gasto deficitario y puede emitir deuda (para regular la liquidez de la economía) sin que ello le complique las finanzas públicas. El mayor gasto público, al reactivar la economía, le permitiría al gobierno ver incrementada su recaudación tributaria, y así manejar la mayor emisión de deuda que realiza, dada la baja tasa de interés. Además, los países que tienen superávit comercial con EU, seguirán adquiriendo los bonos del Tesoro estadounidense, debido a que les interesa la recuperación de tal economía, para seguir creciendo a través de las exportaciones a tal país. Mientras el resto del mundo siga demandando activos denominados en dólares, no hay límite al aumento del gasto público deficitario de EU. Sin embargo, tal posición no está presente en el gobierno de tal país y están predominando las posiciones que llevarán a reducir dicho déficit. Asimismo, si la Reserva Federal, ante la presión de los sectores conservadores, procede a aumentar la tasa de interés, se complicarían los problemas financieros del gobierno como de las empresas e individuos, dados los montos de sus deudas, lo que llevaría a todos ellos a tener que restringir el gasto, inversión y consumo para encarar la mayor carga del servicio de la deuda, por lo que se contraería más la actividad económica.

Necesidad de EU de incrementar las exportaciones

Estados Unidos tiene necesidad de incrementar sus ventas externas, tanto para dinamizar su economía como para reducir el déficit de comercio exterior. En crisis pasadas resolvía esto a costa de trasladar al resto del mundo los déficit comerciales, a través de incrementar sus exportaciones. Hoy en día ello se complica, dado el contexto de bajo crecimiento de la economía mundial y una mayor competencia por los mercados.

No es de extrañar que Estados Unidos regrese a las políticas pasadas, con las cuales los créditos que otorga a otros países sean condicionados a la adquisición de compras de los productos; por lo que más que significar apoyos para la dinámica económica de los otros países, son para reactivar su economía a costa del mayor endeudamiento del resto del mundo. Las políticas de economía abierta que predominan en nuestros países le permite reciclar –a través de sus exportaciones (nuestras importaciones)– los recursos crediticios que otorgan hacia nuestros países. Ello se complica ahora con la participación creciente que los productos asiáticos, sobre todo de China que está en todos los mercados, por lo que le es difícil a EU poder incrementar sus exportaciones y reducir su déficit de comercio exterior y dinamizar su economía.

Las perspectivas son de bajo crecimiento e incertidumbre

Una vez terminada la política de estímulo fiscal, frenará la actividad económica en los EU, ya que ni el sector privado, ni las exportaciones pueden dinamizar dicha economía. El sector privado no podrá ver incrementada la demanda, ni su inversión, sin ayuda del gasto público deficitario. Las familias, ante los problemas de desempleo y bajos salarios, son incapaces de mantener sus niveles de consumo y de servir su deuda, lo que hace que los embargos continúen, así como la caída del valor de las casas, lo que presiona los mercados financieros.

La inflación es difícil que aparezca en el contexto de caída de demanda, de altos niveles de capacidad ociosa, de alto desempleo, de disminución de salarios reales y prestaciones, y menos por el hecho que China y otros países asiáticos exportadores trabajan con monedas subvaluadas que abaratan el precio de sus productos. Así que no se avizoran expectativas inflacionarias. Sin embargo, las prácticas especulativas pueden derivar en inflación de los activos financieros, dada la gran liquidez en los mercados, lo que puede repercutir en alza de precios y de la tasa de interés, lo que agravaría los problemas de insolvencia, trastocaría los mercados financieros y el sistema bancario y más por los bajos ingresos de empresas e individuos.

Mientras no cambie el patrón de acumulación y la política económica que generó la crisis, no se mejorará la dinámica de acumulación en la esfera productiva, ni el empleo y el ingreso de los trabajadores, ni se podrá retomar la disponibilidad crediticia, así como el crecimiento del consumo, la inversión, y el empleo, no se evitará una nueva caída de los mercados financieros y de la actividad económica.

Europa: menos posibilidades de crecimiento que EU

Europa tiene menos viabilidad de flexibilizar su política monetaria y fiscal que los estadounidenses para salir de la crisis, dadas las limitaciones que le impone a la Unión Monetaria Europea (UME). La diversidad de niveles de productividad y competitividad entre países, y el hecho que cada país no tenga control de su moneda, y no pueda devaluar por sí solo, ha llevado a la gran mayoría a tener déficit de comercio exterior y alta deuda (véase cuadros 2.1 y 2.2) lo que les impide tener políticas monetarias y fiscales flexibles a favor del crecimiento, ya que ello comprometería la estabilidad del euro.

Al trabajar todos con la misma moneda, en un contexto donde los niveles de productividad son diferentes, así como la posición de su balanza comercial, se ven obligados a trabajar con políticas monetarias y fiscales restrictivas a fin de evitar las presiones que puedan desestabilizar al euro. Tales políticas no encaran sus diferencias de productividad o competitividad, y se restringe el crecimiento del mercado entre ellos, lo que los lleva a depender más de los flujos de capital y la colocación de su deuda, y ello presiona sobre la tasa de interés. Ante la invia-

Cuadro 2.1
Saldo de balanza de cuenta corriente de algunos países de la Unión Europea, 2000-2009

Año	Francia	Alemania	Grecia	Italia	Portugal	España
2002	19.8	40 584	-9 633	9 483	-10 352	-22 443
2008	-64 776	245 722	-51 216	-78 874	-29675	-153 665
2009	-38 841	160 627	-37 104	-71 270	-22 915	-74 136

Fuente: datos y estadísticas del Fondo Monetario Internacional.

Cuadro 2.2
Deuda del gobierno en algunos países de la Unión Europea, varios años

Año	Alemania	Italia	Francia	Grecia	Portugal	España
2002	59.74	109.18	57.33	103.4	50.5	59.3
2009	73.20	115.80	77.60	115.1	78.6	53.2

Fuente: EUROSTAT.

bilidad de devaluar para disminuir sus déficit comercial, tienen que sacrificar salarios y prestaciones laborales, para reducir costos y así mejorar competitividad, y tienen que contraer mercado interno, para reducir importaciones, que en gran medida son las exportaciones que otros países de la zona euro realizan, generalizándose así un contexto recesivo en dicha zona.

Se reiteran de nuevo los llamados a la mayor regulación financiera

El sistema capitalista se ha caracterizado por crisis financieras severas y de todo tipo. El libre mercado siempre ha generado crisis tras crisis y, en cada una de ellas, surgen llamados a endurecer las políticas de regulación y supervisión del sector bancario y financiero, y se señala que con tales medidas no volverá a presentarse la crisis.

A pesar de las regulaciones instrumentadas, las crisis siguen aconteciendo, lo que evidencia como la creatividad e imaginación desarrolladas por los dueños del dinero, en su afán de mayor acumulación en el menor tiempo posible, rompen y evaden los controles y regulaciones existentes, o éstas son relajadas y flexibilizadas por las autoridades, debido a las condiciones de "estabilidad" alcanzadas, lo que lleva a que se vuelva a repetir la historia de prácticas especulativas y de innovación financiera, que introducen nuevos títulos financieros fraudulentos que desembocan en burbujas especulativas que terminan en crisis financieras.

En la declaración del G-20, reunidos en abril de el 2009, se señala que "los reguladores y supervisores no apreciaron adecuadamente y no encararon los riesgos de la innovación financiera. La regulación constituye la primera línea de defensa en contra de la inestabilidad del mercado... Los reguladores deben asegurar que sus acciones apoyan la disciplina de mercado... apoyo de la competencia, dinamismo y la innovación en el mercado... fortalecer sus prácticas de manejo de riesgo... esclarecer los productos financieros complejos... Se ejercerá fuerte supervisión sobre las agencias calificadoras de crédito. Haremos regímenes regulatorios más eficaces... que no contengan innovaciones y estimulen la expansión comercial en productos y servicios financieros. Reconociendo la necesidad de la regulación del sector financiero, debemos evitar la sobre-regulación que dañe el crecimiento económico y exacerbe la contracción de los flujos de capital". Aquí podemos observar las posiciones moderadas de regulación expresadas por los presidentes del G-20, donde se oponen a una sobreregulación financiera, y no se oponen a la libre movilidad de los flujos de capital, ni a la innovación o la introducción de nuevos servicios financieros, dando pie así a que prosiga la misma política que ha configurado las crisis financieras. El capital financiero se opone a que lo controlen. Si en realidad el G-20 estuviese preocupado por el crecimiento económico, subordinaría al sector financiero a favor del financiamiento del sector productivo y a la generación de empleo, situación en la cual no hubo pronunciamiento alguno.

La regulación no será lo suficientemente estricta de forma que pueda frenar la llamada innovación financiera y el surgimiento de nuevos productos y servicios financieros, que fue justo lo que facilitó las acciones especulativas de emisiones de papeles sobre papeles, sin respaldo de activo real alguno que garantizase el rendimiento ofrecido. Como señala Wray, siempre habrá ingeniería financiera que convenza a los reguladores y supervisores de las bondades y la confiabilidad y seguridad de los nuevos productos y servicios financieros que se vayan elaborando (Wray, 2008). Ello está en la lógica de comportamiento cotidiano de los agentes financieros, por lo que las posiciones moderadas acordadas en el G-20 en relación con redoblar los esfuerzos de regulación y supervisión del sector financiero, para nada vendrán a configurar condiciones de estabilidad de los mercados financieros, y a evitar que las crisis vuelvan a repetirse. Se doblegan las autoridades gubernamentales a los intereses del capital financiero para que no se les coarte, no se limite su margen de acción.

Por su parte, la Reforma Financiera aprobada por el Senado de EU a mediados de julio de el 2010, contempla la disminución de las inversiones y las transacciones riesgosas de los bancos comerciales. Estos podrán seguir vendiendo productos de inversión, por lo que deja la puerta abierta a que se continúen con las prácticas especulativas. Otra de las medidas contempladas es que se instaurará una supervisión de los créditos hipotecarios, y de las tarjetas de crédito, a fin de evitar que se destinen créditos (hipotecarios y al consumo) a sectores insolventes, lo que estuvo presente en la crisis que estalló en el 2007 y 2008. Esta medida no va al fondo del problema, que son los bajos ingresos de las familias que cayeron en cartera vencida, tanto en las hipotecas, como en las tarjetas de crédito. No se dice nada, ni se instrumenta política alguna encaminada a incrementar el empleo o el ingreso de los trabajadores, por lo que el problema de insolvencia sigue estando latente.

Se darán poderes para nacionalizar instituciones financieras en quiebra, y se facilitará la división de grandes bancos en unidades más pequeñas, en caso de peligrar el sistema financiero. Es importante que se proceda a facilitar el tránsito de los grandes bancos, hacia unidades más pequeñas, ya que la crisis ha acentuado el proceso de centralización del sistema bancario, por lo que los grandes bancos han pasado a tener más poder, lo que hace más difícil su control por parte de las instituciones gubernamentales encargadas de supervisar a dicho sector. El plantear que se nacionalizarán a las instituciones en quiebra, en caso de peligrar el sistema financiero, implica la socialización de las pérdidas, práctica muy común en todos los países. Lo que debería contemplar la Reforma Financiera son las medidas de política económica que aseguren niveles de rentabilidad en el sector productivo, para que los flujos de inversión se canalicen a este sector, y no opten por prácticas especulativas que ofrece el sector financiero. Asimismo, se debería asegurar el flujo de ingresos de los deudores, para evitar caer en insolvencia y en fragilidad bancaria.

Se contempla limitar la capacidad de los bancos para invertir ahorro garantizado por el Estado en fondos de alto riego. Ello es importante, mas no suficiente para evitar otra crisis. Se debe controlar el destino de los recursos financieros, los cuales en los últimos años han relegado al sector productivo y han preferido el crédito especulativo hacia los mercados financieros como al consumo y a las hipotecas. Si no se canalizan créditos hacia la esfera productiva y a la generación de empleo de alta productividad y alto ingreso, seguirá el sector financiero, rebasando al sector productivo, y los problemas de insolvencia seguirán latentes, así como la inestabilidad financiera.

La Reforma contempla evitar rescates a las grandes instituciones financieras a costa del los contribuyentes. El problema de ello, es que en cada crisis, el sector que se rescata, es el que origina la crisis, es decir, el sector financiero lo que evidencia el gran poder económico y político que tiene. De hecho, la Reforma aprobada dejó fuera medidas de mayor control y supervisión a dicho sector.

A pesar que la Reforma Financiera aprobada por el Congreso de EU contempla medidas de regulación al surgimiento de títulos provenientes de la innovación financiera, no hay un control para evitar el surgimiento de instrumentos financieros que ofrecen rendimiento sin sustento de activos productivos y que resultan fraudulentos y en crisis recurrentes. Nos dice Kregel que: "Las políticas deben ser diseñadas para minimizar la creación de activos financieros adicionales y la inestabilidad financiera" (Kregel, 2008a).

Las medidas que contempla la Reforma Financiera en EU no terminarán con las prácticas especulativas que realiza el sector financiero, ni reestructuran a dicho sector para que canalice créditos hacia sectores productivos y a la generación de empleo.

Alternativas para la salida a la crisis

1. La estabilidad financiera debe sustentarse en la dinámica productiva

La frágil estructura del sistema financiero no se resuelve trasladando recursos a la banca, para su capitalización, sino que se tienen que encarar los problemas de insolvencia derivados de la desvalorización de activos como de la disminución de ingresos de los deudores. Al rezagarse el sector productivo del sector financiero, se compromete el reembolso de las deudas y la valorización de los títulos financieros. Para salir de la problemática creada, tiene que valorizarse primero lo productivo. El gobierno debe orientar su política para desarrollar la capacidad productiva e incrementar el empleo, incrementar el ingreso de empresas e individuos, para así asegurar condiciones de solvencia para encarar los problemas financieros y para retomar nuevamente la disponibilidad crediticia; "El paquete de rescate es requerido para evitar pérdidas reales, no financieras" (Wray, 2008).

El apoyo no debe ser a los bancos, sino a las empresas productivas y a la gente. Esta deben ver incrementados sus ingresos para que tengan capacidad de reembolso a sus deudas, como para invertir e incrementar el consumo. Ello beneficiaría al sistema bancario como al productivo y a la generación de empleos.

Se tiene que asegurar expectativas de mercados dinámicos y condiciones de rentabilidad en la esfera productiva, para valorizar nuevamente los precios de los activos reales, así como mejorar el ingreso de empresas e individuos para generar capacidad de reembolso de la deuda.

Para que el dinero de hoy sea cambiado por más dinero mañana, tiene que haber bases reales que lo sustenten, sean de producción de bienes y servicios para el mercado interno o externo, y no en factores ficticios (especulativos), los cuales desaparecen al cambiar las expectativas de la economía. Así, el crédito que se otorga esperando un reembolso incrementado en el futuro tiene que estar destinado a la producción de bienes y servicios para asegurar la generación de riqueza y los flujos de ingresos capaces de asegurar los pagos que se derivan de dicho crédito.

No se puede alcanzar la estabilidad de la estructura financiera y retomar la disponibilidad crediticia si no están garantizadas las condiciones de crecimiento que aseguren el flujo de ingresos y de reembolso de las deudas y la valorización de los activos financieros.

Al encarar las empresas e individuos su cartera vencida, se actuaría a favor de la capitalización de los bancos, como de la valorización de los activos y acciones de los bancos y de los bienes raíces, y de la valorización de los títulos financieros. Es decir, tal medida contribuiría a favor de la dinámica económica, como de la estabilidad del sector bancario y financiero y permitiría expandir la disponibilidad crediticia a favor del crecimiento de la inversión y del consumo. Ambas situaciones están mancomunadas. Señala Minsky que: "Si los flujos de ganancias son sostenidos, entonces la inhabilidad para validar las deudas será limitada y los precios de los activos de capital no pueden caer" (Minsky, 1986b).

Mientras más se posterguen las políticas a favor de la dinámica de acumulación de la esfera productiva, proseguirán los problemas de ingreso de las empresas y menos posibilidad habrá para aumentar la inversión y la actividad económica y de que se restablezcan los precios de los activos y las condiciones de reembolso de la deuda y la disponibilidad crediticia.

Sin mejores niveles de rentabilidad en el sector productivo, no se incrementa el empleo. Para que el sector privado genere empleos, estos tienen que redituarle más de lo que invierte en su contratación. De ahí la importancia de que la esfera productiva ofrezca condiciones de rentabilidad superiores a la esfera financiero-especulativa, para estimular la inversión y la generación de empleo en tal sector. Los salarios deben estar en función del crecimiento de la productividad a fin de restaurar el poder de compra de las familias después de tantos años de estancamiento salarial. De no ser absorbido todo el desempleo existente, este debe ser resuelto por programas de empleo del gobierno.

2. La regulación del sector financiero es necesaria, pero no suficiente para salir de la crisis

No se puede dejar al mercado el manejo de lo financiero. No puede continuar la hegemonía del capital financiero, dado que ello afecta la dinámica económica y la generación de empleo y configura contextos de crisis económicas sucesivas y cada vez más profundas. "Lo financiero es tan importante e inestable, que no puede ser dejado a los banqueros" (Gutman, 2008).

Las fuerzas del mercado no son estabilizadoras. El contexto de libre mercado, de libre movimiento de mercancías y capitales y la política macroeconómica de estabilidad que le acompaña, más que estabilizar la economía, la llevan a acelerar su inestabilidad y crisis.

Las fuerzas del mercado buscan la ganancia. El mercado es comandado por el capital financiero, o los manejadores del dinero –que buscan la forma más expedita de incrementar su riqueza–, priorizan prácticas especulativas, asumen altas posiciones de riesgo que terminan marginando la esfera productiva y desestabilizando los mercados financieros. Nos dice Minsky que: "La historia indica que el manejo de los mercados financieros no puede ser dejado a las fuerzas del mercado. Las intervenciones...pueden hacer las cosas mejor" (Minsky, 1986a).

Las fuerzas del mercado no buscan el desarrollo de las fuerzas productivas, ni mucho menos el pleno empleo, ni mejorar las condiciones de vida de la mayoría de la población.

La crisis actual evidencia una vez más que la economía no puede ser regulada por las libres fuerzas del mercado. La salida a la crisis demanda un quiebre. Se requiere retomar el control de la política económica a favor del sector productivo y del pleno empleo y subordinar lo financiero a estos propósitos.

La restauración y la estabilidad financiera no se alcanzarán a través de meras medidas de regulación y supervisión. Detrás de la inestabilidad financiera están los problemas que llevaron a que el sector productivo dejara de ser atractivo a los flujos de inversión (tales como apertura comercial generalizada y la baja competitividad, el bajo crecimiento del mercado interno conformado por la baja dinámica del poder adquisitivo salarial, así como por las políticas monetarias y fiscales restrictivas) y de la actitud especulativa del capital financiero incentivada por el proceso de desregulación y liberalización financiera.

La salida a la crisis pasa por subordinar al sector financiero a favor de la economía real, y del pleno empleo, así como por instrumentar políticas que acompañen y viabilicen dicho proceso. La recomposición de la economía pasa por regular al sector financiero para evitar prácticas especulativas que desquicien lo productivo. El gobierno, en lugar de seguir defendiendo los intereses del capital financiero, debe regularlo y controlarlo para que otorgue financiamiento a favor de la esfera productiva.

A fin de favorecer el destino de créditos a la esfera productiva, se podría otorgar tasa de interés a las reservas bancarias para premiar a tales bancos y no la recibirían los que no favorecen al sector productivo.

Se debe contemplar el uso de la ventana de descuento y de la tasa de descuento que cobran los banco centrales a los bancos en su solicitud de recursos, para ejercer una política diferenciada en función del riesgo percibido por los activos que fomentan dichos bancos, como de los sectores hacia los cuales destinan sus créditos, a fin de incentivar los prestamos a aquellas actividades productivas estratégicas y generadoras de empleo. Debe estar presente un impuesto a los especuladores, en relación con las ventas de las transacciones financieras (títulos financieros de todo tipo, así como de deuda, acciones, derivados, etcétera) y a la movilidad de capitales financieros, a fin de desincentivar y frenar la economía casino (Pollin, 2008).

Asimismo, los bancos centrales deben establecer requerimientos de reservas en el sistema bancario y financiero, dado que desempeñan un papel importante para actuar como amortiguador, en el sentido de aligerar el crecimiento crediticio, en los periodos de exceso de liquidez, como la caída del crédito, en contextos de falta de liquidez (D'Arista, 2009). Ello a fin de evitar excesos de liquidez que puedan propiciar expansiones crediticias injustificadas, así como *booms* especulativos. Asimismo, tal autora añade que las reservas, y no el capital, son un amortiguador y son una pieza invaluable en el sistema de pagos. "En 1951 había un sistema bancario estable, en el que 11% del total de los depósitos bancarios eran cubiertos por reservas. El porcentaje hoy es menos de un décimo de 1%."(D'Arista). En el mismo sentido Wray dice que: "Las reservas requeridas son justificadas sobre la base que las reservas son activos sanos y que estos dan al Banco Central el control de la oferta monetaria" (Wray, *The Political Economy of the Current US Financial Crisis*). Tal política regularía la liquidez y evitaría fuertes inversiones y salidas especulativas, que pudiesen desestabilizar al sistema financiero, y le permitiría a este mayor estabilidad frente a problemas de insolvencia. Sin embargo, tal planteamiento debe realizarse en contextos de estabilidad y crecimiento económico, justo para regular la liquidez y la expansión crediticia. Instrumentar tal política de aumento de reservas bancarias en el actual contexto de recesión y de crecientes problemas de insolvencia viene a restringir más la disponibilidad crediticia de los bancos y a profundizar los problemas de insolvencia y la recesión económica.

Se debe exigir que se mantengan fondos de reserva en efectivo, en proporción a los activos de alto riesgo que se tengan en sus portafolios. Esto puede desincentivar a las empresas a mantener cantidades excesivas de activos de riesgo y sirve como un amortiguador de efectivo que se puede utilizar cuando caiga el mercado. El mismo principio aplica en el caso de títulos financieros comprados con fondos prestados. Medidas como éstas desincentivan prácticas especulativas y pueden presionar a las instituciones financieras a canalizar el crédito a proyectos de inversión productiva. Entre estas medidas podría exigirse que las inversiones a realizar en el mercado de capitales se mantengan en las acciones adquiridas por cierto periodo de tiempo, así como exigir depósitos bancarios por el mismo monto de la inversión realizada en los mercados bursátiles, entre otras medidas. Nos dice Palley que: "Intentar cortar la especulación aumentando la tasa de interés, puede infligir serios daños colaterales en la economía real. Esto suguiere regulación del sector financiero basado en requerimientos de reservas" (Palley, 2007).

El problema es político, ya que el capital no quiere que se limite su libre movilidad, la cual se da en función de buscar mejores opciones de inversión y, al hacerlo, termina desestabilizando a los mercados financieros de donde sale. La libre movilidad de los capitales hace que los gobiernos apliquen políticas a favor de tal capital, para que no se vaya de su país, lo que implica dejar de tener margen de maniobra para flexibilizar la política económica a favor del sector productivo y del empleo.

3. La importancia de mejorar el ingreso de las familias para la salida de la crisis

Considerando que el consumo mantiene una proporción de alrededor de 72% del PIB de EU, la dinámica de dicho país está íntimamente relacionada con el comportamiento del consumo. Al no mostrar los salarios un gran crecimiento, ha ocasionado bajo dinamismo de la demanda y de la actividad económica. El consumo se incrementó a través de la deuda. Las familias cayeron en sobreendeudamiento y ahora están con problemas de insolvencia que han restringido la disponibilidad crediticia. Ello los obliga a disminuir el consumo para pagar sus deudas, por lo que caen las ventas de las empresas y con ello la actividad económica. Ello aumenta el desempleo, lo que se traduce en menores ingresos de las familias y en menor consumo, retroalimentando la tendencia decreciente de la actividad económica.

De ahí que el énfasis de la política económica debe descansar en el aumento de empleo y salarios, lo cual, además de aumentar el consumo, permitiría hacer frente a la carga del servicio de sus deudas hipotecarias y de consumo que enfrentan las familias, lo que actuaría a favor del precio de las casas como de la valorización de los activos financieros respaldados por hipotecas. Ello mejoraría a su vez los activos de la banca y de aquellas instituciones que tienen en sus haberes dichos títulos. Al mejorar el precio de las casas, los poseedores de estas podrán nuevamente ser sujetos de crédito, ya que sus activos valen más y tienen capacidad de respuesta para encarar el pago de sus adeudos. Minsky señalaba en 1986 que: "Cuando las hipotecas de las familias son la base de los instrumentos securitizados internacionales, entonces los salarios y el empleo, en vez que las ganancias y los precios de los *commodities* internacionales, llegan a ser las variables económicas subyacentes que deben ser mantenidas para generar el flujo de efectivo para sustentar algunos activos financieros internacionales" (Minsky, 1986a).

Para incrementar el empleo y el ingreso de los trabajadores, se requiere sobre todo de gran expansión del gasto público y que este tenga un gran efecto multiplicador interno a favor de la producción nacional y del empleo. Es decir, se debe evitar filtraciones de demanda hacia el exterior para que el incremento del gasto público favorezca la demanda hacia los productores establecidos internamente. Al mejorar el ingreso de empresas e individuos, se avanzaría en la autosuficiencia en sus necesidades de inversión y consumo para disminuir su dependencia de los créditos y frenar la transferencia de ingresos que se realiza a favor de los acreedores financieros.

Por más que en el G-20 y en la (APEC) se reitere que no se deben instrumentar políticas proteccionistas, estas son indispensables para asegurar efectos multiplicadores internos del mayor gasto público para que las empresas puedan ver incrementadas sus ventas y sus ingresos. Creer que se puede encarar los problemas actuales, manteniendo el libre comercio y la libre movilidad de capitales, refleja la falta de diagnóstico certero de los factores que están detrás de la crisis actual.

Junto a lo anterior, el gobierno debería dar refinanciamientos favorables a las familias de las hipotecas problemas, que enfrentan alta carga de la deuda en relación con su ingreso. Ello frenaría los embargos y la devolución de casas y la caída de su precio como de los títulos emitidos con respaldo a dichas hipotecas. Debe realizarse a tasas de interés accesibles y reembolsables. Se debe apoyar a las hipotecas residenciales para que se preserve la propiedad de las casas y evitar que sigan cayendo su precio (Wray, 2008).

Al mejorarse el empleo y el ingreso de las familias, se frenarían los créditos hipotecarios en insolvencia, así como los embargos y la venta de casas y la caída del precio de las mismas, lo que contribuiría a mejorar el valor de los activos financieros que se emitieron con respaldo de esas hipotecas. Ello contribuiría a disminuir los problemas financieros de las instituciones poseedoras de los títulos con respaldo en hipotecas.

Bibliografía

D'Arista, J., 2009, *Setting on Agenda for Monetary Reform*, en Political Economy Research Institute, University of Massachusetts Amherst, núm. 190, Jan.

Edwin, A., 2008, *Quashing the financial Firestorm*, www.bepress.com, oct.

Galbraith, J., 2006, "The Fiscal Facts: Public and Private Debts and the Future of the American Economy", The Levy Economics Institute of Board College, Policy Note, núm. 2.

Galbraith, J., 2009, "Lessons from the New Deal", Conferencia dictada en el Economic Policy Subcommittee of the Committee on Banking Housing and Urban Affairs, del Senado de Estados Unidos, 31 de marzo.

Guttman, R, 2008, "The Crisis of Finance Led Capitalism", artículo presentado en su conferencia celebrada en el Instituto de Investigaciones Económicas, UNAM, los días 29 y 30 de septiembre.

Huerta, A, 2009, *Hacia el colapso de la economía mexicana*, Ed. UNAM.

Hudson, M. 2008, «Bankers shake Down Congress and the G-20.» en www.counterpunch.org/, 17 de noviembre.

Kregel, J., 2008a, "A Simple Proposal to Resolve the Disruption of Counterparty Risk in Short-Term Credit Markets", en The Levy Economics Institute of Board College, Policy Note, 2008/ 4 de octubre.

Kregel, J., 2008b, "Minsky's Cushions of safety: Systemic Risk and the Crisis in the US Subprime Mortage Market". The Levy Economics Institute of Board College, Public Policy Highlights No. 93A.

Minsky, H., 1986a, *Stabilizing an Unstable Economy*, en New Haven, Yale University Press.

Minsky, H., 1986b, "Global Consequences of Financial Deregulation". The Levy Economic Institute of Board College, Working Paper, no. 96.

OCDE, 2009, Global Recession: How Should Policy Respond? Editorial, Interim Outlook, March 30th, of Klaus Schmidt-Hebbel, Chief Economist, 2009.

Palley, T., 2007, "Financialization: What Is and Why It Matters", The Levy Economics Institute of Board College, Working Paper, no. 525.

—, 2008a, "Why Federal Reserve Policy is Failing?", en www.thomaspalley.com, 6 de octubre.

—, 2008b, "Saving the financial system", en www.thomaspalley.com, septiembre.

—, 2009, "A Second Great Depreesion is Still Possible", en www.thomaspalley.com, octubre.

Papadimitriou, D. y Wray, R., 2008, "Time to Bail Out: Alternatives to the Bush-Paulson Plan", en The Levy Economics Institute of Board Collage, Policy Note, no. 6.

Papadimitriou, D. y Hannsgen, G., 2009, "Recent Rise in Federal Goverment and Federal Reserve Liabilities. Antidote to a Seculative Hangover", en The Levy Economics Institute of Board Collage, Strategic Analysis, abril.

Pollin, R., 2008, Ending casino capitalism, "The Nation", octubre 13.

Stiglitz, J., 2008, «We aren't done yet: Comment on the Financial Crisis and the Bailout.» en www.bepress.com/ev, octubre.

Tymoigne, E. y Wray, R., 2009, "It isn't working: Time for more Radical Polices", en The Levy Economics Institute of Bard Collage, Public Policy Brief Higlights, no. 105, noviembre.

Veneroso, F., 2009, *US Economy Financial Crisis: The Late Stage Mortgage Armageddon* (Mimeo).

Wray, R., 1998, The Political Economy of the Current US Financial Crisis, en P. Arestis, & M. Sawyer, *The Political Economy of Economic Policies*, Macmillan, págs. 106-161.

Wray, R., 2007, "Lessons from the Subprime Meltdown", en The Levy Economics Institute of Board Collage, Working Paper, no. 522, diciembre.

Wray, R., 2008, "Financial Markets Meltdown: What Can We Learn from Minsky?", en The Levy Economics Institute of Board Collage, Public Policy Brief Highlights, núm. 94A, Sep.

Wray, R., 2009a, "The Right Side of the Leverage", en TPMcafe-BookClub, 14 de abril.

Wray, R., 2009b, "An alternative view of finance, saving, deficits and liquidity". The Levy Economics Institute of Bard Collage, Working Paper, núm. 580.

Wray, R., 2009c "The Return of Big Government". The Levy Economics Institute of Board College, Public Policy Brief, núm. 99.

Capítulo 3

La economía mexicana en el contexto de la crisis de EU

La crisis de México es inherente a las políticas económicas predominantes

La crisis en México se gestó antes de la manifestación de la crisis económica de EU

La crisis que enfrenta la economía mexicana evidencia el fracaso de las políticas de liberalización económica (que permiten la libre movilidad de mercancías y capitales y la internacionalización de los mercados de capitales) y de los fundamentos macroeconómicos como estrategia de estabilización y crecimiento.

El contexto de liberalización y desregulación financiera ha llevado a privilegiar políticas macroeconómicas de estabilidad –altas tasas de interés, disciplina fiscal y apreciación del tipo de cambio– tendientes a conformar condiciones de confianza y rentabilidad deseadas por el capital financiero. Tales políticas han actuado en detrimento de los factores internos de acumulación y han llevado a la economía a depender del comportamiento de las variables externas, colocándola en un contexto de alta vulnerabilidad.

Es por ello, que al manifestarse la crisis en la economía estadounidense y al caer la dinámica de nuestras exportaciones como los flujos de recursos y de capitales al país, se desestabilizaron los mercados y las variables macroeconómicas internamente, y con ello a la crisis a la economía, ante la inexistencia de factores endógenos para encararla.

El proceso de "financierización" de la economía tiene el control de la política económica

El contexto de globalización, dominado por la liberalización financiera, ha configurado el proceso de "financierización" de la economía, que lleva al predominio del sector financiero sobre el resto de la economía, así como a disciplinar la política económica a las exigencias de estabilidad de la moneda, con la cual trabaja el capital financiero, y de ahí el porqué se privilegia la estabilidad del tipo de cambio y la convertibilidad de la moneda a la paridad existente.

El proceso de financierización de la economía favorece las ganancias del sector financiero y la canalización de recursos hacia dicho sector en detrimento del sector productivo. Se retroalimentan e incentivan prácticas especulativas en el sector financiero en la perspectiva de incrementar las ganancias rápidas, expeditas, que incrementan el valor de los activos financieros e incentiva posiciones de riesgo y acciones especulativas, que hacen que el sector financiero expanda su dinámica de acumulación y su esfera de influencia. En la gráfica 3.1 vemos el gran comportamiento de la Bolsa Mexicana de Valores a partir de fines del 2003, que desembocaría en la crisis de el 2008. Asimismo, desde enero de el 2004 se observa en la gráfica 3.2, cómo el sector de servicios financieros crece muy por arriba del resto de los sectores de la economía. La contraparte del auge bursátil y de la expansión del sector financiero es el rezago del sector productivo, los bajos salarios reales, altos niveles de endeudamiento, presiones crecientes sobre el sector externo (véase gráfica 3.3), así como requerimientos crecientes de entrada de capitales, así como un bajo crecimiento económico (gráfica 3.4), que ponen en duda las ganancias especulativas y las condiciones de estabilidad deseadas por el sector financiero.

Gráfica 3.1

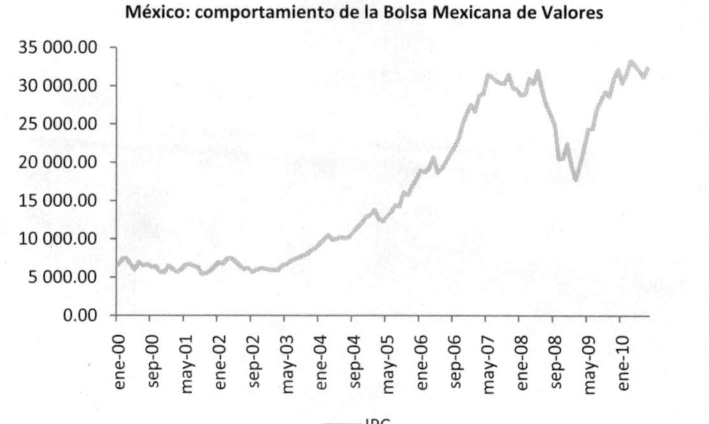

Fuente: Banco de México.

Gráfica 3.2

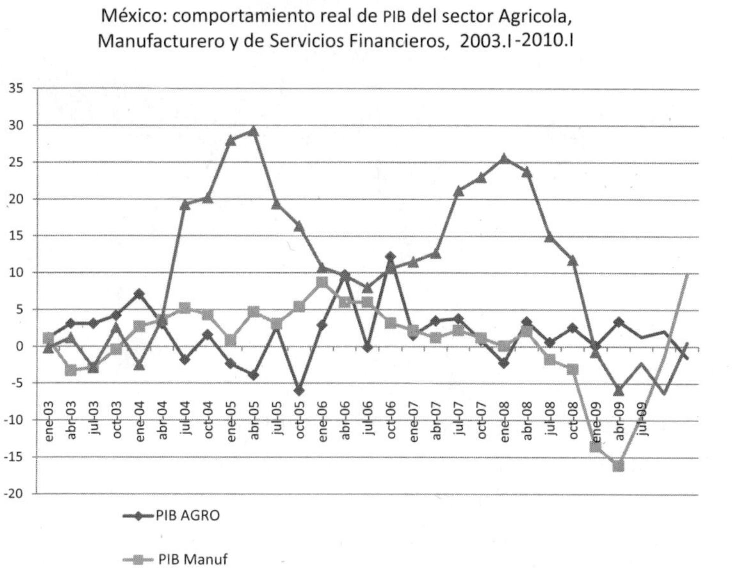

Fuente: Banxico.

Gráfica 3.3

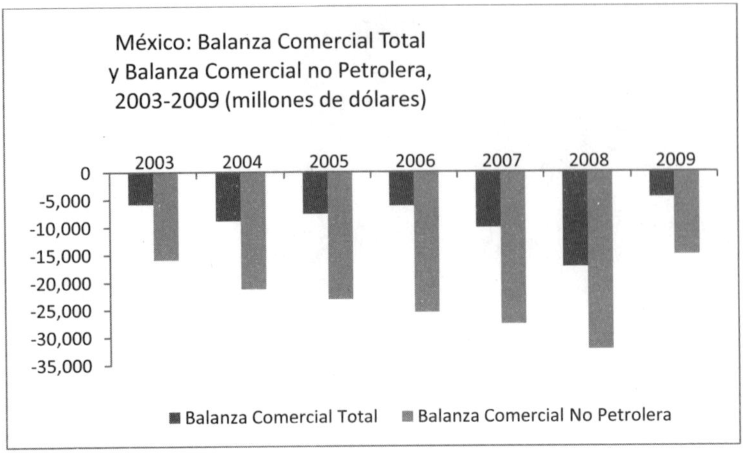

Fuente: Banxico y CEFP.

Gráfica 3.4

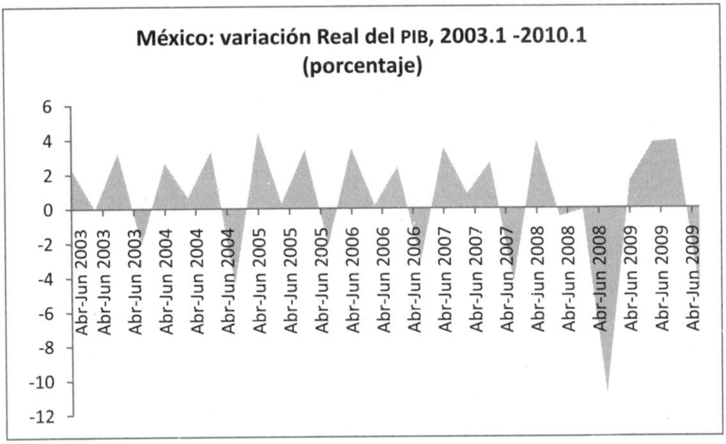

Fuente: Banxico.

La economía se coloca en un contexto de alta vulnerabilidad, tanto en torno a la entrada de capitales, como por el hecho de que lo financiero se distancia mucho del comportamiento del sector productivo, debido a que esto es insostenible. Lo financiero no se valoriza en un contexto de rezagos crecientes del sector productivo y de los ingresos de empresas y de los trabajadores, quienes caen en problemas de insolvencia y comprometen la estabilidad financiera.

El gobierno ha tratado de evitar fluctuaciones del tipo de cambio que puedan alterar las condiciones de confianza deseadas por el capital financiero que puedan desatar acciones especulativas. Al no tener la economía condiciones endógenas para ello, se establecen políticas macroeconómicas de estabilidad y reformas estructurales orientadas a ampliar la esfera de influencia del capital externo en nuestra economía, para estimular la entrada de capitales, tener reservas internacionales suficientes para estabilizar el tipo de cambio y mandar señales de solvencia al capital externo, en el sentido de que cualquier presión sobre el sector externo y salida de capitales, no afectará la estabilidad cambiaria o a la convertibilidad a dicho tipo de cambio. En ello se ubican las políticas de autonomía del banco central y la disciplina fiscal, lo cual va orientado a evitar presiones de demanda sobre precios y a abrir espacios de inversión al sector privado, para que fluya el capital al país, para viabilizar la estabilidad cambiaria y la reducción de la inflación.

Se pierde el manejo soberano de la política económica

La liberalización financiera, así como los mayores requerimientos de entrada de capitales, le quitan al gobierno el control de la moneda y de la política económica. Esta tiene que actuar a favor de la entrada de capitales, y de los mercados financieros internacionales, para aumentar las reservas internacionales. Para ello tiene que mantener un diferencial de tasas de interés interna por arriba de la de Estados Unidos para que el capital venga, y no se vaya. Asimismo, el gobierno procede a trabajar con disciplina fiscal para ampliar la participación del sector privado en la economía, y así atraer capital con el mismo propósito. Ello está encaminado a incrementar las reservas internacionales para que guarde una relación alta con la oferta monetaria, de forma tal que asegure la convertibilidad de la moneda al tipo de cambio existente (véase cuadro 3.1).

Cuadro 3.1

Reservas internacionales y su relación con M1[a,] 2000-2008

Año	R1/M1
2000	59.6
2001	60.3
2002	67.7
2003	78.8
2004	66.3
2005	75.7
2006	74.7
2007	81.0
2008	80.0
2009	76.0
2010	76.1

[a]/ M1 representa Billetes y monedas en poder del público, cuenta de cheques de bancos residentes en moneda nacional y en moneda extranjera, depósitos en cuanta corriente y depósitos a la vista de las sociedades de ahorro y préstamo.
* Marzo de 2010.
Fuente: elaborado con datos de Banxico.
Nota: se realizo transformacion de las Reservas Internacionales de Dolares a Pesos de acuerdo al tipo de cambio promedio de cada año.

Al tener que trabajar con tipo de cambio estable a favor del capital financiero, se colocan límites a la política monetaria y fiscal, ya que se circunscriben a asegurar dicha estabilidad. El gobierno deja de tener política económica para el crecimiento. No se puede aumentar la liquidez de la economía, ni incrementar el gasto público, que pueda incrementar la actividad económica, ante el temor de que ello pueda presionar sobre el sector externo, provocar salida de capitales y menor entrada de estos, que comprometa la estabilidad del tipo de cambio.

El crecimiento económico y el pleno empleo dejan de ser objetivos de la política económica. Esta prioriza la reducción de la inflación, a costa de sacrificar el crecimiento endógeno de la economía y de aumentar las presiones sobre el sector externo, lo que lleva a la ecónomía a depender del comportamiento de las exportaciones como de los flujos de recursos y de capitales, y la hacen más vulnerable al comportamiento de tales variables.

La economía cae en un círculo vicioso, ya que se tiene que establecer una política económica a favor de las condiciones de "estabilidad" deseadas por el capital financiero, a costa de privatizar y extranjerizar al país y de desatender la condiciones internas para el crecimiento, lo cual mantiene las presiones sobre el sector externo, por lo que se pasa a depender más de tales flujos de capital. Es decir, se recurre a estos para contrarrestar las deficiencias financieras internas como para encarar el déficit externo, derivado de las políticas económicas predominantes.

Las políticas monetaria y cambiaria están subordinadas a los intereses del capital financiero

Al fijar el banco central su objetivo de estabilizar el poder de compra de la moneda, a través de la estabilidad del tipo de cambio, pierde el manejo soberano sobre la moneda, por lo que la economía pasa a depender de los flujos de recursos y de capitales. Ello obliga a que la tasa de interés esté en función de los niveles deseados por los mercados financieros internacionales, lo que se establece por arriba de la tasa de interés internacional (de la de EU y de Europa). En tal contexto, el costo de la deuda crece por arriba que el ingreso nacional, es decir, su capacidad de pago; con lo cual aumentan los problemas de insolvencia de empresas y familias, y presiona sobre las finanzas públicas en detrimento de la actividad económica nacional.

Como el banco central no puede controlar la oferta monetaria, dado que esta depende de los requerimientos de liquidez que demandan las transacciones económicas, la política monetaria se centra en la tasa de interés. A través de esta, se promueve la entrada de capitales para que contribuyan a la estabilidad del tipo de cambio, y a su vez se regula la demanda y oferta de reservas bancarias que debe tener la banca comercial, a fin de no expandir la liquidez y la disponibilidad crediticia de la economía que puedan comprometer el objetivo de baja inflación (Wray, 2009a).

Las políticas macroeconómicas de estabilidad reducen la inflación a cambio de configurar una distorsión de precios relativos, dada la alta tasa de interés y la apreciación de la moneda nacional (véase gráfica 3.5, y cuadro 3.2), que actúa a favor del capital financiero, y en detrimento del sector productivo y de la dinámica económica, dado que atenta sobre la competitividad de la producción nacional.

Gráfica 3.5

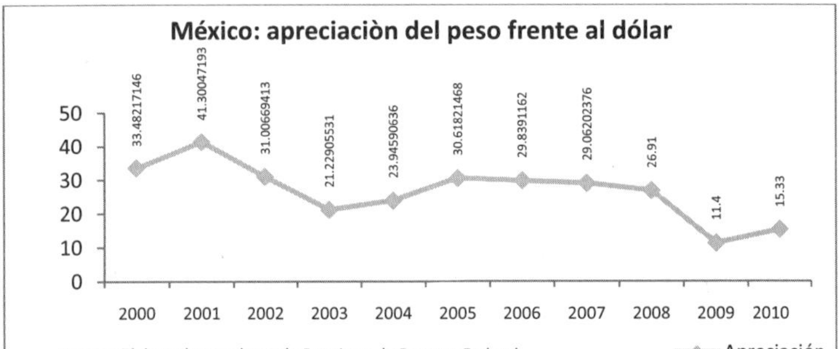

Fuente: Elaborado con datos de Banxico y la Reserva Federal.

Cuadro 3.2

Apreciación del peso frente al dólar*, varios años

	Paridad del poder de compra	Tipo de cambio nominal	Apreciación
2000	12.36	9.46	33.50
2001	12.78	9.34	41.30
2002	13.21	9.66	31.00
2003	13.51	10.79	21.20
2004	13.77	11.29	23.90
2005	13.85	10.89	30.60
2006	13.91	10.90	29.80
2007	14.06	10.93	29.10
2008	14.24	11.15	26.90
2009	15.03	13.49	11.40
2010**	14.59	12.65	15.30

*Promedio Anual; ** Promedio mensual a mayo.

2/ se refiere al tipo de cambio ajustado al diferencial de precios de México y EU, principal socio comercial, tomando como base 1996 = 100, ya que en dicho año se presentó un superávit comercial.

Fuente: elaborado con datos de Banxico, y Federal Reserve.

Nota: PPP de el 2009 y 2010 obtenido multiplicando el tipo de cambio nominal por el INPC (Méx) y dividido entre el IPC (EU) base 1996.

Con la paridad cambiaria predominante el se favorece el capital financiero, pues ve asegurada su rentabilidad, al mantenerse la estabilidad de la moneda que él controla. Lo que es bueno para el capital financiero, actúa en detrimento de lo productivo, pues dicha paridad cambiaria abarata las importaciones. Se favorecen los comercializadores y consumidores de los bienes importados e incentiva a los productores a preferir insumos importados frente a los nacionales, a fin de reducir costos y mejorar la competitividad, a costa de relegar la producción nacional, de romper cadenas productivas, aumentar el desempleo y el déficit de el comercio exterior. Ello, junto a las políticas restrictivas que disminuyen las presiones de demanda sobre precios, conforman un proceso de competencia que disciplina a los productores nacionales para reducir la inflación, a costa de descapitalizar y desplazar a la agricultura y a la industria manufacturera nacional, por lo que la demanda se filtra hacia las importaciones, lo que ocasiona una asignación de recursos contra el sector productivo nacional, y a favor de quienes nos venden desde el resto del mundo. Las empresas nacionales pasan a estar en el peor de los mundos posibles. No pueden encarar el proceso de competencia frente a las importaciones, ni enfrentan una dinámica del mercado interno debido a las políticas macroeconómicas de estabilidad. Los consumidores favorecidos por importaciones baratas –terminan muchos de ellos desempleados– como resultado del cierre de las empresas nacionales que fueron desplazadas por los productos importados.

El aumento del poder de compra del peso (la apreciación de la moneda) afecta los ingresos de las empresas productivas y, por tanto, del crecimiento de la inversión y la generación de empleo, así como su capacidad para hacer frente al pago de su deuda. De ahí que Tymoigne señale que: "Más que el poder de compra del dinero, la gente se preocupa del poder financiero del dinero, es decir, de la capacidad para encarar los compromisos financieros cuando ellos se vencen" (Tymoigne, 2008), evidenciando la disfuncionalidad que ha representado la apreciación del tipo de cambio al sector productivo. El ingreso de las empresas de este sector se ve afectado, lo que incrementa sus problemas de endeudamiento y la cartera vencida, lo que presiona sobre el sector bancario y restringe la disponibilidad crediticia, contribuyendo a reducir el consumo, la inversión y la actividad económica. Asimismo, tal paridad cambiaria incrementa el déficit de comercio exterior, y nos lleva a depender más de las variables externas (exportaciones, remesas e inversión extranjera).

La tasa de interés es una variable distributiva a favor de los acreedores, en detrimento de los deudores, ya que estos tienen que transferir mayores recursos a los primeros. Los menores ingresos de los deudores implica descapitalización, menor consumo e inversión, lo que frena la actividad económica. Por su parte, los mayores ingresos de los acreedores no se traducen en mayor demanda (dada su menor propensión a gastar), sino en mayor flujo de recursos hacia el sector financiero, por lo que no se contrarresta la caída de demanda de los deudores y se contrae la actividad económica. La política monetaria restrictiva actúa en detrimento de las finanzas del sector privado no financiero, como de las finanzas públicas, dado el mayor costo de la deuda. Ello limita el consumo y la inversión y frena el crecimiento de la economía.

Se demuestra así la importancia que tiene el nivel de la paridad cambiaria y de la tasa de interés, tanto en la asignación de recursos como en su impacto sobre el balance del sector comercial externo, en los ingresos de empresas e individuos, en la capacidad de inversión y consumo así como para cubrir las obligaciones financieras, el comportamiento de los precios de los activos y en las caracteristicas que asume la dinámica económica.

La tasa de interés y el tipo de cambio pueden actuar a favor de lo productivo o de lo financiero. Cuando se privilegia la estabilidad cambiaria –que termina apreciando la moneda nacional–, se configuran precios relativos a favor de lo financiero, como de la cuenta de capitales de la balanza de pagos, ya que promueve la entrada de capitales financieros. En cambio, tal política actúa contra la esfera productiva y la balanza de comercio exterior, debido a la pérdida de competitividad.

Las aperturas comercial y financiera, y la "estabilidad" *macroeconómica son posibles debido a la entrada de capitales*

Las políticas predominantes de apertura comercial y financiera, así como las políticas macroeconómicas de "estabilidad" –tal como autonomía del banco central, la política monetaria restrictiva, la estabilidad del tipo de cambio y la disciplina fiscal–; no se han sustentado en torno a factores endógenos, sino en variables externas, tal como el crecimiento de exportaciones, de remesas y la entrada de capitales. La economía no cuenta con condiciones productivas, financieras y macroeconómicas para la estabilidad del tipo de cambio y la apertura económica. La entrada de capitales es la que mantiene nuestra inserción en el proceso de globalización.

Al tener buen desempeño, las variables externas, tal como el alza internacional del precio del petróleo, las remesas, y la inversión extranjera (véase cuadro 3.3), actúan favorablemente sobre los fundamentos macroeconómicos del país. Así, el superávit de la balanza comercial petrolera ha contribuido a reducir el déficit de comercio exterior (véase gráfica 3.6). A ello se suman la entrada de inversión extranjera como las remesas y actuan favorablemente sobre el sector externo. Los recursos de las reservas internacionales son tanto resultado del excedente petrolero como del proceso de extranjerización de la economía, de créditos interbancarios entre bancos centrales y por deuda externa, lo que ha contribuido a estabilizar el tipo de cambio. El alza internacional del precio del petróleo ha tenido un impacto positivo en los ingresos públicos, evitando caer en déficit fiscal.

Cuadro 3.3

México: Exportaciones petroleras y no petroleras, Remesas e Inversión extranjera Directa (IED), 2000-2009

	Petroleras	No petroleras	Remesas	IED
2003	18.602	146.164	15.041	16.579
2004	23.667	164.332	18.331	23.811
2005	31.891	182.342	21.689	22.351
2006	39.022	210.903	25.567	19.946
2007	43.018	228.857	26.069	27.440
2008	50.656	240.687	25.137	23.683
2009	30.901	198.806	21.181	12.522

Fuente: CEFP.

Gráfica 3.6

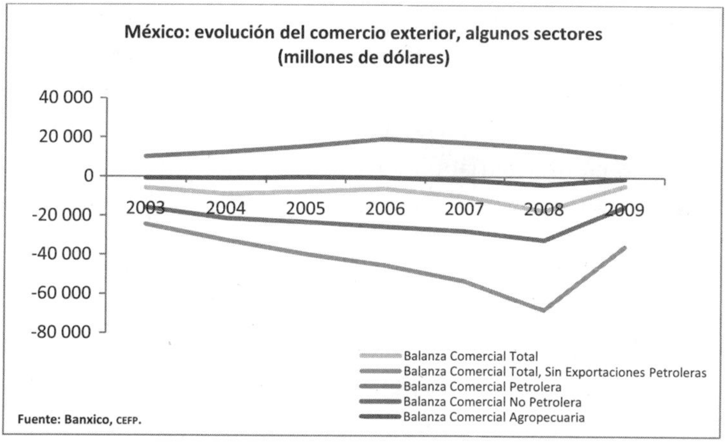

Se evidencia la fragilidad en que se encuentra la economía nacional, así como nuestra inserción en el proceso de globalización, ya que al dejar de operar positivamente las variables externas, no habría condiciones para la operatividad de tales variables. Además está el hecho que tales flujos de recursos no han impulsado las variables endógenas para sustentar el crecimiento y la estabilidad cambiaria; no se han canalizado a la esfera productiva, por lo que no se incrementa la productividad, ni disminuye el déficit de comercio exterior, para garantizar las condiciones de reembolso que se derivan de la entrada de capitales, por lo que la economía pasa a estar en una situación de alta vulnerabilidad, ya que al dejar de venir capitales suficientes, la economía no tendrá condiciones de realizar el ajuste del sector externo, ni para cubrir los pagos que demanda dicha entrada de capitales; dada la baja productividad y los grandes rezagos productivos generados, lo cual nos llevará a devaluación y recesión para generar ahorro forzoso y así cubrir dicha deuda.

Tales capitales incrementan las reservas internacionales, lo que aprecia la moneda, disminuye la competitividad, aumenta el déficit comercial externo, por lo que se recicla al exterior la entrada de capitales. Los recursos de las reservas internacionales están depositados en bonos del Tesoro de EU, con lo cual pasa a financiar los déficit macroeconómicos de dicho país y a apoyar al dólar, además de contribuir a impulsar el consumo y la dinámica de la principal potencia del mundo, en lugar de que tales recursos estuviesen impulsando la dinámica económica nacional.

Al sustentarse la apertura económica y la estabilidad del tipo de cambio en la entrada de capitales, resultan muy caras al país, pues ello obliga a mantener una política económica a favor de tales capitales, la cual desatiende la esfera productiva nacional, aumenta las presiones sobre el sector externo y los requerimientos de entrada de capitales y con ello se reproduce dicho círculo.

El déficit de comercio exterior derivado de la apertura comercial como de la falta de competitividad de la producción nacional crea flujo de pesos que le permiten a los poseedores de los mismos –los que nos venden productos desde el resto del mundo– comprar activos denominados en pesos. Es decir, el déficit externo se cubre a través de la venta de activos nacionales, sea por entrada de capitales o por intercambio de los pesos en poder del resto del mundo por dichos activos. Hasta ahora se ha mantenido la apertura comercial, la estabilidad cambiaria y el libre movimiento de capitales, porque la moneda nacional ha sido aceptada, y por los flujos de capital al país, dados los activos o sectores de inversión rentables –Pemex, CFE, infraestructura, el sector bancario y financiero, entre otros– que se ofrecen a cambio.

La política macroeconómica de estabilidad y el proceso de extranjerización para favorecer la entrada de capitales reproducen el deterioro de las condiciones endógenas de acumulación, las presiones sobre el sector externo y aumentan los requerimientos de entrada de capitales.

Cuando el país deje de ofrecer activos atractivos para adquirir o para invertir en ellos, el resto del mundo dejará de aceptar pesos y de venir al país; por ello el déficit comercial tiene que reducirse a través de políticas restrictivas, ante la inviabilidad de financiarse, cuestionando la apertura comercial al no poder mantener la libre movilidad de capitales y la estabilidad del tipo de cambio, dado que se especulará contra la moneda nacional.

La política fiscal subordinada a los objetivos trazados por el banco central y el sector financiero

Para la operatividad de la autonomía de los bancos centrales, los gobiernos tienen que trabajar con disciplina fiscal. Para que la política monetaria logre la estabilidad del poder de compra de la moneda, la economía tiene que asegurar la entrada de recursos que aseguren la estabilidad del tipo de cambio, y tal disciplina fiscal contribuye a la entrada de capitales.

La autonomía del banco central impone disciplina a las finanzas públicas para impedir la monetización del gasto deficitario, que presionaría sobre los precios y el tipo de cambio. De ahí que tienen que estar entrelazadas las políticas monetaria y fiscal para mantener la credibilidad de la reducción de la inflación y la estabilidad del tipo de cambio, tanto para evitar presiones de demanda sobre precios como para abrir espacios de inversión al capital extranjero –a través de la disciplina fiscal– para que este fluya al país.

Dicha política ha llevado a reducir la participación del Estado en la economía y a incrementar la del sector privado, sin que ello se traduzca en mayor crecimiento económico, ya que el sector privado pasa a invertir, donde el gobierno deja de hacerlo, implicando solo un cambio patrimonial y no de incremento de la capacidad productiva.

En el enfoque convencional, la disciplina fiscal contribuye al crecimiento, ya que al reducir la demanda por crédito, se baja la tasa de interés y se incrementa la disponibilidad crediticia al sector privado, lo cual estimula la inversión, contrarrestando así el efecto recesivo que ocasiona la disminución de demanda que se instrumentó para alcanzar tal disciplina, por lo que la actividad económica se dinamiza. Sin embargo, la disminución de la tasa de interés no acontece, ya que la disciplina fiscal, al disminuir el gasto, restringe la liquidez y los depósitos y reservas bancarias, lo cual presiona al alza a la tasa de interés, por lo que la actividad económica se restringe, tanto por la contracción de demanda, como por los efectos negativos que se derivan del alza de la tasa de interés. Además, la disciplina fiscal, al disminuir las presiones sobre precios y al ampliarle la esfera de influencia al capital extranjero en la economía, contribuye a la apreciación del tipo de cambio. Ello reduce la competitividad de la producción nacional, incrementa el déficit de comercio exterior y reduce el ingreso de empresas e individuos; y el ahorro nacional, a diferencia del postulado ortodoxo de que la displina fiscal reduce el déficit comercial, aumenta el ahorro y contribuye a la dinámica económica.

Los ingresos de empresas e individuos se reducen también por la contracción del mercado interno derivado de la política de disciplina fiscal. Tal situación lleva a las empresas a dejar de ser sujetos de crédito, a diferencia del enfoque convencional que señala que habría mayor disponibilidad de créditos para ellos al trabajar el gobierno con disciplina fiscal.

De tal forma, las políticas monetaria y fiscal actúan a favor de la estabilidad del tipo de cambio, no de la estabilidad de la economía, ya que tales políticas atentan sobre la competitividad, el crecimiento del mercado interno, la esfera productiva, el sector externo y la dinámica económica, colocándola en un contexto de alta vulnerabilidad externa.

El déficit de comercio exterior acentuado por la disciplina fiscal –ya que esta contribuye a la reducción de la competitividad, tanto porque atenta sobre el crecimiento de la inversión como porque aprecia el tipo de cambio– lleva a la economía a depender de factores externos y obliga al gobierno a mantener altas tasas de interés para estimular la colocación de deuda que financie dicho déficit y evitar así presiones sobre el tipo de cambio, lo que acentúa más la contracción de la economía. Ello recrudece los problemas de cartera vencida –tanto por los menores ingresos, como por el alto costo de la deuda–, lo que lleva a los deudores, a restringir inversión y consumo para poder cubrir parte de sus deudas y evitar ser embargados, por lo que se contrae la actividad económica.

Las políticas macroeconómicas de 'estabilidad' no propician condiciones endógenas de acumulación y crecimiento: aumentan la dependencia de la entrada de capitales

Las políticas de liberalización y desregulación comercial y financiera, conjuntamente con las políticas macroeconómicas de estabilidad, atentan contra el mercado interno como sobre los niveles de competitividad de la producción nacional, y nos colocan en desventaja frente al flujo de mercancías y capitales. Ello descapitaliza y afecta la posición financiera de las empresas e incrementa el déficit de comercio exterior, lo que lleva a la economía a frenar su crecimiento y a descansar en la entrada de capitales para financiar dicho déficit y para tener así, reservas internacionales que apuntalen la estabilidad cambiaria.

Se estabiliza el tipo de cambio y se reduce la inflación a costa de disminuir el mercado interno y de llevar a la economía a depender de la demanda externa, como de los flujos de capital, lo que ha llevado a establecer políticas económicas a su favor, como a acentuar el proceso de extranjerización para estimular la entrada de capitales.

Las políticas macroeconómicas de "estabilidad" y las reformas estructurales

Ante la inviabilidad de las políticas macroeconómicas de conformar condiciones endógenas de estabilidad, crecimiento económico y empleo, las autoridades siempre han demandado la aprobación de reformas estructurales –que se derivan de la venta y extranjerización de activos nacionales– para promover la entrada de capitales. Ello, junto con el *boom* petrolero y lo que ingresa por remesas, como por el narcotráfico, es lo que ha permitido mantener la paridad cambiaria, la baratura de importaciones y la baja inflación en el país. Tales flujos de capital como la política económica establecida configuran mejores niveles de rentabilidad en el sector financiero en relación con la esfera productiva, por lo que los capitales fluyen más a la esfera financiero-especulativa, generando los *booms* en dicho mercado.

Con tales reformas el gobierno redujo en forma significativa su participación en los sectores estratégicos donde operaba. Con la reforma petrolera, el gobierno queda como contratista, y será en mayor medida la inversión privada –sobre todo la extranjera– la encargada del desarrollo de dicho sector. Lo mismo acontece en la infraestructura, donde el proceso de privatización ha venido creciendo en forma alarmante, tanto en el control de ferrocarriles, aeropuertos, carreteras, puertos, etcétera. Ello se ha justificado bajo el principio de incrementar la eficiencia, productividad, competitividad y crecimiento de la economía. Sin embargo, tales objetivos no se han concretado, pues por el contrario, los flujos de inversión propiciados por las reformas estructurales, no se han traducido en mayor capacidad productiva, ni el incremento de la productividad, ni del empleo.

Entre las reformas estructurales sobresale la realizada al sistema de pensiones, la cual permite que tales fondos pasen a ser controlados y manejados por las instituciones financieras privadas y participen en la BMV, para el beneficio de ellas, poniendo en riesgo el valor y el cumplimiento de las jubilaciones de los trabajadores. Las reformas al sistema de pensiones permiten que sea el sector financiero y no el gobierno, el que maneje dichos recursos. El canalizar tales recursos a la bolsa, y no a la esfera productiva, contribuyó a la mayor liquidez en dicho mercado y al alza de precios de los activos financieros. La valorización de tales recursos depende del comportamiento del mercado de capitales, por lo que cualquier caída de estos afecta la jubilación de los pensionistas. Ese entorno de desregulación, de privatización, de concesiones crecientes al sector privado en todos los sectores de la economía nacional no se ha traducido en mayor crecimiento económico y bienestar para la gran mayoría del país, sino por el contrario, han proliferado prácticas especulativas que buscan la maximización de las ganancias en el menor tiempo posible, lo cual ha polarizado la concentración de la riqueza en manos de unos cuantos a costa de marginar la esfera productiva, de aumentar el desempleo, de deteriorar los mecanismos de seguridad laboral y la prestación de servicios públicos, que nos han llevado no solo a la crisis económica que hoy enfrenta el país, sino al creciente deterioro de las condiciones de vida de la mayoría de la población y de sus estándares de seguridad en todos los niveles.

Tales reformas, han sacado al gobierno y al sector privado nacional de la esfera productiva y financiera, favoreciendo la extranjerización de la economía. El sector financiero es controlado en mayor medida por la banca extranjera. Lo mismo acontece con las inversiones que participan en el sector petrolero y eléctrico en el país.

Economistas ortodoxos –como Montiel y Servén– señalan que: "Mientras la estabilidad macroeconómica no sea suficiente para conducir el proceso de crecimiento... este rol tiene que ser desempeñado con varias políticas e instituciones que formen las oportunidades e incentivos para impulsar las actividades de crecimiento". Tal posición evidencia que las políticas macroeconómicas de estabilidad son incapaces por sí solas para alcanzar los objetivos de crecimiento, por lo que se pronuncian por promover entradas de capitales para así incrementar la inversión, como para afianzar la estabilidad macroeconómica y del tipo de cambio. Ello nos conduce al círculo vicioso que nos lleva a actuar en contra de la esfera productiva nacional y a depender más de la entrada de capitales.

Los flujos de capital actúan a favor del sector financiero

Las políticas macroeconómicas de estabilidad, al generar mejores niveles de rentabilidad en el sector financiero en relación con el sector productivo, hace que los inversionistas busquen opciones de inversión en dicho sector, por lo que pasa a recibir mayores flujos de recursos.

Las políticas macroeconómicas de *estabilidad*, junto a las llamadas reformas estructurales, llevan a los agentes económicos a tomar más riesgos, lo que propicia prácticas especulativas que generan *booms* financieros-especulativos, que distorsionan la asignación de recursos en detrimento de la esfera productiva, el empleo y el crecimiento. Se ubicaba así el país bajo el comportamiento de una economía casino, donde las mayores ganancias eran ofrecidas en la BMV y en la banca, configurándose así el llamado proceso de "financierización".

En la actual etapa de la globalización, es lo financiero lo que determina y evalúa el comportamiento de la economía. Es por ello que predomina la política de estabilidad cambiaria, de disciplina fiscal y las reformas estructurales que actúa a favor de dicho capital, para estimular entrada de capitales y tener acceso a los mercados financieros internacionales para obtener recursos para mantener nuestra inserción en el proceso de globalización. Sin embargo, ello no actua a favor de la dinámica económica. Mientras la BMV crecía más de 35.4% anual entre el 2003 y 2007 –y el presidente en turno decía que México estaba bien, porque a la bolsa le iba bien–, la economía mexicana crecía en 3.8% promedio anual, y el sector manufacturero a 1%

promedio anual. Tal posición se dio también el los países desarrollados, donde se decía que "la salud de la economía nacional dependía del crecimiento en bienes raíces y las finanzas, [pero] nadie en Washington tuvo ningún incentivo en cuestionar lo que estaba pasando" (Johnson, S., 2009).

La entrada de capitales adquiere empresas ya existentes a través de la compra de acciones en la Bolsa de Valores, por lo que no se incrementa la capacidad productiva y hace que se distancie más el mercado especulativo en relación con el comportamiento de la economía.

La expansión que se presenta en algunas empresas no se da tanto por el incremento de su capacidad productiva, sino a través de un proceso de fusiones y absorciones, que se realizan tanto a través de la BMV como en forma directa, donde las más fuertes tienen capacidad para adquirir a las que no tienen viabilidad de hacer frente a la competencia. Asimismo, las grandes empresas, en su afán de maximizar ganancias –y contrarrestar las menores ganancias de la esfera productiva–, diversifican su portafolio de inversiones a favor de inversiones financiero-especulativas.

La desregulación bancaria lleva a que la economía sea manejada por los dueños del dinero

La reforma estructural instrumentada en el sector financiero a inicios de la década de 1990, fue la de liberalizar y desregular dicho sector, terminando así con los mecanismos de control y regulación que existían respecto a la asignación de los créditos, como del funcionamiento de los bancos. Se deja al mercado la regulación de dicho sector, dando poderes para que los manejadores del dinero determinaran el comportamiento de la economía. Son ellos los que pasaron a decidir el libre movimiento y uso de los capitales, la determinación de las tasas de interés con que trabaja la banca, las comisiones que cobraban, y los instrumentos financieros para captar y prestar recursos.

Con la liberalización y desregulación del sistema bancario mexicano, se eliminaron también las reservas bancarias, lo que otorgó mayor liquidez al sistema bancario, propiciando mayor expansión crediticia y mayores prácticas especulativas por parte de la banca que, al no cumplirse las expectativas esperadas, desembocaron en la crisis de dicho sector en 1995, y, no obstante ello, no se reguló dicho sector. Se establecieron solo reservas preventivas sobre los depósitos, pero después se fueron diluyendo.

Al determinar la banca el destino de los créditos, incide en las características que va asumiendo la economía nacional. Nos dice Standpunk que: "Los bancos... son el centro de poder económico que determina el curso del capitalismo" (2008). La estabilidad cambiaria, la disciplina fiscal, los *booms* bursátiles, el incremento de la disponibilidad crediticia a favor de lo no productivo, reflejaban cómo el sector financiero es el que conduce la política económica y gana con ella.

Los factores externos positivos estimularon la expansión crediticia y la especulación

La estabilidad de precios, junto al entorno generado por el *boom* petrolero y la gran entrada de recursos por remesas e inversión extranjera, generaron en nuestro país un clima de confianza, que redujeron la incertidumbre. Ello vino aparejado con el contexto de las políticas contracíclicas instrumentadas en EU para encarar la recesión económica del periodo 2001-2003, donde se expandió la liquidez y disminuyó la tasa de interés, lo que junto con las expectativas optimistas antes mencionadas, llevó a la banca nacional a bajar la tasa de interés y a expandir el crédito a partir del 2004, lo que favoreció al mercado de capitales, a la especulación en bienes raíces así como al consumo, los cuales pasaron a ser 2.4 veces superiores al asignado al sector manufacturero (Huerta, 2009).

Se marginaron los créditos a la esfera productiva por ofrecer menos niveles de rentabilidad y menos condiciones de reembolso, por lo que muchas empresas no pudieron hacer frente al capital de trabajo y a la inversión para modernizar el aparato productivo, debido a las decisiones tomadas por la banca. Tal situación complica la posición financiera del sector productivo, ya que depende del crédito debido a su baja dinámica de acumulación, lo que se debe a la política macroeconómica de estabilidad predominante, donde la disciplina fiscal y la estabilidad cambiaria juegan un papel importante. Tal política afecta las ganancias del sector productivo, lo que hace que deje de ser sujeto de crédito por su falta de condiciones de reembolso de la deuda. Al no recibir créditos, no puede incrementar su inversión para modernizar su esfera productiva para hacer frente al proceso de competencia frente a importaciones, por lo que pasa a tener menos condiciones de reembolso, y a ser sujeto de crédito y por ello muchas salen del mercado. Las que permanecen están en un contexto de alta vulnerabilidad, en función del comportamiento de la tasa de interés y del ingreso, y terminan en problemas de insolvencia y restringiendo la inversión.

Por más que se decía que la liberalización y desregulación financiera propiciarían mejor asignación de recursos, menor tasa de interés, menor inestabilidad y mayor crecimiento económico, tal situación no se dio.

La "estabilidad" y el *boom* financiero incentivan prácticas de alto riesgo y de expansión crediticia, confiados en que esa "estabilidad" conformaría condiciones de crecimiento y de reembolso. Bajo la creencia que la baja inflación existente no configuraría problemas de insolvencia, la banca expandió los créditos a partir del 2004 (véase gráfica 3.7) y se flexibilizaron las medidas de cautela y protección de los mismos, confiados en que los ingresos y ganancias ofrecidas y esperadas se concretarían.

Gráfica 3.7

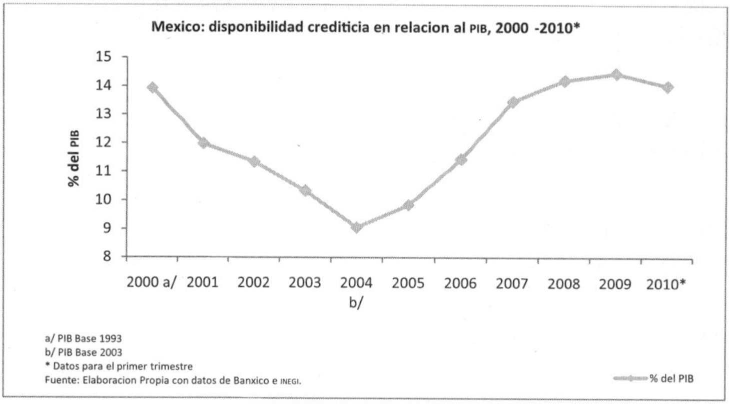

La banca prefería especular, otorgando créditos caros al consumo, y ganar a partir de los que cumplían con el pago de sus obligaciones. Ello se da aparejado al hecho que los individuos han recurrido al crédito para contrarrestar sus bajos salarios y satisfacer sus necesidades de consumo. Los bajos niveles salariales no limitaron el crecimiento del consumo, ya que las demandas de crédito al consumo fueron atendidas, pero a costa de pagar altas tasas de interés. El crédito al consumo favoreció más las importaciones –lo que incrementó el déficit de comercio exterior– y no la producción nacional, ni el empleo.

El sector bancario-financiero ha sido disfuncional a la dinámica económica, tanto por cobrar altas tasas de interés e impulsar una asignación distorsionada de los créditos en detrimento del crecimiento económico así como por asumir posiciones especulativas de alto riesgo, en su búsqueda de ganancias expeditas de corto plazo, sabiendo que el gobierno lo rescata en caso de crisis.

Al no estar regulado el sector bancario por el banco central, ni por la CNVB, ha realizado los manejos deseados por ellos en la búsqueda de la maximización de sus utilidades y no la satisfacción de las necesidades de financiamiento al menor costo posible para el usuario.

Las políticas macroeconómicas de "estabilidad" aumentan el sobreendeudamiento de la economía

El endeudamiento y la insolvencia son retroalimentados por la política económica predominante, ya que atenta sobre el empleo y sobre el ingreso de empresas e individuos, empujando a estos a recurrir a la deuda para sortear sus problemas financieros.

Predomina la alta relación de endeudamiento, dado el bajo crecimiento económico y los bajos ingresos de los deudores como por las altas tasas de interés que enfrentan las deudas.

El problema se agranda cuando la demanda generada por el crédito al consumo no se canaliza básicamente hacia la producción nacional, sino que va principalmente hacia bienes importados, dada la apertura comercial y la apreciación del tipo de cambio predominante. Ello evitó que la expansión crediticia y de la demanda (que ello generó), ocasionara presiones inflacionarias, lo cual se dio a costa de incrementar el déficit de comercio exterior y de impedir que se generaran efectos multiplicadores internos a favor de la esfera productiva y del ingreso de empresas e individuos, lo que terminó por no asegurar el reembolso de los créditos y de la entrada de capitales.

Tales créditos eran funcionales a la producción y al empleo de los países de donde vienen los productos que importamos, que son los mismos a los que pertenece la banca que otorgó el crédito, la que se favoreció, además, por las tasas de interés que cobraron por tales créditos. A ello se añade el hecho que los bancos ganan porque adquieren los activos nacionales que nuestro país se ve obligado a vender para financiar el mayor déficit de comercio exterior propiciado por tales créditos.

Se evidenciaba lo contraproducente y transitorio de la expansión crediticia al consumo, ya que no asegura el reembolso de tales créditos.

La liberalización comercial actúa contra la esfera productiva, el sector externo y el crecimiento de salarios

Se justificó la apertura comercial como esencial para promover la modernización del aparato productivo, la eficiencia y productividad, así como para mejorar la asignación de recursos, el crecimiento económico y el empleo. Sin embargo, el resultado ha sido el rompimiento de cadenas productivas, la desindustrialización, la descapitalización del sector agrícola, la pérdida de autosuficiencia alimentaria, las crecientes presiones sobre el déficit de comercio exterior no petrolero, el bajo crecimiento de la economía nacional y la mayor vulnerabilidad externa, lo que evidencia el fracaso de los mitos de la liberalización y desregulación comercial.

Las presiones sobre la balanza de comercio exterior impiden que la reducción de la inflación se traduzca en menores tasas de interés y en mayores salarios reales, para favorecer la inversión y la demanda. Se mantiene alta tasa de interés para promover la entrada de capitales para financiar el déficit externo y a su vez se prosigue con bajos salarios (véase gráfica

3.8) para evitar presiones sobre precios, que puedan afectar más la posición competitiva del país.

Gráfica 3.8

Fuente: Tercer Informe de Gobierno 2009 y OCDE.

La globalización y el proceso de competencia han actuado en contra del crecimiento de salarios a nivel mundial. Las inversiones tienden a fluir hacia países de bajos salarios, para abaratar el costo de sus productos. Se configura un proceso de competencia en los mercados laborales que se ha traducido en bajos crecimientos de salarios –hasta caída de estos– y en la disminución de prestaciones laborales, a fin de disminuir costos para mejorar competitividad y atraer inversiones para incrementar exportaciones, como para encarar importaciones.

Ello ha sido facilitado por la disminución del poder sindical, dado el aumento del desempleo y la reducción del trabajo formal. Los bajos salarios y las menores prestaciones laborales han contribuido a la reducción de la inflación, como a las bajas tasas de interés (Bibow, 2004).

El no crecimiento de los salarios reales afecta el crecimiento del consumo, lo que lleva a las familias a recurrir al endeudamiento para satisfacer sus necesidades, situación aprovechada por la banca, por lo que expande dicho crédito a altas tasas de interés.

Las ganancias que obtienen las empesas por los bajos salarios que pagan –muy por debajo del crecimiento de su productividad– no se han reinvertido en la esfera productiva, sino que se han canalizado al sector financiero para ofrecer mejores niveles de rentabilidad, por lo que los menores salarios no se traducen en aumento de empleo, como dice la teoría convencional. A su vez, ello reduce la demanda y con ello la producción y el empleo.

Domina el efecto de disminución de demanda sobre el de la reducción de los salarios –encaminado este a reducir costos y mejorar competitividad para estimular la inversión y el empleo–, por lo que el resultado es aumento del desempleo. Los menores salarios no llevan a los empresarios a aumentar el empleo, ya que las ganancias en la esfera productiva no son altas. Una empresa genera empleo si este le produce más ingreso del que invierten en su contratación, por lo que si ello no se presenta, prefieren invertir sus recursos en el sector financiero.

A pesar de la reducción de la inflación y de la tasa de interés, no se aumenta la inversión, ya que la política antiinflacionaria se ha sustentado en políticas monetarias y fiscales restrictivas, de disminución de salarios y en la apreciación cambiaria, lo que ha reducido la demanda, aumentado los niveles de capacidad ociosa, desestimulando ello las decisiones de inversión.

Las políticas que acompañan la liberalización económica han atentado sobre el crecimiento de mercado interno, la modernización de la planta productiva y la competitividad, por lo que han configurado un contexto donde el precio de los activos de las empresas –determinado por los ingresos futuros que se derivan de ellos– es menor que el precio de producción –fijado por el valor de producirlo– (Minsky, 1993), por lo que no se realiza la inversión y se frena la dinámica de acumulación, y de crecimiento.

La apertura comercial y la política de estabilidad macroeconómica predominante nos han llevado al pasado, en el sentido de que nuestra dinámica económica depende nuevamente de las variables externas, como acontecía antes de la Gran Depresión de 1929-1933.

Creció la deuda más que la actividad económica y la capacidad de reembolso

Se expandió el crédito de el 2004 al 2008 sin existir condiciones macroeconómicas y de crecimiento que asegurasen el reembolso de los créditos. En el caso del crédito al consumo, de el 2004 a fines de el 2006 superaba al crédito otorgado al sector manufacturero (véase gráfica 3.9), y además, no estaba creciendo el empleo ni los salarios, por lo que los ingresos de los deudores no crecían en los niveles en que lo hacía la expansión crediticia y el costo de la deuda, por lo que no estaba garantizado el reembolso de las deudas otorgadas, lo que evidencia las posiciones de riesgo asumidas por la banca que, ante los problemas de cartera vencida presentados, se tuvo que restringir drásticamente dichos créditos.

Se dio una actitud "imprudencial y depredadora" de los bancos, al otorgar crecientes créditos al consumo, sin evaluar la capacidad de pago de los deudores.

Gráfica 3.9

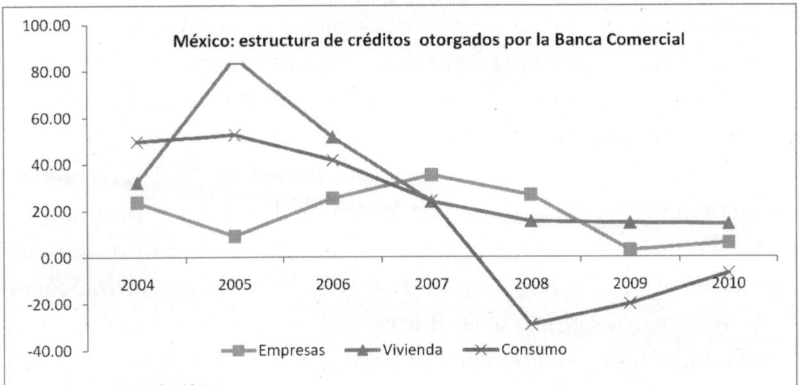

Fuente: Banco de México.

Las autoridades no consideraron ni consideran que la política predominante no asegura las condiciones de reembolso de los créditos que la banca otorga. No calcularon el riesgo de su comportamiento crediticio, ni de las altas tasas de interés que cobran, las cuales resultan impagables, dado el bajo o nulo crecimiento de los ingresos de los deudores.

No se percatan que las condiciones de estabilidad que los lleva a incrementar el crédito y a especular es sustentada en políticas monetarias y fiscales restrictivas, que disminuyen el crecimiento del mercado interno, que junto al proceso de liberalización económica y abaratamiento de los productos importados –por la apreciación de nuestra moneda, y la subvaluación de los principales países que nos venden los productos–, actuan en detrimento de la competitividad de la producción nacional y afectan el crecimiento de ingreso de empresas e individuos, por lo que no se configuran las condiciones de reembolso de las deudas otorgadas.

Los bancos compiten unos contra otros para colocar el mayor número de tarjetas de crédito sin importar el historial crediticio de los deudores, ni las expectativas del crecimiento del ingreso de estos. La competencia no ha sido por quien presta mas barato, o quien cobra menores comisiones por los servicios que presta. El aumento del crédito no impactó en el mayor ingreso de empresas e individuos, dado que la política predominante filtra la demanda hacia las importaciones.

La política macroeconómica antiinflacionaria a favor de lo financiero termina siendo contraproducente para el propio sector bancario-financiero. Al ser marginada la dinámica de acumulación de la esfera productiva, se favorece al sector bancario y financiero, debido a la alta relación de endeudamiento que se conforman por los bajos ingresos de empresas e individuos. Ello en principio se traduce en mayor transferencia de recursos hacia los dueños del dinero y retroalimenta el desarrollo del sector bursátil y los mercados especulativos, y las ganancias de la banca, pero a la larga se configuran problemas de insolvencia que desestabilizan al sector bancario-financiero.

La economía dependiente de factores externos

Alta dependencia en relación con el comportamiento de la economía de EU y de los mercados financieros

La economía cayó en una alta dependencia del acontecer de la economía estadounidense. Ante la falta de crecimiento del mercado interno, derivado de la política fiscal de austeridad dirigida a disminuir las presiones inflacionarias, las exportaciones pasan a constituirse como una variable tendiente a contrarrestar tal situación, para alcanzar cierto crecimiento de la economía: 80% de nuestras exportaciones se destinan al mercado de EU (véase gráfica 3.10). En cambio, las importaciones provenientes de dicho país están disminuyendo, a cambio del aumento significativo de las que vienen de China (véase gráfica 3.11). Las empresas transnacionales se abastecen de sus insumos de Asia, para realizar el proceso de ensamblado en el país y de aquí exportar al mercado estadounidense.

Gráfica 3.10

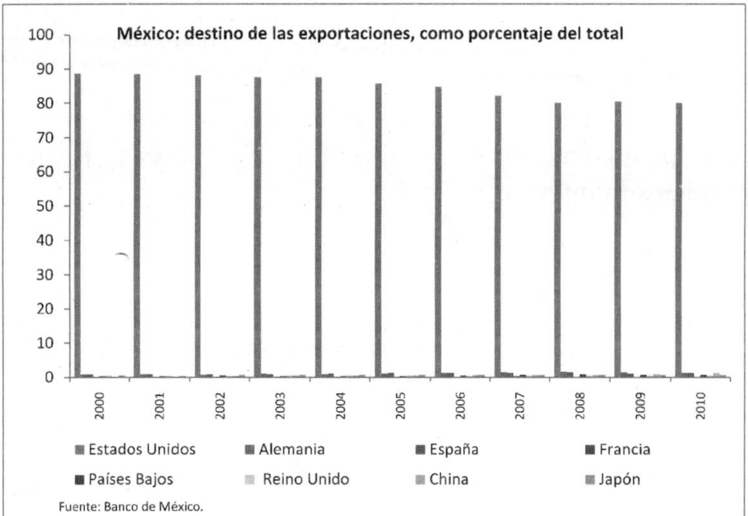

Fuente: Banco de México.

Gráfica 3.11

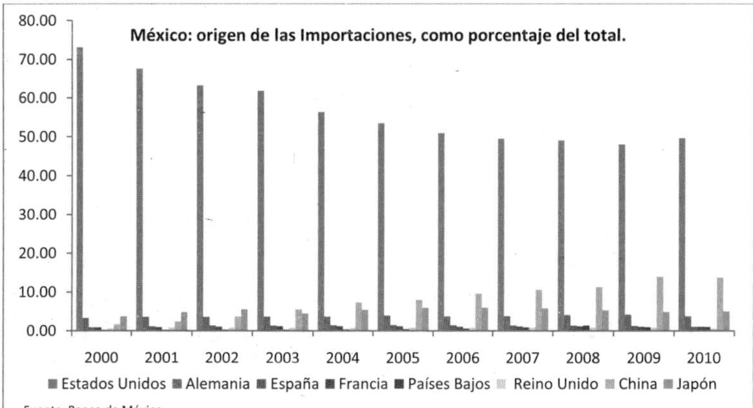

Fuente: Banco de México.

La mayor parte de las exportaciones de manufacturas son realizadas sobre todo por empresas transnacionales, las cuales se caracterizan por su alto coeficiente importado, y bajo valor agregado nacional, por lo que su dinámica no irradia al conjunto del sector manufacturero. La gráfica 3.12 refleja como en los cinco años previos a la crisis, se amplió el diferencial de tasas de crecimiento entre las exportaciones manufactureras en relación con el bajo crecimiento del PIB manufacturero, por lo que la dinámica de exportaciones no contrarrestan la caída del mercado interno.

Gráfica 3.12

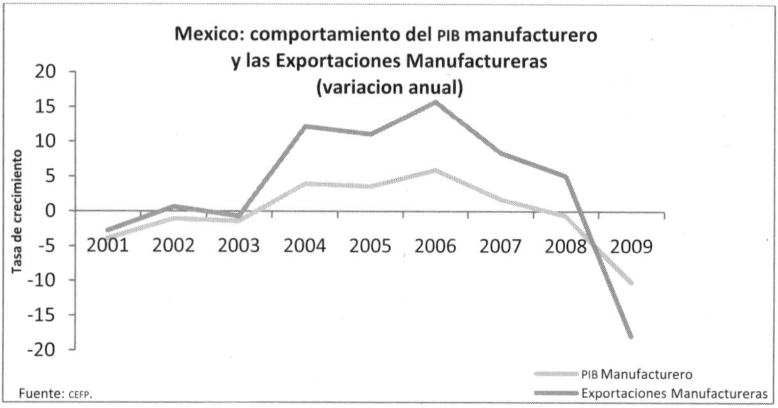

Asimismo, la mayor inversión extranjera (véase gráfica 3.13), como la mayor cantidad de remesas que recibe el país, provienen de dicha economía, por lo que la economía mexicana ha estado muy expuesta al comportamiento de la economía estadounidense.

Gráfica 3.13

México: entrada de IED respecto a su país de origen

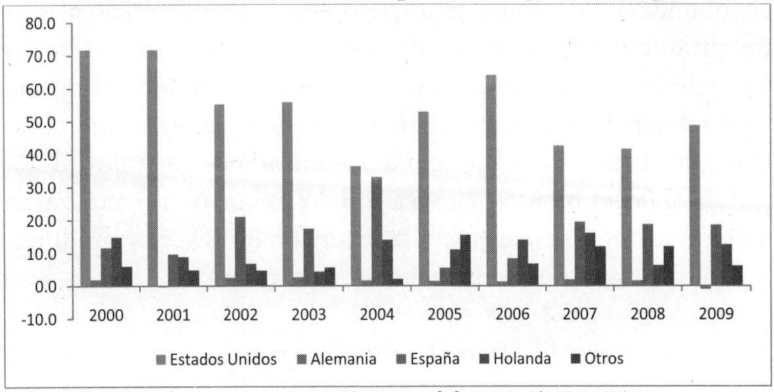

Fuente: Secretaría de Economía. Dirección General de Inversión Extranjera.

La economía mexicana pasa a tener un comportamiento *pari passu* al de la economía estadounidense. Al crecer esta, se incrementan las exportaciones hacia dicho mercado, y aumentan los flujos de remesas e inversión hacia la economía mexicana, lo que impulsa su crecimiento. Y a la inversa, cuando deja de crecer la economía de aquel país, se contraen las exportaciones, como las remesas y los flujos de inversión extranjera, lo que frena la actividad económica nacional, dada su alta dependencia de la economía de Estados Unidos.

La liberalización financiera, al permitir la libre movilidad de capitales, nos coloca a merced del comportamiento de los mercados financieros internacionales. El mercado financiero nacional rápidamente se contagia de cualquier acontecimiento de los mercados internacionales. Pasamos a tener un proceder pro-cíclico. Cuando están en *boom*, es decir, cuando hay una gran liquidez en los mercados internacionales, ello también se refleja en el mercado financiero internamente. El *boom* de los mercados financieros internacionales repercutió en la BMV, la cual creció en el periodo 2004 a 2007 (véase gráfica 2.1).

El *boom* de dichos mercados fue disfuncional a la dinámica económica. La dinámica financiero-especulativa no jaló al sector productivo de la economía, dado que los mayores recursos financieros pululaban en mayor medida al interior del mismo sector financiero, por ofrecer mejores condiciones de rentabilidad que el resto de la economía. La entrada de capitales, al impulsar el *boom* bursátil, llevó a que los recursos se canalizaran a dicho sector y se marginara la inversión en el sector productivo, lo que no impulsó el crecimiento económico.

Para el gobierno, la economía estaba bien; el problema era externo

Cuando se manifiesta el colapso del sistema financiero estadounidense, a mediados de septiembre de 2008, el gobierno de México señaló que la economía nacional estaba bien y que esta no se afectaría como resultado de la caída de los mercados financieros en EU e internacionales. Asimismo, diversos economistas han señalado que la crisis proviene de los países desarrollados y que ella ahora no deriva de los países en desarrollo y que estos "son resistentes como resultado del buen crecimiento y mejores políticas" (Naudé, 2009).

El gobierno mexicano, al cabo de los meses de haber estallado la crisis en EU, tuvo que aceptar que sí sería afectada la economía nacional, pero que la crisis ahora venía de fuera, que no era responsabilidad nuestra, a diferencia de las anteriores. Al respecto cabe decir que si bien la crisis inicialmente se manifestó en EU, el problema es que esta ha pasado a repercutir más seriamente en muchos países en desarrollo, evidenciando que su dinámica y estabilidad monetario-cambiaria se venían sustentando en factores externos.

Los factores externos dejaron de operar positivamente, por lo que la crisis se precipitó y profundizó

La crisis de EU ha puesto en evidencia la fragilidad y vulnerabilidad en que se mantenían muchas economías en desarrollo, como la nuestra, como resultado de haber sustentado la liberalización económica, y la estabilidad macroeconómica en factores externos, y el haber descuidado el desarrollo del mercado interno y las condiciones productivas y financieras endógenas. Ello nos colocó en una situación muy frágil y sujeta a los vaivenes de la economía estadounidense, dada la fuerte dependencia en que cayó respecto a esta.

Al entrar tal economía en crisis, dejaron de operar los factores que actuaban favorablemente sobre el financiamiento del sector externo y que viabilizaban la liberalización económica y la política macroeconómica de estabilidad en nuestro país, por lo que la economía nacional pasó a encarar una crisis de proporciones, ya que no se tienen condiciones endógenas para contrarrestar tal situación.

La política macroeconómica de estabilidad como causante de la crisis

La crisis que enfrentamos si bien estalla ante las consecuencias derivadas de la crisis de EU, es más un resultado de las políticas macroeconómicas de "estabilidad", como de las políticas de liberalización comercial y financiera, y de las reformas estructurales instrumentadas en el país, que actúan en detrimento del crecimiento del mercado interno y de las condiciones endógenas de crecimiento, lo que nos lleva a depender del comportamiento de las variables externas.

El libre movimiento de mercancías y capitales, así como la política de disciplina fiscal, la política monetaria restrictiva y la estabilidad del tipo de cambio, no se tradujeron en mejor capacidad financiera para el impulso de la actividad productiva, sino por el contrario, redujeron la dinámica de acumulación del sector productivo, así como el empleo, e incrementaron las presiones sobre el sector externo e hicieron a la economía más dependiente del financiamiento externo, tanto para encarar las deficiencias financieras internas como el déficit externo y mantener la estabilidad del tipo de cambio.

Mala utilización de los recursos provenientes del exterior

Toda crisis es derivada de un contexto de crecimiento, donde la economía dispuso de una gran cantidad de recursos e hizo mala utilización de estos. Así como a la crisis de 1982 le precedió el *boom* petrolero de 1978-1981 y un creciente endeudamiento externo, una vez que cayó el precio internacional del petróleo y aumentó la tasa de interés internacional, se manifestó la crisis, pues los factores externos con que contó la economía no se utilizaron para conformar bases productivas internas sólidas capaces de lograr una dinámica endógena sostenida. Lo mismo aconteció con la crisis de 1995. Esta fue antecedida de la gran entrada de capitales por concepto de la política de privatizaciones y de inversión de cartera, que impulsaron una dinámica con fuertes presiones sobre el sector externo, por lo que al dejar de venir los capitales, se manifestó la crisis, ya que no había condiciones endógenas capaces de mantener el crecimiento. La presente crisis ha sido precedida del *boom* petrolero, de la gran entrada de recursos por concepto de remesas como por la inversión extranjera y gran liquidez en los mercados financieros internacionales. Tales recursos impulsaron el mercado de capitales y permitieron gran disponibilidad crediticia, crecimiento de demanda y de productos importados, que aumentaron el déficit de comercio exterior, y una vez que cesan de operar los factores externos que permitieron esas condiciones de crecimiento, la economía entra en una fase de crisis, tal como aconteció en 1982 y en 1994, ya que no se impulsó la capacidad productiva, sino al contrario, las políticas predominantes han atentado sobre ella. Al dejar de operar los factores externos positivamente, la economía tiene que vivir con sus propios medios, los cuales cada vez son más escasos, pues tenemos menos industria y menos sector agrícola de lo que existía en 1980, y además se tiene que hacer frente a las obligaciones externas contraídas, por lo que la contracción económica actual tiende a ser de mayores proporciones que sus antecesoras.

De la crisis de 1994-1995, se salió relativamente en poco tiempo, pues la economía de Estados Unidos estaba creciendo y ello jaló a la economía nacional, mediante el crecimiento de exportaciones y la entrada de capitales, lo que permitió retomar el crecimiento y estabilidad monetaria-cambiaria en 1996. Sin embargo, en la crisis de el 2008-2009, la situación es muy diferente. La economía de EU entró en recesión y la economía nacional pasó a tener mayores problemas, dada la alta dependencia respecto a tal economía así como su deteriorada situación interna para sortear la adversidad de los factores externos.

La responsabilidad del banco central en la crisis

La política monetaria seguida por el banco central ha contribuido en gran medida a la crisis, ya que ha configurado distorsión de precios relativos –alta tasa de interés y tipo de cambio apreciado–, que actúan en detrimento de la actividad económica, y además ha permitido y estimulado acciones especulativas del sector bancario y financiero que desquiciaron a dicho mercado y marginaron al sector productivo. Nos dice D'Arista que: "La política monetaria ha perdido la habilidad para estabilizar los mercados financieros y la economía" (2009), dado que no reguló la expansión crediticia, ni las prácticas especulativas instrumentadas, tanto por la banca como por el sistema basado en el mercado.

El banco central hizo caso omiso de la gran entrada de capitales que han apreciado el tipo de cambio, aumentando así el poder adquisitivo del peso en relación con el dólar –violando así el principio constitucional de mantener el poder adquisitivo de la moneda–, actuando ello en detrimento de la competitividad, del sector productivo, del balance de comercio exterior, del crecimiento económico y del empleo.

Las autoridades monetarias y financieras han hecho oídos sordos a las implicaciones que se derivan de que los bancos cobren tan alta tasa de interés en un contexto donde los ingresos de los deudores no crecen en igual proporción. Jamás han regulado las tasas de interés que cobran los bancos por sus créditos. La no intervención se enmarca dentro del principio de no participación de las instituciones gubernamentales en el desempeño y en el negocio del sector financiero.

Tales autoridades no frenaron la expansión crediticia distorsionada promovida por la banca comercial, a favor de las prácticas especulativas y del consumo, a costa de marginar a la esfera productiva, lo que retroalimentaba la gestación de la crisis. No obstante que la expansión crediticia al consumo –sobre todo de bienes importados– era mayor que los créditos destinados a la industria manufacturera y al sector agrícola, dichas autoridades no hicieron nada para regular y evitar tal situación. No ha habido –ni la hay–, una actitud de tratar de incidir en la direccionalidad del crédito, el cual es manejado por las fuerzas del mercado que están bajo control del sector bancario-financiero y no tiene preocupación alguna por conformar condiciones de crecimiento productivo y de empleo en la economía nacional, para asegurar el reembolso de los créditos, sino la de lucrar en el menor corto tiempo posible en actividades de alto riesgo que son especulativas.

No les importaba que el *boom* bursatil no tuviera sustento alguno en la esfera productiva. El banco central y la Comisión Nacional Bancaria y de Valores sabían de los riesgos que implicaba tal situación y no hicieron nada por frenar las prácticas especulativas ahí presentadas, ya que al colapsarse la bolsa afectarían no sólo los fondos de retiro de los trabajadores, sino todos los activos financieros, y con ello, la posición financiera de las empresas que ahí cotizan, afectando ello en el conjunto de la economía.

Las autoridades al parecer estimulaban el *boom* bursatil, pues ello se traducía en mayor entrada de capitales, para así incrementar reservas internacionales y mantener apreciado el tipo de cambio para proseguir con la baja inflación en el país. El gobierno mencionaba que México estaba bien, porque a la BMV le iba bien. Esos eran los parámetros de evaluación de la política económica, sin considerar que tales prácticas de comportamiento eran de economía casino que conduciría a una crisis, al cambiar las expectativas en que se sustenta.

La historia de las crisis financieras se repite por las prácticas especulativas del capital financiero, como por la falta de mecanismos de control, regulación y supervisión por parte de las autoridades monetarias y financieras, y por el rezago de que es objeto el sector productivo.

La crisis se profundizó ante la incapacidad de factores endógenos para encarar shocks externos

La caída de la economía nacional, más profunda que en el resto de América Latina

La economía nacional ha caído mucho más que la de EU, dado que no tenemos manejo soberano de política económica para poder instrumentar políticas contra-cíclicas para dinamizar el mercado interno y así contrarrestar la caída de exportaciones, de remesas y de inversión extranjera. Es por ello que nuestra economía muestra la mayor caída de la actividad económica en relación con el resto de América Latina y el Caribe (véase cuadro 3.4).

Cuadro 3.4

Producto Interno Bruto de países de América Latina

	Tasa de variación anual				
Año	Argentina	Brasil	Chile	México	América Latina
2009*	0.7	0.3	-1.8	-6.7	-1.8

*Estimaciones CEPAL.

Fuente: CEPAL, *Anuario estadístico de América Latina y el Caribe.*

La economía nacional en el 2009 experimentó una crisis más profunda que la de 1983 y la de 1995 (véase gráfica 3.14). Ésta caída no se había visto desde la Gran Depresión de la década de 1930.

Desde antes de la crisis de EU, la economía del país ya se había estancado, como consecuencia de la política económica predominante. Las presiones sobre el sector externo, la baja dinámica de acumulación, así como los altos niveles de endeudamiento evidenciaban que la crisis de la economía mexicana era inevitable, independientemente de la crisis de la economía estadounidense.

Gráfica 3.14

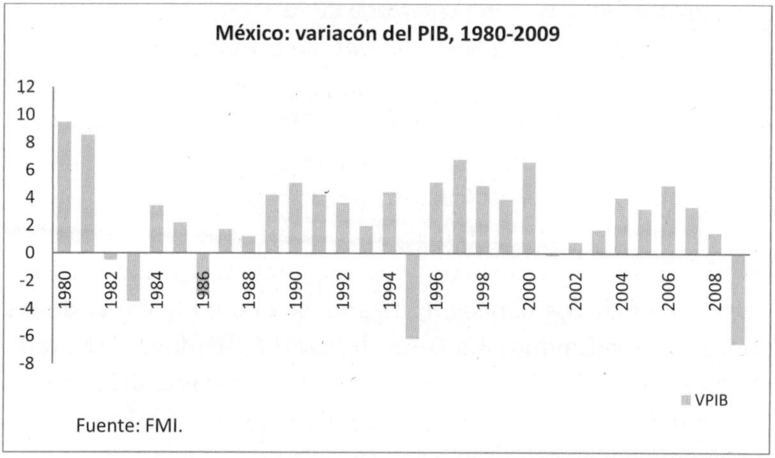

La economía ya venía arrastrando problemas que la llevaron a crecer en la primera década del siglo XXI por debajo de la media de América Latina y de los países africanos (véase cuadro 3.5), no obstante los grandes recursos provenientes del exterior.

Cuadro 3.5
Crecimiento del PIB mundial, 1991-2009
(Crecimiento porcentual anual)

Período	1991-2002	2003	2004	2005	2006	2007	2008	2009
Mundo	2.8	2.7	4.1	3.4	3.9	3.7	2	-2.7
Países desarrollados	2.5	1.9	3	2.4	2.8	2.5	0.7	-4.1
Europa	--	7.1	7.7	6.7	7.5	8.4	5.4	-6.2
Países en Desarrollo	4.7	5.4	7.2	6.6	7.2	7.3	5.4	1.3
África	2.9	4.9	5.3	5.6	5.7	6	5.1	1.2
México	3.1	1.4	4.2	2.8	4.8	3.2	1.4	-7
América del Sur	2.7	2.4	7.4	5.6	6	6.8	5.5	-0.3
Asia	6	6.8	7.9	7.5	8	8.1	5.9	2.6

Fuente: UNCTAD, *Trade Development report*, 2009, NY. y Ginebra, p. 2.

La caída de la BMV *como resultado de la internacionalización de los mercados de capitales*

La inestabilidad de los mercados internacionales arrastra al mercado nacional, dada la internacionalización de los mercados de capitales. El descalabro del mercado de las hipotecas en EU pasó a afectar seriamente el balance de los bancos poseedores de los títulos con respaldo hipotecario, desvalorizó los activos de los bancos, reflejándose ello en la caída de las bolsas a nivel mundial a fines del 2007, viéndose arrastrada la BMV. El *boom* especulativo en la BMV no podía mantenerse por mucho tiempo en un contexto de bajo crecimiento económico, de déficit de comercio exterior crecientes, de altos niveles de endeudamiento, de cartera vencida y de menor entrada de recursos y de capitales. No había sustento endógeno que mantuviese las ganancias en el mercado bursátil. El mercado de capitales no puede crecer permanentemente por arriba de la actividad productiva. Sólo puede acontecer transitoriamente en un contexto de entrada de capitales a dicho mercado. La política de estabilidad seguida favorece la esfera financiera, lo que hace que el capital fluya a dicho sector. Sin embargo, este termina desestabilizándose, como consecuencia, se desatiende al sector productivo y con ello se incrementa el déficit externo y se lleva a la economía a depender de factores exógenos. Al rezagarse los ingresos del sector productivo, se afecta la valorización de los activos y su capacidad de reembolso de sus deudas, lo que afecta a su vez el valor de los activos financieros ubicados en el mercado de capitales.

El *boom* bursátil tiene sus límites, que están dados por la generación de ingresos y riqueza que convalide las ganancias de la bolsa, así como por el flujo de inversiones a tal sector. El no cumplimiento de las expectativas esperadas y el surgimiento de problemas de insolvencia llevan a las empresas e individuos a tener que vender activos para cubrir sus obligaciones financieras, lo que origina la caída de la bolsa y la desvalorización de activos.

A ello se suman las menores oportunidades de crecimiento y de activos atractivos que la economía mexicana pasó a ofrecer, de ahí que la crisis mundial y la inestabilidad de los mercados financieros internacionales disminuyeran el flujo de capitales al país, propiciando a su vez que los inversionistas que estaban ubicados en dicho mercado empezaran a sacar su capital en búsqueda de mejores y más seguras opciones de inversión.

La crisis ha hecho que la banca extranjera ubicada en el país transfiera recursos a su país de origen a costa de ocasionar la salida de recursos del nuestro y de reducir la disponibilidad crediticia, así como manteniendo altas tasas de interés y de las comisiones. Mientras en su país de origen enfrentaron fuertes pérdidas, en el nuestro siguen acumulando ganancias, ya que son transferidas para apalancar a su matriz.

La IED y de cartera han caído, y se da salida de capitales de la bolsa, lo que presiona sobre el precio de las acciones.

Todo ello pasa a afectar a la economía, como consecuencia de la desvalorización de activos, que afecta a los tenedores de estos, ubicados tanto en el sector financiero como en el no financiero, ya que diversas empresas habían canalizado inversiones hacia el sector financiero, ante las opciones de alta rentabilidad que ofrecía.

Ello –junto a los menores ingresos de empresas e individuos– debido a la disminución de exportaciones y del mercado interno, ha contraído la disponibilidad crediticia, el consumo y la inversión y, por tanto, la actividad económica y el empleo (véase cuadro 3.6).

Cuadro 3.6

México: tasa de crecimiento de algunas variables económicas, 2009.

(Porcentajes)							
	PIB	Expor	Remesas	IE	IED	Consumo	FBK
2009	-6.7	-21.2	-15.7	-2.6	-47.1	-5.0	-10.0

IE: Inversión extranjera total; IED: Inversión Extranjera Directa y FBK: Formación Bruta de Capital.
Fuente: Banxico, CEFP.

Después de haberse convertido el sector financiero en el más dinámico y de mayores ganancias –y que no irradió hacia el resto de la economía–, ahora, al enfrentar problemas, los retransmite a todos los sectores.

El hecho que la BMV se haya recuperado en el 2009, de la fuerte caída que tuvo en octubre de el 2008, es resultado de la gran liquidez internacional que se ha formado como resultado de las políticas de intervención de los bancos centrales y de los gobiernos de los países desarrollados en apoyo a sus sectores financieros como por el hecho que el gobierno mexicano ha continuado con la politica económica a favor de tal sector. Asimismo, al no ofrecer el sector productivo condiciones de rentabilidad, y menos ahora, dada la crisis que se enfrenta, el capital financiero lo único que sabe es especular e invertir en el mercado de capitales, y de ahí que insista en "más de lo mismo", sin que la economía justifique la mayor valorización de tales activos financieros.

Caída de exportaciones y de entrada de capitales

La crisis es global, dada la internacionalización de los mercados financieros y de las economías. La alta integración económica que el proceso de globalización y la política que le acompaña han ocasionado que la crisis se haya expandido muy rápido entre los países, aunque el impacto ha sido diferenciado en función de los niveles de integración y subordinación a la economía de EU, y a los flujos de capitales y recursos como a las diferentes respuestas que se han dado. Las economías más golpeadas han sido las que están más integradas a EU. Es decir, las que destinan un alto porcentaje de sus exportaciones a dicho mercado, y del cual reciben un gran flujo de remesas y de capitales.

En nuestro caso, las exportaciones petroleras caen tanto en volumen como en valor. Al disminuir el precio del petróleo y el volumen de las exportaciones, se complica la problemática del sector externo, pues se reduce el superávit petrolero (véase gráfica 3.6), y además, se afectan las finanzas públicas, a pesar de la cobertura asegurada obtenida por el gobierno que le cubría el barril exportado de petróleo a 70 dólares en el 2009. Un alto porcentaje –alrededor de 40%– de los ingresos públicos provienen de las exportaciones petroleras, por lo que al caer estas, tanto en valor como en volumen, se afectan las finanzas públicas.

A ello se suma la disminución de las exportaciones manufactureras, como de las remesas (véase cuadro 3.6). Estas venían apuntalando el consumo y la actividad económica así como reduciendo el número de pobres en el país y ahora, con los problemas de desempleo en EU, ha caído el flujo de tales recursos. El problema es que no se vislumbran expectativas de que ello se vaya a recuperar a los niveles anteriores a la crisis, por lo que no solo continuará contraído el consumo interno, sino proseguirán las presiones sobre el sector externo por los menores flujos de recursos al país. El retorno de migrantes presiona sobre el desempleo internamente como sobre la caída de salarios reales e incrementa la delincuencia en el país.

Los problemas de balanza de pagos del país se han recrudecido, tanto por el mayor déficit de comercio exterior como por el menor flujo de capital, lo que se ha traducido en presiones sobre la moneda, y colocaron a la economía en una situación de alto riesgo, que aleja los flujos de capital, así como la eventualidad de créditos externos provenientes de la banca internacional, obligando al país a recurrir al apoyo de la Reserva Federal y del FMI.

El postulado teórico de que el comercio exterior es de suma cero. Lo que uno exporta es lo que otro importa –lo que uno gana lo pierde el otro–, no considera qué tan importantes son las exportaciones e importaciones que realiza cada quien. México, con la apertura comercial, ha incrementado su integración con el exterior, y lleva a la dinámica económica a depender de los flujos de exportaciones y de la entrada de capitales. Las exportaciones que realiza el país son de bajo valor agregado nacional no tienen un impacto sobre el desarrollo industrial, en cambio, las importaciones desplazan a la producción nacional, por lo que el abasto del mercado interno ha pasado a depender en gran medida de los productos provenientes del exterior, lo que requiere exportaciones y entrada de capitales para su financiamiento. Al dejar estos de actuar positivamente, se manifiesta la fragilidad de la economía nacional y, por tanto, la crisis. La disminución del precio del petróleo, como de las exportaciones reduce el poder de compra del país, lo cual comprime las importaciones y con ello la inversión y el consumo, por lo cual se magnifican los problemas internos.

La fragilidad de los llamados equilibrios macroeconómicos

El gobierno reiteraba que la economía nacional contaba con estabilidad macroeconómica y reservas internacionales para propiciar crecimiento y encarar cualquier vulnerabilidad externa. Es por ello que predominan las políticas monetaria y fiscal restrictivas y la estabilidad del tipo de cambio, para reducir la vulnerabilidad externa de la economía (Montiel y Servén, 2004), y el riesgo-país como para acceder a los mercados financieros internacionales.

El problema es que la economía nacional ha sido incapaz de contrarrestar los efectos de la crisis de EU y de evitar la inestabilidad en los mercados de divisas y de capitales y la caída de la actividad económica nacional.

La crisis de 2008 evidenció que tal "estabilidad" macroeconómica no era tal. El único fundamento alcanzado era la disciplina fiscal, lo que se logró por el *boom* petrolero como por el proceso de privatización de activos nacionales. En cambio, el sector externo venía mostrando desequilibrios crecientes, que eran financiados por entrada de capitales, los cuales, a su vez, han sustentado la estabilidad del tipo de cambio.

La supuesta estabilidad macroeconómica se ha alcanzando tanto por las políticas monetarias y fiscales contraccionistas instrumentadas como por el comportamiento positivo que venían teniendo las variables externas. El sector externo se equilibraba a partir del superávit de la cuenta de capitales ocasionado por la entrada de éstos (véase cuadro 3.7).

Cuadro 3.7
México: Cuenta corriente, Balanza comercial y Cuenta de capital, 2007-2009

	(millones de dólares)		
	2007	2008	2009
Saldo de la Cuenta corriente	-8 660.2	-16 173.8	-5 579.9
Saldo de la Balanza de pagos	-10 073.7	-17 260.7	-4 677.5
Cuenta de capital	19 816.9	25 060.4	15 630.4

Fuente: CEFP.

La estabilidad macroeconómica, al descansar en variables externas, más que proteger a la economía frente a *shocks* externos, pasa a ser vulnerable al comportamiento de las mismas variables externas, evidenciando la fragilidad de la estabilidad macroeconómica alcanzada. Es por eso que al manifestarse la crisis en EU, y al caer las exportaciones de petróleo, la entrada de capitales y las remesas, se comprometen tales equilibrios macroeconómicos, ya que no existen condiciones endógenas para sortear esa situación, por lo que se da la crisis nacional.

La economía deja de contar con fundamentos macroeconómicos productivos y financieros que le den confianza al capital. Las presiones crecientes sobre el sector externo y las finanzas públicas, como la incapacidad endógena de hacer frente a los efectos de la crisis de EU, son elementos de riesgo para el inversionista, lo cual hace que se reviertan los flujos de capital, lo que mantendrá presiones sobre el tipo de cambio, sobre la BMV y se acentúa la descapitalización de la economía.

Se mantiene la misma política económica que ocasionó la crisis

Las presiones sobre el sector externo obligan a mantener la política a favor de la entrada de capitales

Las presiones sobre la economía no sólo se dan por la desaceleración de las exportaciones, y del valor de las mismas, sino también por la vulnerabilidad de los mercados de capitales, la menor entrada de capitales y una salida de estos. Ello presiona sobre el tipo de cambio, lo que obliga a mantener altas tasas de interés y la política fiscal restrictiva, por lo que no se tiene política contracíclica.

La caída de las exportaciones afecta la producción nacional y tiende a aumentar el déficit de comercio exterior. La modificación del tipo de cambio por sí sola no restringe las importaciones, dada la inelasticidad precio de muchos productos importados, debido a los fuertes rezagos productivos internamente. Ello ha obligado al gobierno a restringir el gasto público, para contraer la actividad económica; lo que además ha ido acompañado por la restricción crediticia, que ha llevado a la caída de las importaciones, ya que muchas de ellas (las de consumo) habían crecido por la mayor disponibilidad crediticia.

El déficit de comercio exterior y la menor entrada de capitales y de remesas tienden a comprometen el reembolso de las obligaciones financieras y a presionar el tipo de cambio. A fin de evitar tal situación, el gobierno ha recurrido al mayor endeudamiento externo, ya que sabe que –a pesar de haberse modificado la paridad cambiaria y contraído la actividad económica–, no se alcanzará el superávit de comercio exterior para poder cubrir las obligaciones financieras externas. Además, tiene que mandar señales al capital financiero que defenderá a toda costa la estabilidad del tipo de cambio –o evitar mayor devaluación– y la convertibilidad de la moneda. De ahí la importancia de incrementar las reservas internacionales a través de mayor deuda externa.

Los requerimientos permanentes de entrada de capitales para hacer frente al sector externo –sean de inversión extranjera o por deuda externa– obligan al gobierno a mantener una política monetaria y fiscal tendiente tanto a favorecer la entrada de capitales y frenar su salida como para recibir buena calificación de inversión por parte de las calificadoras internacionales. Sin embargo, las políticas monetarias y fiscales instrumentadas, promueven más la entrada de inversión de portafolio que la IED, dado el contexto recesivo configurado. En la gráfica 3.15, se observa como a partir de el 2007, la inversión de cartera tiene una tendencia creciente, aumentando más en el 2009, mientras que la actividad económica y la inversión extranjera directa estaban cayendo.

Gráfica 3.15

Fuente: Banxico.

El proceso de privatización instrumentado para atraer flujos de capital tiende a saturarse. Cada vez existen menos activos atractivos susceptibles de ser vendidos, ya que casi todos se han vendido o concesionado al sector privado nacional e internacional. Ante los menores ingresos de capital y los mayores requerimientos de éstos para encarar la situación actual, ya hay voces gubernamentales planteando la necesidad de una nueva reforma energética. El gobierno no quedó contento con la reforma del 2008, ya que impidió la participación directa de la inversión extranjera en la industria de refinación y en la explotación del hidrocarburo. Considerando que la inversión extranjera directa no puede venir al resto de la economía, dada la contracción del mercado interno y externo que se enfrenta, la única forma de atraerlo es ofreciéndole invertir en el sector estratégico de alta rentabilidad que representa la industria petrolera. Como el gobierno no tiene el consenso para ello, recurre al mayor endeudamiento externo, así como a mantener un alto diferencial de tasas de interés para atraer la inversión de portafolio y así seguir viabilizar el modelo de liberalización económica predominante.

El contexto de liberalización económica impide al país instrumentar políticas contracíclicas

El libre movimiento de capitales obliga a trabajar con un tipo de cambio estable a fin de evitar prácticas especulativas contra la moneda. Los mercados financieros y las agencias calificadoras internacionales están constantemente evaluando el desempeño de las economías a fin de que estas establezcan políticas económicas a favor del capital financiero. Es por ello que la economía nacional no cuenta con márgenes de maniobra para flexibilizar la política económica para salir de la crisis, por lo que se empeora el contexto de recesión económica.

El contexto de incertidumbre y el alto riesgo cambiario existente obliga a las autoridades monetarias y hacendarias a no disminuir la tasa de interés substancialmente (necesario para reducir el costo de la deuda y los problemas de insolvencia), ni trabajar con déficit fiscal significativo para dinamizar la demanda, a fin de contrarrestar la caída de exportaciones y los problemas de contracción del mercado interno que se enfrenta, ante el temor de que se generen presiones inflacionarias y sobre el sector externo.

De ahí que se mantienen tasas de interés por arriba de la tasa de interés internacional y una política fiscal restrictiva.

Se evita la flexibilidad del tipo de cambio mediante políticas que frenan el crecimiento del mercado interno y afectan la competitividad de la producción nacional, por lo que se tiene menos condiciones endógenas para encarar los problemas externos.

Mientras prosigan la liberalización económica y las políticas macroeconómicas de estabilidad, así como el contexto de incertidumbre derivado de ese mismo entorno como de los problemas de la economía internacional, no se puede flexibilizar la política económica para contrarrestar la caída de las exportaciones y la menor entrada de capitales y recursos del exterior.

El problema de la economía es el tipo de cambio con que se trabaja, ya que limita el manejo de la política monetaria y fiscal, impidiendo así tener capacidad de decisión respecto al país para responder a las necesidades de crecimiento y empleo. Al perderse la capacidad de crear dinero –dada la política monetaria, cambiaria y fiscal predominante– y depender del financiamiento externo, estamos sujetos a cómo somos vistos por los mercados financieros.

La preocupación del gobierno no es la del crecimiento económico, pues sigue siendo la de evitar la desestabilización del tipo de cambio. La inversión financiera gana tanto por la alta tasa de interés como por la apreciación de la moneda nacional. De ahí el repunte de la BMV, lo que se da en un contexto de menor dinámica de acumulación. La dinámica económica pasa a estar por debajo del crecimiento potencial, que es aquel que puede alcanzarse sin generar presiones inflacionarias.

El gobierno no quiere aceptar que la política predominante es la que ha configurado la crisis, y nos impide hacer frente a los efectos negativos que la crisis de EU tiene sobre nuestra economía.

A pesar de la crisis, se priorizan políticas monetarias restrictivas

El recorte de la tasa de interés realizada por el banco central en el 2009, así como la política de gasto público en infraestructura anunciada por el gobierno, no son de la magnitud necesaria para contrarrestar la dimensión de la problemática económica que se enfrenta.

Ante el contexto de incertidumbre de los mercados internacionales y la actitud especulativa que está asumiendo el capital financiero, como se observa en Grecia y en otros países, el banco central del país pasa a asumir una posición muy cautelosa. Sin embargo, la política monetaria de "estabilización", más que alejar a la economía de los *shock* externos, la lleva a estar sujeta al comportamiento de las variables externas, ya que dicha "estabilidad" se sustenta en flujos de capital y recursos provenientes del exterior, por lo que, al haber *shocks* en los mercados financieros internacionales, se compromete la "estabilidad" alcanzada.

La banca comercial no ha bajado la tasa de interés en la misma proporción que el banco central, por lo que siguen altos los costos de la deuda y no frena los problemas de insolvencia, ni la transferencia de recursos que se realiza de los deudores a los acreedores, lo que ha implicado disminución de consumo e inversión y de la actividad económica. No hay perspectiva de que esto se revierta, dado que ello es acompañado por el carácter restringido de la política fiscal, que mantiene contraídos los ingresos de empresas e individuos.

Tal política monetaria aumenta las presiones sobre las finanzas públicas, lo que llevará a contraer más el gasto público y a aumentar impuestos, para hacer frente a la carga de la deuda, y para mantener la disciplina fiscal, por lo que la economía pasa a tener menos condiciones endógenas de acumulación.

Ello evidencia que la política monetaria no es neutral, ya que incide en el costo del crédito, en el tipo de cambio, en los niveles de competitividad y en el diferencial de ganancias entre el sector financiero y el sector productivo, todo lo cual repercute en las decisiones de inversión. La política monetaria trastoca todos los ámbitos de la economía real (industrial y agrícola) como sobre el empleo, la distribución del ingreso, las variables macroeconómicas (finanzas públicas y sector externo) el sector bancario y el crecimiento, a diferencia de la visión monetarista convencional, que señala que la política monetaria en el largo plazo sólo impacta sobre precios.

La preocupación del Banco de México a favor del capital financiero

Las autoridades monetarias y hacendarias tratan a toda costa de mantener lo insostenible. Se aferran a la estabilidad del tipo de cambio y a la libre convertibilidad de la moneda, para quedar bien con el capital financiero, sin considerar que ello le ha salido muy costoso a la economía, ya que se ha sostenido a través de establecer una política a favor de la entrada de capitales, lo que nos coloca en un contexto de alta vulnerabilidad en torno al comportamiento de estos, además de que dicha política frena la dinámica económica.

Al no tener garantizados flujos suficientes de capital que aseguren la estabilidad del tipo de cambio y el financiamiento del déficit externo, en vez de modificar la política económica que nos ha llevado a depender de la entrada de capitales, el gobierno recurrió a fines de el 2008 a un crédito *swap* de la Reserva Federal de EU por 30 mil millones de dólares, y en el mes de mayo de el 2009, recibió del Fondo Monetario Internacional una línea de crédito por 47 mil millones de dólares, y fue cuando dejaron de especular los dueños del dinero contra la moneda, ya que reflejaba que se tendría capacidad de responder a cualquier fuerte especulación. Tal crédito no ha sido utilizado, a diferencia del crédito *swap* que recibió de la Reserva Federal, que ha sido canalizado al mercado de divisas a fin de saciar la demanda por dólares de los dueños del dinero.

Las autoridades monetarias y hacendarias se preocupan por tener grandes reservas internacionales para hacer frente a cualquier adversidad adicional que se presente en los mercados financieros y tener divisas suficientes para satisfacer la demanda por dólares para evitar presiones sobre el tipo de cambio.

El crédito *swap* y la línea de crédito con el FMI simplemente evidencian que el país no cuenta con capacidad para mantener la estabilidad cambiaria ni la política que le acompaña. Se actúa para que las calificadoras internaciones le den buen grado de inversión al país para así tener acceso a los mercados financieros internacionales y colocar deuda pública a bajas tasas de interés. Estas agencias evalúan en función de las condiciones de estabilidad de la economía como de los niveles de endeudamiento y de la capacidad de reembolso, lo que está dado por la situación de las finanzas públicas, de la balanza de pagos y de los flujos de capital a la economía. De ahí que se mantienen las políticas macroeconómicas de estabilidad, y se acelera el proceso de privatización y extranjerización de la economía, para aumentar reservas internacionales, y reflejar solvencia a fin de alcanzar buenos grados de inversión por los evaluadores internacionales. Esos recursos terminarán por despilfarrarse y agotarse, pues son para mantener un patrón de acumulación que está en crisis y pararán, como siempre, en manos de los especuladores, y estaremos repitiendo la historia, tal como aconteció en 1981-1982 y en 1994, donde el capital financiero nos saqueó. Se prefiere ello, en vez de canalizarlos a incrementar la productividad, a sustituir importaciones, a potenciar exportaciones de mayor valor agregado nacional, para mejorar las condiciones financieras internas, y disminuir nuestros requerimientos de fondos externos.

El banco central anunció que del 8 de octubre de el 2008 al 30 de septiembre de el 2009 vendió a participantes en el mercado cambiario 30 mil 913 millones de dólares provenientes de las reservas internacionales. Se trata de una cantidad equivalente a 37.7% del monto de la reserva de divisas en septiembre de el 2008, que era de 81 mil 977 millones de dólares. Se subastaban diariamente 400 millones de dólares a un tipo de cambio mínimo, cuando éste superaba al menos en 2% al del día hábil inmediato anterior, y logró evitar fuertes devaluaciones. La paridad cambiaria en agosto de el 2008, estuvo en 10 pesos por dólar y en octubre pasó a estar alrededor de 13 pesos, y en abril y mayo de 2009 llegó a alcanzar más de 15 pesos por dólar, y después de recurrir a la línea de crédito con el FMI, dicha paridad pasó a estabilizarse en menos de 13 pesos por dólar (véase gráfica 3.16).

Gráfica 3.16

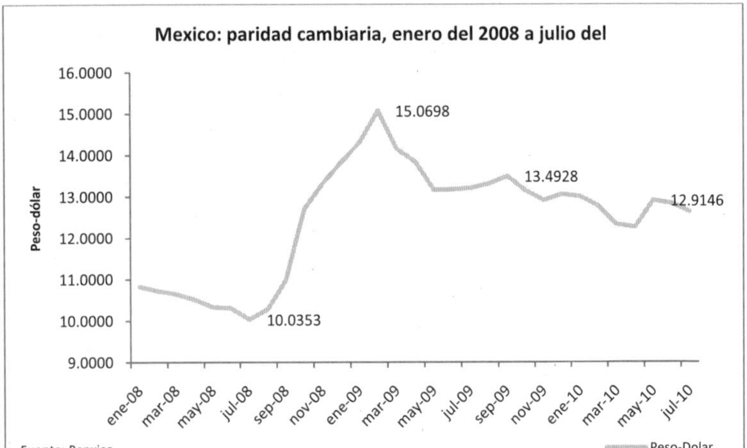

Fuente: Banxico.

La intervención permanente realizada por el banco central para evitar una fuerte devaluación ha hecho que ésta, desde agosto de el 2008, al 9 de abril de el 2010, sea solo de 23%, lo que no contrarresta la apreciación que la moneda tenía en el mes de agosto de el 2008, de 34% en relación con 1996 (en la gráfica 3.5 y en el cuadro 3.2 se puede apreciar los niveles de apreciación del tipo de cambio). Se evidencia cómo las autoridades monetarias hacen lo que está a su alcance (mantienen altas tasas de interés y usan las reservas internacionales) para evitar ajustar el tipo de cambio en torno al diferencial de precios internos *versus* los de EU, para alcanzar la estabilidad de la paridad del poder de compra de la moneda, sino que proceden a mantener un peso fuerte (dólar barato) para bajar la inflación y actuar a favor de los dueños del dinero, y favorece la filtración de recursos a través de importaciones y de la especulación. Nos dice Bibow que: "El acceso a financiamiento externo no conduce al desarrollo cuando hay salida neta de capitales" (Bibow, 2008).

Surge la pregunta: si el banco central en los últimos meses ha transferido tal cantidad de recursos a favor de los especuladores, y si las exportaciones petroleras en el 2009 cayeron 39%, las exportaciones no petroleras lo hicieron en 17.4%, la entrada de remesas disminuyó 15.7%, el turismo lo hizo en 14.8% y la inversión extranjera directa cayó 50.7% (la entrada de recursos por éstos rubros cayó en 37 059 millones de dólares en relación con el 2008), ¿como es que teníamos a fines de el 2009, reservas internacionales superiores a 93 mil millones de dólares? La caída del déficit de cuenta corriente de balanza de pagos fue de alrededor de 10 mil millones de dólares, ya que pasó de 15 869 en 2008 a 5 238 en 2009, por lo que no explica del todo el aumento de las reservas internacionales.

La propia institución monetaria señaló hace meses que ya había empezado a hacer uso del crédito *swap* recibido por la

Reserva Federal, por lo que la ha de contabilizar dentro de las reservas internacionales. Otro elemento que puede explicar el aumento de las reservas internacionales es lo que entra por el narcotráfico, donde estadísticas oficiales de EU han señalado que anualmente se lavan en México alrededor de 29 mil millones de dólares.

El hecho que México tenga grandes reservas internacionales no significa un signo económico alentador, ya que no es resultado de que el país tenga superávit de comercio exterior, sino que gran parte de estas son recursos derivados de prácticas ilícitas como por el mayor endeudamiento externo –que tiene que ser cubierto– como por las exportaciones petroleras, las remesas, y el proceso de extranjerización de la economía. Además, el aumento de las reservas no se ha traducido en flexibilización de la política monetaria y fiscal para impulsar la dinámica endógena de la economía.

La Comisión de cambios ha acordado dejar de utilizar el mecanismo de subasta de dólares ante el hecho, según ellos, de la normalización de los mercados financieros internacionales como nacionales, y porque la liquidez en el mercado cambiario ha repuntado, así como porque se ha reestablecido el acceso a los mercados financieros internacionales. Para ellos las condiciones que llevaron a la volatilidad del peso y que motivaron el mecanismo de subasta de dólares han desaparecido. El problema es que siguen sin reconocer que las prácticas especulativas siempre están latentes, y que la economía nacional ha sido descapitalizada por tales prácticas y que, además, no se tiene ninguna condición endógena para asegurar la estabilidad cambiaria y saciar la demanda especulativa. Ello se ha logrado a costa de extranjerizar al país y de no tener política económica a favor del crecimiento.

Al no impulsar condiciones endógenas de acumulación y no replantear la política macroeconómcia de "estabilidad" predominante, la economía seguirá obligada a continuar promoviendo la entrada de capitales, o endeudarse, lo cual no es ilimitado. No tenemos asegurados flujos crecientes de capitales, ni nos van a prestar indefinidamente y, en cambio, las presiones sobre el sector externo son latentes ante nuestra falta de competitividad.

La economía nacional al presentar problemas de riesgo de pago, el capital deja de venir y no adquiere la deuda emitida por el gobierno, y los acreedores demandarán su pago, lo cual propiciará la especulación contra la moneda, lo que ocasiona presiones sobre la tasa de interés y el tipo de cambio.

El problema es que le será difícil a México obtener recursos financieros adicionales necesarios para seguir satisfaciendo la demanda por divisas, dado que la gran mayoría de los países enfrenta situaciones parecidas y ellos también demandan mayores recursos crediticios, y el FMI y la banca internacional no tienen recursos suficientes para entrar al rescate de todas las economías.

La capacidad de endeudamiento de los países está dada por su capacidad de pago. Ante el escenario recesivo o bajo crecimiento de la economía mundial, de exportaciones, de menor entrada de capitales, no se vislumbran perspectivas de solvencia, para poder seguir siendo sujetos de crédito. El colapso de la economía será mayor que las crisis que hemos vivido, pues no contamos con capacidad de respuesta; tenemos menos esfera productiva y menos activos para hacer frente a una crisis de deuda.

El gobierno sigue con la misma política que originó la crisis

El gobierno mantiene la política económica que ha predominado, que más que impulsar el crecimiento y cerrar la brecha con los países desarrollados (UNCTAD, 2006:61), la ha aumentado.

No obstante la crisis, prosiguen las políticas de libre movimiento de mercancías y capitales como los preceptos de disciplina fiscal y estabilidad cambiaria para retomar a estabilidad de la esfera financiera. Nos dice la OCDE que: "El mayor desafío es cómo alcanzar la estabilidad financiera sin debilitar el compromiso de la política monetaria de mantener la estabilidad de precios" (UNCTAD, 2009). El problema es que la realidad nacional ha demostrado, tanto en la crisis de diciembre de 1994, como en la actual, que la estabilidad de precios –sustentada en la apreciación del tipo de cambio y en la disciplina fiscal– ha atentado contra la estabilidad financiera.

El dejar que sigan actuando las libres fuerzas del mercado solo ocasionará que la crisis se profundice. La libre movilidad de mercancías y capitales mantiene las presiones sobre el déficit externo, lo que actúa en detrimento de la esfera productiva y del sector financiero. El libre mercado no estabiliza la economía, sino por el contrario, la desquicia, ya que continúa el predominio del capital financiero sobre el productivo, y las importaciones creciendo más que las exportaciones. Asimismo, la libre movilidad de capitales y sus prácticas especulativas desestabilizan los mercados financieros y presionan sobre el tipo de cambio, lo que obligan a mantener políticas monetarias y fiscales restrictivas y se impide condiciones de crecimiento económico.

El gobierno no encara las causas de la crisis, ni los problemas que nos han llevado a depender de las variables externas. No baja la tasa de interés, ni trabaja con gasto deficitario, ni revisa el libre movimiento de mercancías y capitales, necesarias para crear condiciones productivas, financieras y macroeconómicas necesarias para el crecimiento.

Insistir en la estabilidad del tipo de cambio como en las reformas estructurales evidencia, por un lado, que el gobierno sigue subordinado al capital financiero, y por otro, que sigue sin comprender los elementos que conformaron la crisis económica que encaramos.

La política económica desatiende el crecimiento económico y el empleo, y nos lleva a depender en forma creciente de la entrada de capitales, lo que nos mantiene en el clima de vulnerabilidad.

Se actúa a favor del sector financiero como si este garantizara las condiciones financieras para el crecimiento de la economía. A pesar del repunte de la BMV desde mediados de el 2009, ello no se traduce en condiciones financieras para el crecimiento.

Seguimos sin tener capacidad de manejo macroeconómico para alcanzar los objetivos de crecimiento económico, de pleno empleo y bienestar de la gran mayoría de la población. No hay política industrial, agrícola, de empleo, y no se frenan las presiones sobre el sector externo y la especulación financiera.

Se actúa en forma procíclica, por lo que, a la caída de las exportaciones, se le suma la contracción del mercado interno, la pérdida de competitividad, el alto costo de la deuda y la filtración de demanda hacia importaciones, con el consecuente déficit de comercio exterior, por lo que menos condiciones tenemos para salir endógenamente de la crisis. Ello nos lleva a depender más de la entrada de capitales, para sortear los problemas internos, como para encarar el déficit de comercio exterior y la estabilidad del tipo de cambio, en un contexto donde los recursos y los capitales ya no fluyen al país como en el pasado reciente, por lo que se mantiene la vulnerabilidad de la economía.

Mientras continúe la política económica que configuró la crisis, seguirá el contexto en el que el costo de la deuda crece en mayor proporción que el ingreso de los deudores, por lo que menos condiciones existen para la expansión crediticia, necesaria para el financiamiento de la inversión y el consumo.

Se insiste en "más de lo mismo" en la gran mayoría de los países

La respuesta del gobierno frente a la crisis se inserta en la lógica emanada de los países desarrollados que lideran el G-20. En la reunión del G-20 celebrada a mediados de noviembre de el 2008, a raíz de la manifestación de la crisis económica, se mencionó que "su trabajo será guiado por la creencia que los principios del mercado, regímenes abiertos de comercio e inversión y eficaz regulación de los mercados financieros impulsan el dinamismo". Añaden que "reconocemos que estas economías serán solamente exitosas si nos mantenemos con el compromiso de los principios del libre mercado, incluyendo el respeto a la propiedad, la apertura del comercio y a la inversión, los mercados competitivos. Estos principios son esenciales para el crecimiento económico y la prosperidad." Agregan que: "Enfatizamos la importancia crítica de rechazar el proteccionismo y no volver hacia adentro en tiempos de incertidumbre financiera. En este aspecto, dentro de los próximos 12 meses, nos abstendremos de incrementar nuevas barreras a la inversión o al comercio en bienes y servicios". Los gobernantes de los países del Foro de Cooperación Económica Asia-Pacífico (APEC) reunidos en Perú el 22 de noviembre del 2008, repitieron el mismo discurso del G-20 en el sentido de "refrendar el compromiso de mantener el comercio y la inversión" y reiteraron "su firme convicción de los principios de libre mercado y abrir el comercio y los regímenes de inversión".

Como se puede observar, se insiste en los principios del libre mercado. Para ellos estos no fueron los culpables de la crisis, sino la falta de medidas de regulación, de ahí que sólo incorporan en sus propuestas, medidas reguladoras y de supervisión del sector financiero, pero sin que estas vayan a "frenar la innovación, la creatividad". Se sigue permitiendo la innovación financiera que da pie a que resurjan las prácticas especulativas que siempre desembocan en crisis.

Otra de las medidas a destacar que acordó el G-20 fueron las políticas de cooperación internacional, encaminadas a que las instituciones financieras internacionales puedan proveer apoyos a la economía global. Se señaló que el "FMI y el Banco Mundial (BM) deben otorgar facilidades de liquidez a las economías subdesarrolladas". Tal medida no viene a encarar los problemas que generaron la crisis en estos, solo viene a paliar sus problemas financieros y a incrementarlos, ya que en el entorno actual tales países no podrán garantizar el reembolso de los mismos, por lo que sólo postergan la profundización de sus problemas y la revisión de la política predominante.

Para nada se habló en dichas reuniones de transferencia de tecnología, de recursos financieros a bajo costo y a largo plazo para impulsar la esfera productiva de los menos desarrollados. No se dijo nada de tratos comerciales preferenciales a los países en desarrollo para impulsar su dinámica y aligerar sus problemas en el sector externo.

Por más que el G-20 se pronunció por que las economías emergentes deban tener voz y representación en el FMI y el BM, ello no garantiza el cambio de políticas y condicionamientos que tales instituciones exigen a los países que demandan apoyo financiero, dado que los propios organismos se encargarían de que los países que representarían a las economías emergentes en ellos fuesen aquellos que piensan igual, tal como se manifestó en el G-20, donde los presidentes de los países emergentes no presentaron propuestas alternativas a las planeadas por los países desarrollados y por el FMI y el BM.

El gobierno está confiado en que EU saldrá pronto de la crisis

El gobierno mexicano, al no tener el manejo soberano de la política económica a favor del crecimiento, lleva a que el país siga dependiendo de factores externos, de ahí que el gobierno está esperanzado en que EU salga de su crisis para que nos saque de la nuestra. Es decir, dependemos de ese país, que sí tiene manejo soberano de sus políticas para frenar la recesión. Ellos pueden flexibilizar su política cambiaria, bajar la tasa de interés e incrementar el gasto público deficitario para reactivar demanda, y el gobierno mexicano espera que esto pueda ejercer impacto positivo sobre nuestra economía, lo que evidencia que seguimos en un contexto de alta vulnerabilidad en torno al acontecer de dicha economía.

Ya señalamos que, a pesar que la economía estadounidense ha bajado sus tasas de interés y ha expandido el gasto público deficitario, no muestra perspectivas de haber superado la crisis. Tal economía no tiene condiciones de retomar su dinámica económica en forma sostenida, dada la gravedad de los problemas de sobreendeudamiento de las familias, la prosecución de los problemas de insolvencia y la restricción crediticia. El desempleo creciente y los bajos salarios impiden superar los problemas de cartera vencida como el de retomar la dinámica de consumo. La salida a la crisis y la recuperación de su economía no está a la vuelta de la esquina, y menos cuando van a reducir el gasto público deficitario, por lo que difícil es que las exportaciones mexicanas, las remesas recibidas y la inversión extranjera vuelvan a crecer al ritmo que lo hicieron en el pasado reciente, por lo que tales variables no actuarán como motor de crecimiento, y además, nuestra posición competitiva en dicho mercado se ha mermado frente a otras economías, como la China, entre otras.

Hay que considerar que la dinámica de exportaciones a tal país no se tradujo en mayor producción nacional, dado el alto componente importado de las exportaciones. Asimismo, la entrada de recursos del exterior se ha reciclado mediante el crecimiento de las importaciones, por lo que el gobierno mexicano no puede seguir apostando a que la salida de nuestra crisis vendrá de la dinámica de la economía de EU, pues se tendrán que realizar grandes cambios de política para que vuelva a crecer la economía, pero no se vislumbran.

No hay perspectivas de que nuestro país retome un crecimiento sostenido de las exportaciones hacia EU, ni la dinámica de las remesas recibidas o la inversión extranjera directa. Aunque vuelva a crecer la economía de EU, la nuestra no tiene condiciones productivas, competitivas, financieras o macroeconómicas para acompañar tal proceso. Nuestra reactivación no vendrá de crecimiento hacia fuera, dada nuestra baja productividad y competitividad, como el contexto de escaso crecimiento de la economía mundial.

El gobierno trata de disminuir el monto de la deuda pública y las presiones sobre la tasa de interés a través de la disciplina fiscal

El enfoque convencional señala que, al aumentar el gobierno el gasto o al reducir los impuestos en época de bajo crecimiento, lleva a aumentar la deuda y la carga tributaria, lo que tiene efectos adversos sobre el crecimiento de largo plazo, ya que disminuiría la inversión y la demanda (Issing, 2005). Asimismo, Moudud señala que la expansión del gasto público deficitario incrementa la demanda por deuda, lo que presiona sobre la tasa de interés, la cual termina restringiendo la inversión y la actividad económica (Moudud, 1999). En tal planteamiento teórico se incerta el discurso de Felipe Calderón el 13 de enero de 2010 en Michoacán en el que, refieríendose a los problemas presentes en Grecia y otros países europeos, señaló que México hizo su tarea de mantener la disciplina fiscal y no caer en déficit fiscal que llevan al endeudamiento y a prácticas especulativas del capital financiero contra los países que enfrentan alto riesgo de insolvencia. Es por ello que el gobierno no procede a trabajar con gasto deficitario para reactivar la economía y mejorar el ingreso de estados y municipios, así como de empresas e individuos, ante el temor de que ello resulte en mayor deuda e inflación, y se afecte su calificación de grado de inversión por parte de las calificadoras internacionales.

Cabe señalar que los problemas de sobreendeudamiento de los países de la zona euro, se explican porque perdieron el manejo soberano sobre su moneda, y al hecho de que cada país no puede devaluar la moneda, ya que esta es regida por el Banco Central Europeo, por lo que –al caer la gran mayoría en déficit de sector externo–, los llevó a incrementar su deuda, ante la inviabilidad de ajustar el déficit a través del manejo de la política cambiaria. Asimismo, al no tener control sobre su moneda, no pueden gastar más que sus ingresos, teniendo que recurrir a la deuda, para trabajar con gasto público deficitario. En la misma situación se encuentra la economía mexicana. Al priorizar la estabilidad del tipo de cambio, perdió el manejo soberano de su política económica, no pudiendo trabajar con déficit fiscal, so pena de incrementar su deuda y caer en problemas de insolvencia, como los países de la zona euro. Diferente sería si se trabajase con manejo soberano de la política económica como EU y Japón que trabajan con tipo de cambio flexible –lo que les permite trabajar con gasto público deficitario– sin enfrentar restricción alguna, a favor de la actividad económica.

Ante el contexto de incertidumbre generado por la crisis económica internacional, como por el fuerte impacto que ha tenido en la economía nacional y ante los problemas que esta enfrenta, el gobierno prefiere no instrumentar políticas contracíclicas a fin de tratar de mantener los equilibrios macroeconómicos para ser bien vistos por los mercados.

Para disminuir las presiones sobre las finanzas públicas y el monto de la deuda, el gobierno procede a disminuir el gasto y aumentar impuestos, precios y tarifas de los bienes y servicios del sector público. Se opta por políticas macroeconómicas defensivas ante la adversidad externa. Ello tiene el propósito de contraer la demanda y evitar presiones sobre precios y el sector externo que puedan desestabilizar el tipo de cambio y afectar al sector financiero. Destaca también la disminución de prestaciones laborales y sociales, el congelar salarios de empleados públicos, la privatización del sistema de pensiones, la reducción de servicios públicos, así como impulsar las coinversiones públicas-privadas en términos muy favorables a éste último, lo que implica acelerar la privatización de todas las empresas y servicios públicos, para evitar presiones sobre las finanzas públicas.

Si antes de la crisis dicha política estaba equivocada, por que frenan el crecimiento del mercado interno y nos lleva a depender de las exportaciones, más erróneo es insistir en ella, en el contexto de la caída de exportaciones, de remesas, inversión extranjera y de la demanda del sector privado; ya que ahonda la contracción económica, debido a que restringe el mercado interno. Señala Pargues que cuando el gobierno opta por trabajar con política fiscal restrictiva, renuncia a la posibilidad de que la política fiscal actúe en forma contracíclica (2004).

La disciplina fiscal, más que "valer la pena y ser un signo económico alentador" (como dijo Felipe Calderón el 13 de enero de el 2010), nos aleja de la recuperación, y contribuye a que la BMV muestre de nuevo un gran dinamismo, dado que dicha política le ofrece las condiciones de estabilidad monetario-cambiaria y le abre espacios de inversión atractiva que desea el gran capital.

Al trabajar el gobierno con superávit fiscal, saca de la economía, más de lo que introduce en ella, por lo que drena reservas bancarias, las cuales pueden caer por debajo de lo deseado (Kelton y Wray, 2009), lo que presiona al alza la tasa de interés y restringe la disponibilidad crediticia de la banca; con lo que se acentúa la fase recesiva de la actividad económica.

Tal política fiscal, en vez de alcanzar el ajuste deseado de equilibrio fiscal y favorecer el ahorro, aumenta las presiones sobre las finanzas públicas, ya que impacta sobre la tasa de interés, lo que además de aumentar el costo de la deuda, contrae más el poder adquisitivo de las familias y, por tanto, el consumo, lo que frena más la actividad económica y la generación de empleo.

Para que la política de disciplina fiscal no se traduzca en mayor deuda pública y en reducción de la disponibilidad crediticia hacia el sector privado, la economía tendría que estar creciendo, sea por sus exportaciones como por el incremento del consumo e inversión del sector privado, impulsado ello por las exportaciones, como por una política de baja tasa de interés. Sin embargo, ello no se da, ya que las exportaciones tienen un bajo valor agregado nacional que no impacta sobre el ingreso de empresas e individuos. Asimismo, si el crecimiento se diera por el déficit del sector privado, este pasa a ser insostenible, dado que tiene que cubrir el pago de su deuda, lo que limita la disponibilidad crediticia y el crecimiento. Al mantener el gobierno la política fiscal restrictiva, ahonda los problemas financieros del sector privado e impide una dinámica endógena de la economía.

La contracción económica derivada de la crisis y de la política fiscal restrictiva actúa en detrimento de las finanzas públicas, ya que –al disminuir el ingreso de empresas e individuos– se reduce la captación tributaria. Por más que el gobierno trate de aumentar la captación tributaria a través del alza de impuestos, no lo logra, dado el contexto de contracción económica.

Las presiones sobre las finanzas públicas condena al gobierno, dentro de su lógica de defender la disciplina fiscal, a seguir restringiendo su gasto e inversión y a ampliar la esfera de influencia de la cúpula empresarial en los sectores estratégicos de la economía y en los servicios públicos, por lo que se reduce más la participación del Estado en la economía e incrementa su subordinación al gran capital.

Esta ha sido la estrategia seguida por los últimos gobernantes que han estado por más mercado y menos Estado, sin importarles que ello atenta sobre la dinámica de acumulación, la generación de empleo y el bienestar de la gran mayorías del país, evidenciando que actúan a favor del gran capital nacional e internacional.

La reducción del gasto público no disminuye la deuda pública, ni mejora el financiamiento del sector privado

La política fiscal de austeridad –más que reducir el monto de la deuda pública y estimular la disponibilidad crediticia a favor del sector privado– termina ocasionando todo lo contrario, ya que contrae la actividad económica y el ingreso de los agentes económicos, por lo que dejan de ser sujetos de crédito. Asimismo, los problemas de desempleo –generados como consecuencia de la política de disciplina fiscal– afecta los sistemas de fondos de pensiones, pues menos trabajadores pasan a cotizar en ellos, lo que obliga al gobierno a tener que seguir apalancando dichos fondos, traduciéndose ello en mayor deuda pública y mayores presiones sobre las finanzas públicas.

Las presiones sobre las finanzas públicas se presentan también en los estados y municipios, los cuales recurren a la deuda interna para sortear sus problemas financieros, sin que se avizoren expectativas de ver incrementados sus ingresos para hacer frente a las obligaciones financieras derivadas de la deuda, y menos cuando esta no es canalizada al desarrollo de la esfera productiva, para reducir las presiones sobre el sector externo, como para reactivar la economía y ver así incrementados sus ingresos.

En un contexto de estabilidad del tipo de cambio y déficit de comercio exterior, la tasa de interés tiende a crecer por arriba del ingreso nacional, por lo que los montos de la deuda (pública y privada) crecen así como la relación de endeudamiento, lo que termina reduciendo el crecimiento del consumo, la inversión y el gasto público y, por tanto, la actividad económica.

La deuda pública tendrá menores grados de inversión por parte de las calificadoras internacionales, lo que presionará sobre la tasa de interés, tanto de la colocación de deuda pública externa como interna. Ello ocasiona alzas de la carga del servicio de la deuda, que seguirá presionando sobre las finanzas públicas.

La economía cae en déficit fiscal involuntario. La contracción económica que enfrenta el país ha desembocado en déficit fiscal en el 2009 (véase cuadro 3.8), debido a la caída de los ingresos tributarios no petroleros que cayeron en el 2009 en 11.5%, debido a los menores ingresos de empresas e individuos.

El hecho que la economía caiga en déficit fiscal, por los efectos de la contracción económica, pasa a actuar como elemento contracíclico, ya que tal posición implica que se recauda menos de lo que se gasta, lo que contrarresta en parte la caída del consumo y de la inversión del sector privado, así como de las exportaciones, para frenar la recesión. El monto del déficit fiscal generado no es suficiente para contrarrestar la caída de tales variables, por lo que la economía nacional muestra una gran contracción de la actividad económica en el 2009, aunque en el 2010 se observa cómo el gasto público deficitario está actuando en forma positiva –conjuntamente con el crecimiento de exportaciones– sobre el crecimiento (véase cuadro 3.9), aunque este no revierte la caída de el 2009.

Cuadro 3.8
México: balance fiscal 2000-2010
(millones de pesos)

Año	Balance fiscal	% del PIB
2000	-60 596.60	0.80576903
2001	-42 195.40	0.56647906
2002	-75 606.60	1.01412392
2003	-42 465.40	0.56202362
2004	-19 208.40	0.24432949
2005	-10 125.30	0.12479296
2006	9 933.70	0.11667626
2007	4 809.90	0.05466825
2008	-7 945.60	0.08898191
2009	-273 486.00	-3.27698923
2010*	-3 834.60	0.04587674

*Al primer trimestre:
Fuente: SHCP, Balance público.

Cuadro 3.9

México: variación porcentual del PIB

Fecha	PIB
Ene-mar 2008	2.6
Abr-jun 2008	3
Jul-sept 2008	1.6
Oct-dic 2008	-1.1
Ene-mar 2009	-7.9
Abr-jun 2009	-10
Jul-sep 2009	-6.1
Oct-dic 2009	-2.3
Ene-mar 2010	4.3

*Al primer trimestre.

Fuente: INEGI, Sistema de Cuentas Nacionales.

Se habla de Reforma Hacendaria en la perspectiva de que el gobierno se haga de mayores recursos para evitar caer en déficit fiscal y mayor deuda. No se dan cuenta que el gobierno recauda lo que gasta. Si el gobierno continúa con una política restrictiva de austeridad, menos se reactivará la economía, ni los ingresos de empresas e individuos y por tanto, los ingresos tributarios, no obstante que se incremente la tasa impositiva.

México no instrumenta políticas contracíclicas para recuperar el crecimiento

En la economía nacional ninguno de los sectores actúa como motor de crecimiento. El sector privado, con la crisis, ha visto restringido sus ingresos y está ahorrando para pagar la deuda, por lo que disminuye inversión y consumo, por lo que no nos sacará de la crisis. El sector público, con la política de disciplina fiscal, contrae la demanda, por lo que no genera condiciones para contrarrestar la caída de exportaciones y para retomar el crecimiento. Tampoco se cuenta con condiciones financieras internas para contrarrestar la menor entrada de recursos y de capitales del exterior. La banca ha restringido la disponibilidad crediticia (véase gráfica 3.9), lo que frena el consumo e inversión.

Las empresas e individuos no tienen capacidad para incrementar ingresos y salir por sí solos de la crisis y al no actuar el gobierno con políticas contra-cíclicas, la economía sigue sujeta al comportamiento de la economía de EU.

Tanto la mayor parte de las empresas como de las familias están sobreendeudadas, y sus ingresos cayendo, por lo que no tienen capacidad de seguirse endeudado, ni de invertir, ni de mantener su consumo. La economía depende de las exportaciones y de los flujos de recursos y capitales. Seguimos determinados por el acontecer económico de los países que sí tienen manejo soberano de su política económica. Nos dice Wray que: "Las naciones que no operan con monedas soberanas tendrán que esperar a que EU y otras naciones soberanas saquen a la economía global de la recesión, antes que ellas puedan empezar a recuperarse" (Wray, 2009b).

El banco central no puede flexibilizar la política monetaria en forma tal que baje la tasa de interés e incremente la liquidez que rebase los límites establecidos por la reserva internacional, tanto para no comprometer la estabilidad cambiaria ni la convertibilidad de la moneda.

Hay resistencia a flexibilizar la política económica ante el temor de la inflación, no obstante que la economía tiene capacidad ociosa, alto desempleo –el empleo subutilizado en el país es 18% de la PEA. Habría capacidad productiva y mano de obra disponible para incrementar la producción para satisfacer el incremento de demanda derivada de la expansión monetaria y fiscal sin que ello presione los precios, el sector externo o el tipo de cambio. No obstante ello, se procede a no flexibilizar la política monetaria y fiscal para no comprometer la estabilidad del tipo de cambio.

Continúa el predominio del mercado y de lo financiero

El FMI se fortalece con la crisis

El FMI renueva su influencia con la crisis a través de los créditos financieros que otorga a diversas economías para que encaren sus problemas, para evitar la profundización de sus crisis, sin considerar que ello sólo la posterga. Tales soportes financieros se dan condicionados a que prosigan las políticas de liberalización económica y de "estabilidad" macroeconómica predominantes –políticas monetarias y fiscales restrictivas– así como los mayores niveles de reservas internacionales para asegurar la convertibilidad de la moneda, y el pago del servicio de las obligaciones financieras externas, lo que actúa a favor de lo financiero, en detrimento de los sectores no financieros, y que han colocado a los países, como el nuestro, en un contexto de alta vulnerabilidad externa, que nos han arrastrado a la crisis que enfrentamos.

Los organismos financieros internacionales están porque continúe el libre mercado. Se oponen al control del movimiento de mercancías y capitales, por lo que prosigue la vulnerabilidad de las economías respecto al comportamiento de tales variables, como los efectos de irradiación de la crisis. La mayoría de los países espera que cambie el signo de comportamiento del movimiento de las mercancías y de capitales para retomar su dinámica de comportamiento, y los problemas de los países desarrollados no han sido resueltos, por lo que es difícil que vuelvan a ser el motor de la economía mundial.

El hecho que sigan predominando las políticas que ocasionaron la crisis evidencia el poder que sigue ejerciendo el capital financiero internacional, que no permite cambio alguno de la política económica que actúa a su favor. No serán las políticas de disciplina fiscal y la estabilidad del tipo de cambio, dirigidas a reducir el riesgo-país, lo que configure las condiciones de crecimiento de la economía y del empleo.

El sector bursátil, el más agraciado

Las políticas de "estabilidad", así como las grandes reservas internacionales y la continuidad de las reformas estructurales generan expectativas positivas para los agentes financieros, y hacen que la BMV sea atractiva a la inversión. A ello se suma el comportamiento de las bolsas a nivel mundial, lo cual da como resultado de la gran liquidez que se ha derivado de los recursos que los bancos centrales y los gobiernos de los países desarrollados han inyectado a la banca y a los mercados financieros para evitar la caída de estos y la desvalorización de los activos financieros. Tal situación ha impactado positivamente en la BMV. Es por ello que el Secretario de Hacienda ha señalado –fines de abril de el 2010– que la economía mexicana muestra signos de mejoría. La historia se repite en un corto plazo, dado que se sigue evaluando a la economía en torno a los parámetros del capital financiero.

La crisis no la generaron políticas económicas dirigidas a satisfacer las necesidades de la mayoría de la población. No fueron políticas encaminadas a aumentar el empleo y los salarios lo que ocasionaron la crisis, sino las políticas que responden a los intereses del capital financiero y que impulsaban el gran crecimiento de la BMV y las prácticas especulativas y, no obstante ello, se continúa con tales políticas.

La BMV atrae mayores recursos, y más considerando que la esfera productiva sigue sin ofrecer condiciones de rentabilidad y crecimiento, lo que ha hecho que dicho mercado se dispare de nuevo en relación con la economía real. Mientras la industria manufacturera tuvo una drástica caída en el 2009, la BMV alcanzó a fines de el 2009, un nivel de 32120 puntos, que representa un crecimiento de 90.4% respecto al nivel observado 27 de octubre de el 2008, que fue de 16 868 puntos. Ello evidencia que las ganancias ficticias que se verifican en dicho sector, no se transfieren (invierten) en la esfera productiva, de ahí el rezago que esta muestra en relación con lo financiero, por lo que no hay que condiciones endógenas que justifiquen el repunte del mercado bursátil. Ello es insostenible, tal como se evidenció en el colapso de septiembre-octubre de el 2008 a nivel mundial y nacional. El hecho que la BMV esté rompiendo record, no implica un signo económico alentador, sino totalmente preocupante, ya que evidencia que otra crisis financiera y económica se presentará, pues el gobierno sigue repitiendo la misma historia de favorecer lo financiero a costa de marginar el crecimiento de la esfera productiva y el empleo, así como el ingreso de empresas e individuos, lo que recrudece los problemas de insolvencia que desestabilizarán al sector bancario.

Los problemas continuarán al insistirse en "más de lo mismo"

1. Al proseguir la política económica de estabilidad cambiaria, continuarán los problemas de insolvencia

Se nos dice que la banca esta capitalizada y que no se presentarán en el país los problemas de inestabilidad financiera existentes en los países desarrollados. Sin embargo, la banca está enfrentando problemas de cartera vencida derivada de los altos niveles de endeudamiento existentes, de las altas tasas de interés y de la caída de ingreso de los deudores. Ello es resultado de las propias prácticas especulativas seguidas por la banca, al otorgar más créditos al consumo y a la especulación, y no a la esfera productiva, por lo que terminó por no ver aseguradas las condiciones de reembolso de dicha deuda. Ante ello, la banca responde con restricción de créditos, lo que viene a contraer más la demanda y la actividad económica y a acentuar los problemas de insolvencia.

La restricción crediticia forma parte de la política de los bancos de mantener reservas bancarias para encarar sus problemas financieros. Tal respuesta restringe la actividad económica y acentúa la cartera vencida.

Al recrudecerse nuevamente los problemas de cartera vencida, la banca deja de asumir posiciones de riesgo. Se vuelve cauta, precavida, a costa de restringir la disponibilidad crediticia. Cabe recordar como a raíz de la crisis bancaria en 1995 se dio una drástica restricción crediticia, llevando a la economía a depender de financiamiento externo, y a las empresas a depender del financiamiento inter-empresarial. Fue hasta el 2003 que la banca empezó a incrementar la disponibilidad crediticia a favor del consumo, y hasta el 2004-2005 al sector empresarial, en menor medida, sin alcanzar los niveles crediticios que existían en 1994, antes de la crisis (Huerta, 2009). Ahora, de nuevo restringe los créditos y afecta a aquellos sectores que se habían favorecido con el previo aumento crediticio, tal como el consumo y el hipotecario. El consumo en los últimos años crecía en gran medida gracias a las remesas y al crédito y, actualmente, ambos factores han dejado de operar. Las remesas están cayendo, y el crédito se ha restringido, lo que contrae el consumo y con ello la actividad económica.

La política de estabilidad predominante no garantiza el reembolso de los créditos, ni la valorización de activos, por lo que afecta al sector financiero. Nos dicen Arestis y Karakitsos que los bancos centrales enfrentan mucha más dificultad en estabilizar una economía apalancada (2009).

El contexto de incertidumbre y las expectativas negativas de la economía, permanecerán por mucho tiempo, dada la profundidad de los problemas que se enfrentan, tanto en relación con el bajo crecimiento de ingresos de empresas e individuos, el sobreendeudamiento e insolvencia, como la desvalorización de sus activos, las presiones sobre el sector externo, los fuertes rezagos productivos que están detrás de ello, por lo que predominará la preferencia por liquidez, y no el incremento de la disponibilidad crediticia, ni el consumo, ni la inversión, ya que tampoco se presentan condiciones de rentabilidad para que algún proyecto de inversión sea confiable y sujeto de crédito, lo que retroalimenta la recesión y la incertidumbre de la economía.

2. La reestructuración de las deudas favorece a los acreedores, y no resuelve el problema

Los deudores, al no poder pagar los prestamos, se ven obligados a recurrir a reestructurar sus deudas en términos nada favorables para ellos. La banca les alarga el plazo para evitar incumplimiento, a cambio de cobrarles más comisiones y mayores intereses, lo que abulta el monto de la deuda, que lleva a su crecimiento exponencial, y a una situación permanente de transferencia de recursos hacia los acreedores, a costa de descapitalizarse, de disminuir la demanda y la actividad económica, por lo que la deuda terminará siendo impagable. Esas reestructuraciones de la deuda solo postergan la manifestación de una crisis de mayores proporciones del sistema bancario, que demandará otro rescate bancario. Al recrudecerse los problemas de insolvencia y del sector bancario-financiero, ocasionará mayor especulación contra la economía, ante la inestabilidad conformada.

Ante ello surge el cuestionamiento de si el gobierno tiene que rescatar otra vez a la banca. Cabe señalar que esta fue responsable de esa expansión de créditos especulativos y de su mala asignación, por lo que tiene que pagar el costo de los errores cometidos, y el gobierno no tiene porque asumir algún costo de los problemas que se deriven de ello, ya que de hacerlo, recaería en detrimento de los contribuyentes, sea en mayores impuestos, o en menores gastos de bienestar social.

3. Insistir en más reformas estructurales no nos sacará de la crisis

El gobierno, al no poder flexibilizar la política económica para encarar la crisis, plantea la realización de mayores reformas estructurales para atraer capitales que permitan retomar el crecimiento.

El Tercer Informe de Gobierno se pronuncia por una "reforma económica de fondo para lograr una economía más competitiva, que implica una nueva generación de reformas en las empresas públicas del sector energético", así como una "reforma laboral que facilite el acceso de millones de mujeres y jóvenes a la vida económica con un ingreso digno". A ello se agrega una "reforma regulatoria de fondo para contar con una regulación base cero que facilite la vida de los ciudadanos" (Presidencia, 2009). Es decir, se insiste en más mercado, mayor desregulación, mayor privatización y reducción de la participación del Estado en la economía.

El que se mantenga la política macroeconómica de "estabilidad" y se insista en las reformas estructurales de privatización y extranjerización de los sectores estratégicos, para ampliar la frontera de inversión al capital privado y estimular la entrada de capitales al país, evidencia la inoperatividad del modelo económico predominante para generar condiciones endógenas de acumulación, de financiamiento y de crecimiento. Los flujos de capital que tales reformas propician, no encaran los problemas de la economía, sino por el contrario, los profundizan, pues mantienen la apreciación del tipo de cambio lo que, junto con la política de disciplina fiscal y altas tasas de interés predominantes, reducen la competitividad de la producción nacional y, por tanto, mantienen la baja dinámica de acumulación y los bajos niveles de ingreso de empresas e individuos. Señala la UNCTAD que: "Ninguna nación ha tenido éxito con los fuertes vínculos entre la entrada de capitales, la formación de capital e industrialización" (2004:92). Prosiguen los problemas financieros internos, la restricción de créditos hacia la esfera productiva, las presiones sobre el sector externo, lo que acentúa la dependencia de la entrada de capitales.

Pensar que con más mercado y más reformas estructurales se atraerán mayores flujos de capitales y ello resolverá los problemas, y que saldremos de la crisis, es no tomar en cuenta que en este proceso hemos estado en las últimas décadas, y no ha impactado positivamente en la esfera productiva nacional, ni en el empleo, ni han reducido el déficit de comercio exterior, ni configurado condiciones endógenas de acumulación o financiamiento para asegurar el reembolso de las obligaciones financieras que se derivan de la entrada de capitales, ni reduce los requerimientos de financiamiento externo. Con tales políticas se ha favorecido a los dueños del dinero, que se apropian de los sectores estratégicos de alta rentabilidad del país y que obtienen grandes ganancias en el sector financiero-especulativo. Los problemas de la economía derivados de la política predominante no se contrarrestan con los flujos de capital que las reformas estructurales puedan propiciar.

4. El gobierno plantea la reforma laboral como política para evitar mayor caída de exportaciones y para encarar el desempleo

La reforma laboral se inserta en el afán del sector empresarial de tratar de ser el menos afectado en esta crisis a través de flexibilizar el mercado de trabajo, para la mayor explotación de la fuerza de trabajo.

La exposición de motivos de la Reforma Laboral presentada por el gobierno señala que: "la realidad social y económica de México es muy distinta en la actualidad a la que imperaba hace más de treinta años, cuando se promulgó la Ley Federal de Trabajo vigente, por lo que es imprescindible modernizar el marco jurídico del sector laboral a fin de facilitar el acceso al mercado de trabajo... impulsar la productividad... propiciar competencia..", y de ahí que la Reforma se encamina a la contratación por horas, por días y temporada, a eliminar los contratos colectivos, así como reducir prestaciones laborales, y los montos de liquidación cuando se despide a los trabajadores, limitar los salarios caídos en los periodos de huelga, incorporar la multi-habilidad obligatoria (flexibilidad del trabajo) como mecanismo para incrementar la productividad, incorporar nuevos requisitos para el trámite de emplazamientos a huelga por firma de contrato colectivo de trabajo, eliminar el descuento obligatorio de las cuotas sindicales por nómina, regular la subcontratación, terciarización u *outsourcing* (empresas que contratan empleados a través de honorarios, sin otorgarles prestaciones laborales, para prestar servicios a terceros), delimitar el tiempo que podrían durar los conflictos laborales, y otras medidas encaminadas a disminuir el costo laboral, para mejorar la posición competitiva de la economía, para atraer inversión extranjera e incrementar exportaciones, para evitar fuerte caída en la producción y el empleo, y así convalidar la estrategia de crecimiento hacia fuera, sin considerar que el mercado externo está contraído y así estará por mucho tiempo.

A raíz de la crisis, las autoridades gubernamentales en el país empezaron a pedir a los dirigentes sindicales que moderaran sus reajustes salariales para conservar las fuentes de empleo. Parten de la concepción que no hay competitividad ni generación de empleos, debido al alto costo de los salarios, a las prestaciones laborales, a la falta de movilidad de la fuerza de trabajo y por los costos derivados de las huelgas. De ahí la justificación de la reforma laboral que proponen.

Tal planteamiento está presente en los organismos económicos y financieros internacionales que señalan que hay que "continuar con la integración del comercio mundial y asegurar mayor integración de los mercados financieros internacionales" (UNCTAD, 2009). Se insiste así en "más de lo mismo", no obstante que tales políticas nos llevaron a la crisis que enfrentamos. Siguen pensando que hay que seguir creciendo hacia el mercado externo, y de ahí el libre movimiento de mercancías y capitales y la necesidad de seguir con las llamadas reformas estructurales para alcanzar la supuesta competitividad. Señalan que hay que "perseguir reformas estructurales para hacer el mercado laboral y de productos más competitivos para aumentar las perspectivas de crecimiento" (UNCTAD, 2009).

Si el país no es competitivo, no es porque tengamos altos salarios y grandes prestaciones a los trabajadores. De hecho, estos han venido disminuyendo desde hace años y la competitividad y el empleo no han aumentado, sino siguen decreciendo, evidenciando que no son los aspectos laborales los que atentan sobre la competitividad. Esta no incrementará reduciendo salarios reales y prestaciones, sino con niveles de productividad y manejo de política cambiaria para tal efecto, situación que no ha existido en el país. Si China es exitosa a nivel mundial, no es por sus bajos salarios, sino por el gran crecimiento de su inversión (la cual rebasa 40% del PIB) que le permite incrementar su productividad, situación que no está presente en nuestro país, ni hay preocupación del gobierno de avanzar en tal dirección. Se tendría que incrementar la inversión en la esfera productiva, para modernizar la planta productiva y así incrementar la cantidad producida por trabajador. El problema es que la política económica genera mejores niveles de ganancia en el sector financiero-especulativo, y no en el sector productivo, por lo que la inversión fluye al primer sector, y no hacia el sector manufacturero o agrícola, por lo que no se modernizan estos, y no hay incremento de productividad que los haga competitivos frente al exterior. A ello se añade el hecho que el sector bancario presta más al sector financiero, como a la construcción, que al sector manufacturero, por lo que menos condiciones tiene éste de invertir para incrementar la productividad y la competitividad.

Ante la falta de crecimiento de la productividad, hay países que recurren a la devaluación de su moneda (lo que encarece al dólar y a los productos importados, y abarata los productos nacionales frente al dólar) para mejorar su competitividad, para así hacer frente a las importaciones como para incrementar exportaciones. En cambio en México, la política cambiaria no responde a las necesidades de competitividad, sino se opta por mantener apreciada la moneda nacional (peso fuerte dólar barato) a favor de lo financiero.

No es conveniente sustentar la competitividad en bajos salarios, pues ello contrae más el mercado interno y siempre habrá un país que ofrezca menores salarios que el nuestro. Tal estrategia ha demostrado que no mejora las condiciones productivas, financieras o macroeconómicas internas para el crecimiento sostenido en nuestra economía. Los empresarios nacionales deben olvidarse de tratar de ser competitivos a través de la reforma laboral para participar en el comercio internacional. Dicho comercio seguirá contraído por mucho tiempo y, cuando fue dinámico, no favoreció a la industria nacional, y además no tenemos ninguna perspectiva de competir ahí frente a China.

La reforma laboral propuesta por el gobierno no resolverá el desempleo existente, pues éste no es debido a los altos salarios o altas prestaciones laborales, o a la falta de flexibilidad en el mercado de trabajo, sino porque el mercado interno y externo están contraídos. Las empresas trabajan con altos niveles de capacidad ociosa y, al no haber crecimiento de demanda interna y de exportaciones, no hay crecimiento de inversión –ni vendrá la inversión extranjera directa esperada–, ni contratación de mano de obra, por más reducción de salarios reales y de prestaciones laborales y sindicales que la reforma en cuestión trate de instrumentar.

La reforma laboral representa "más de lo mismo": más crisis. No será a través de ello como se saldrá de la crisis. Esta no es porque los salarios y prestaciones sean altos. La reforma laboral propuesta, más que preservar el empleo, actúa en su contra, ya que es aceptar que sigan deteriorándose los salarios y con ello el poder adquisitivo, la demanda y el mercado interno.

La generación de empleo depende del crecimiento de la producción y de las ganancias que esta le brinda al empresario, para así incrementar la inversión. Los menores salarios, más que medida contra la crisis, vendrían a profundizarla, debido a que contraen el mercado interno y actúan en forma procíclica, frente a la caída de las exportaciones, las cuales –a pesar de la reducción de los salarios– no se verían dinamizadas. Con la reforma laboral se evidencia que no hay preocupación alguna por parte del gobierno federal de encarar los problemas de fondo detrás del desempleo.

De seguirse instrumentando más reformas de orientación de mercado, la profundización del subdesarrollo continuará, lo que es insostenible económica y políticamente.

5. La recuperación económica de otros países no necesariamente beneficiará a la nuestra

Creer que la economía saldrá de la crisis una vez que EU retome su dinámica económica es no entender las causas de la crisis que enfrentamos. El hecho que otros países puedan crecer no implicará que nuestra economía vaya a hacer lo mismo, ya que, al seguir predominando la política económica que generó la crisis, ocasionará que esta continúe.

Los factores externos no actuarán como antes. El gobierno está apoyando a través de subsidios a las empresas que han visto caer fuertemente sus exportaciones, creyendo que esto es temporal, por lo que les transfiere recursos para que se mantengan y se recuperen, una vez que se vuelva a dinamizar el mercado estadounidense. El problema es que no puede apoyarse a empresas que no tienen capacidad de subsistir ante su falta de competitividad en el mercado externo, y menos porque no se vislumbran expectativas de que se recupere el dinamismo perdido. El crecimiento de la economía de EU y de nuestras exportaciones a dicho mercado, manifestada a fines de el 2009 y principios de el 2010, no es sostenido dados los problemas de dicha economía, como porque dejarán de operar los elementos anti-cíclicos en tal país. Otorgar subsidios a las empresas exportadoras implica un desperdicio de recursos, dado que no son, ni serán el motor del crecimiento. De ahí que la política del gobierno no debe ser la de apoyar a las empresas exportadoras para preservarlas, sino que debe impulsar la reestructuración del aparato productivo en torno a la sustitución de importaciones.

Hay que considerar que 90% de las transacciones de comercio internacional involucran crédito hacia los países importadores, y el financiamiento para el comercio internacional se ha restringido como consecuencia de los problemas de liquidez mundial derivados de la crisis (UNCTAD, 2009). De ahí que el G-20 haya asignado una partida de 250 mil millones de dólares para impulsar el comercio internacional, cantidad que es muy reducida en relación con los flujos comerciales anuales, lo que aleja las posibilidades de una pronta recuperación del comercio internacional, dado el contexto de bajo crecimiento que se manifiesta en la gran mayoría de las economías.

China, dentro de su estrategia de exportaciones, otorga créditos a EU para financiarle las compras que este país les envía (Kregel, 2009). México no tiene condiciones para hacer eso, por lo que la perspectiva es que siga siendo marginado del mercado estadounidense.

No se puede seguir en un esquema en el cual hemos estado desde hace años, que no ha dado resultados. La estrategia de crecimiento hacia fuera no ha resultado exitosa para el país. El empleo generado por las exportaciones manufactureras no contrarresta el desempleo ocasionado por el rompimiento de cadenas productivas derivado del aumento del coeficiente importado y del proceso de liberalización económica.

Bibliografía

Arestis P., y Karakitsos, E., 2009, "What Role for Central Banks in View of the Current Crisis?", en The Levy Economics Institute of Board College, Policy Note 2009/2, marzo.

Bibow, J., 2004, "Fiscal Consolidation: constrainsting stategies & lessons from international experiences", en The levy Economics Institute and Board College, Working Paper, no. 400, enero.

—, 2008, "Insuring Against Private Capital Flows", en The Levy Economics Institute of Board College,Working Paper, no. 553.

D'Arista, J., 2009, Setting on Agenda for Monetary Reform, Political Economy Research Institute, University Of Massachusetts Amherst, WP (University of Massachusetts Amherst), No. 190, Jan.

Huerta, A., 2009, *Hacia el colapso de la economía mexicana*, Editado por la UNAM.

Issing, O., 2005, "The role of fiscal and monetary policies in the stabilization of the economic cycle", en la web del Banco de México, y www.ecb.int

ohnson, S., 2009, "The Quiet Coup", en The Atlantic, mayo del 2009. www.theatlantic.com/doc/200905/imf-advice

Kelton, S. y Wray R., 2009, "Can Euroland Survive?", The Levy Economics Institute of Board College, Public Policy Brief, no, 106, noviembre.

Kregel, J., 2009, "Financial flows and international imbalances: The role of catching up by late-industrializing developing countries", en The Levy Economics Institute and Board College, Working Paper, no. 528, febrero.

Moudud, J., 1999, "Government Spending and Growth Cycles: Fiscal Policy in a Dynamic Context", en The Levy Economics Institute of Board College, Public Policy Brief, no, 52, julio.

Montiel, P., y Servén, L., 2004, *Macroeconomic Stability in Developing Countries: How mucho is Enough?*, The World Bank, Policy Research Working Paper Series 3456.

Minsky, H., 1993, "Finance and Stability: The limits of capitalism" en The Levy Economics Institute of Board College, Working Paper, no. 93.

Naudé, W., 2009, "Financial Crisis of 2008 and the Developing Countries", United Nation University, UNU-Wider, January, Discussion Paper no. 2009/1.

Pargues, A., 2004, "A genuine full-employment policy in a fully globalised economy or why globalization is a unique opportunity and not a strait-jacket", en Post-Keynesian Conference, celebrada en UMKC, EU, del 26 al 29 de junio.

Presidencia, 2009, Tercer Informe de Gobierno, Presidencia de la República, www.presidencia.gob.mx

Standpunk, G., 2008, "What the collapse of the financial system teaches about the wealth of capitalism nations", en Ruthlesscriticism.com, octubre.

Tymoigne, É., 2008, Minsky and economic policy: en "Keynesianism" All over again?» The Levy Economic Institute of Board College, Working paper, no. 547, octubre.

UNCTAD, 2004, Trade Development Report.» Naciones Unidas, N.Y & Ginebra.

—, 2006, Trade Development Report, Nacionales Unidas, NY y Geneva.

—, 2009, Global Economic Crisis: Implications for trade and development, Report by UNCTAD Secretarial, Trade and Development Board, Geneva, 11-15 mayo, pp. 16-17.

Wray, R., 2009a, "Interest rate determination", en *New Economic Perspectives from Kansas City and Beyond*, agosto. 21,

—, 2009b, "An alternative view of finance, saving, deficits and liquidity", en The Levy Economics Institute of Bard Collage, Working Paper no. 580, octubre.

Capítulo 4

La salida a la crisis demanda replantear la política económica de libre mercado

La economía dentro del libre mercado no tiene capacidad de crecimiento

La liberalización económica no conduce al crecimiento

La política de liberalización económica y de estabilidad macroeconómica que le acompaña no han configurado condiciones de demanda y expectativas de ganancias en la esfera productiva, para estimular la inversión e impulsar un crecimiento endógeno de acumulación, sino por el contrario, han generado baja dinámica de acumulación, así como presiones sobre el sector externo, todo lo cual nos lleva a depender de factores externos. Es decir, de las exportaciones, del precio internacional de las materias primas que se exportan, así como de los flujos de capital, lo que impide bajar sustancialmente la tasa de interés e incrementar el gasto público que impulse la inversión pública para que retome el crecimiento económico; lo que nos coloca en un contexto de alta vulnerabilidad externa, y hoy en día estamos pagando las consecuencias.

La estrategia de crecimiento hacia fuera no ha sido el motor de crecimiento de la economía nacional, dado el bajo valor agregado nacional de lo exportado, por lo que el dinamismo de estas, no contrarresta el bajo crecimiento del mercado interno, ni el crecimiento de importaciones, por lo que la economía nacional se ha caracterizado por su bajo crecimiento, con presiones crecientes sobre la balanza de comercio exterior, lo que nos hace depender de los flujos de capital.

No es el mercado de economía abierta lo que nos llevará al crecimiento, sino por el contrario, ahora estamos más subdesarrollados que antes de que predominaran tales políticas de liberalización y desregulación económica.

El periodo recesivo o de bajo crecimiento configurado se prolongará de no existir factores que reactiven la demanda y los ingresos de empresas e individuos. No hay perspectivas de que aumenten exportaciones, ni el gasto público, ni la disponibilidad crediticia, para crecer en torno al mercado interno, por lo que se mantendrá restringido el comportamiento de los ingresos de empresas, la generación de empleo y con ello seguirán los problemas de insolvencia.

La crisis actual representa el fracaso del libre mercado

Los defensores de las políticas de libre mercado siempre han pensado que el mercado se autoregula. Bajo tales principios, se abrieron y se desregularon los mercados. Se permitió el libre movimiento de mercancías y capitales, el predominio de políticas de estabilidad macroeconómica, la desregulación de la banca y la innovación financiera.

Las fuerzas del mercado no son estabilizadoras. Ellas priorizan la búsqueda de la ganancia expedita de corto plazo, que lleva a prácticas especulativas, que relegan a la esfera productiva, y terminan desestabilizando a los mercados financieros y por configurar la crisis.

Ello ha demostrado que el mercado no se autoregula, no conduce al crecimiento sostenido, ni al pleno empleo, ni a mejores niveles de vida para la población, ni a disminuir las desigualdades de ingreso. No nos lleva a mayor eficiencia, mejor asignación de recursos o a configurar las bases reales, financieras y macroeconómicas para el crecimiento, sino que provoca desindustrialización, déficit de comercio exterior, una banca disfuncional a la dinámica económica, altos niveles de endeudamiento, problemas de insolvencia, especulación, y nos colocan en un contexto de alta vulnerabilidad respecto al acontecer internacional. Nos hace depender de variables externas y, cuando estas dejan de actuar positivamente, no hay condiciones endógenas necesarias para encarar la caída de exportaciones, de las remesas y de la entrada de capitales, para evitar la inestabilidad de la moneda y la caída de la economía y del empleo.

La crisis representa el fracaso de haber privilegiado el libre mercado y las reformas estructurales así como de haber reducido la participación del Estado en la regulación y conducción de la actividad económica y haberle quitado el manejo soberano de la política económica, pues lo subordinaron a la instrumentación de las políticas macroeconómicas de "estabilidad", a favor del sector financiero.

Ante los problemas que enfrenta la economía nacional, esta no puede ser dejada a las libres fuerzas del mercado, dada la mala asignación de recursos y la actitud especulativa que estas desarrollan. La recurrencia de las crisis, y sus repeticiones cada vez más profundas, evidencia los altos costos que ha representado para la economía el seguir permitiendo el predominio de las libres fuerzas del mercado. "La crisis actual representa el fracaso del gobierno al promover la desregulación, reducir la supervisión y consolidar el poder del mercado en manos de los capitalistas que manejan el dinero" (Wray, 2008). Al dejar el gobierno de intervenir en la economía, esta pasa a un contexto de fragilidad y crisis.

El sistema no se autoajusta. El hecho que la crisis procede a sacar del mercado a los menos eficientes, ello no implica que los sobrevivientes, los más eficientes, por sí solos retomen el crecimiento económico. Se requiere que el gobierno intervenga en la economía desde una perspectiva diferente a como lo ha hecho hasta ahora.

La economía no puede seguir dependiendo de las variables externas

A pesar del contexto de globalización, de la interrelación comercial y financiera entre las economías, la posición que cada país ocupa en dicho proceso y sus resultados están en función de sus condiciones internas. Los factores externos pueden ser favorables, pero si no tiene capacidad productiva y competitiva para aprovecharlos, ello no se traduce en impactos positivos sobre la dinámica nacional. El gobierno mexicano más que estar esperanzado en que la economía de Estados Unidos se recupere, para que el país vuelva a crecer, debería preocuparse por encarar los rezagos productivos y desarrollar la tecnología para impulsar condiciones endógenas de acumulación y disminuir el déficit externo y nuestra vulnerabilidad externa. Esperar que los factores externos vuelvan a operar positivamente, es no considerar que tales variables no han actuado favorablemente sobre las condiciones endógenas de acumulación.

Una economía como la nuestra no puede descansar en el crecimiento hacia fuera. Tal estrategia ha demostrado que no configura condiciones de crecimiento sostenido. Las importaciones han aumentado más que las exportaciones, lo que ha aumentado los coeficientes de importaciones (véase cuadro 4.1), y ello ha atentado sobre el desarrollo industrial y agrícola; además de aumentar las presiones sobre el déficit externo, y sobre los requerimientos de entrada de capitales, lo que nos exige una política económica a favor de ellos, a costa de descuidar los reclamos nacionales de desarrollo.

Cuadro 4.1

México: coeficiente de importación por ramas industriales

Año	1990	2000	2007	2008	2009*
Total	84.70	150.30	170.62	184.04	198.29
Productos alimenticios, bebidas y tabaco	16.00	18.20	26.43	29.11	30.59
Textiles, prendas de vestir e industria del cuero	62.70	123.40	133.22	142.71	142.67
Industria de la madera y productos de madera	28.70	33.30	46.45	49.51	99.10
Papel, productos de papel, imprenta y editoriales	67.20	103.20	151.87	155.53	155.95
Sustancias químicas, derivados del petróleo, productos de caucho y plástico	71.20	133.00	158.25	173.94	78.51
Productos de minerales no metálicos, excepto derivados del petróleo y carbón	11.70	22.90	159.51	186.53	24.05
Industrias metálicas básicas	157.00	257.00	105.58	107.77	105.89
Productos metálicos, maquinaria y equipo	159.30	283.50	320.04	342.41	2288.13
Otras industrias manufactureras	408.50	208.70	313.68	358.87	405.52

*Primer semestre de el 2009. A partir de 2007 se utiliza la base 2003, para los años anteriores la base es 1993.

Fuente: Banxico, CEFP.

El crecimiento de la economía está en función de las condiciones productivas, financieras y macroeconómicas hacia las cuales habría que abocarse, para reconstruirlas a favor de impulsar dinámicas más endógenas y autosostenidas.

Presiones permanentes sobre el déficit de comercio exterior y la inviabilidad de mantener la apertura comercial

Estructuralmente, la economía está condenada a trabajar con déficit de comercio exterior, dados sus rezagos productivos y baja competitividad. La liberalización económica y la política macroeconómica de estabilidad aumenta el desequilibrio externo, y no se vislumbran expectativas de corrección, dado el proceso de desindustrialización y de descapitalización del sector agrícola que dicha política ha generado.

La apertura comercial generalizada, la estabilidad cambiaria y la baja inflación son viables, mientras la economía cuente con flujos de capital para sustentar dichas políticas, y financiar el déficit comercial que ocasionan. Con la caída e inestabilidad de los mercados financieros internacionales y la generalización de la crisis, tienden a frenarse los flujos de capital, lo que compromete nuestra inserción en el proceso de globalización, así como las llamadas políticas macroeconómicas de "estabilidad". No hay factores internos capaces de mantener la prosecución de las políticas de libre movilidad de mercancías y capitales, así como la autonomía del banco central, la estabilidad cambiaria y la disciplina fiscal.

No se puede mantener las políticas de liberalización económica y de "estabilidad", a través del incremento de la deuda externa, pues las presiones sobre salida de capitales y sobre el sector externo continúan, y a ello se sumará el mayor pago del servicio de la deuda externa. Ello terminará por frenar la disponibilidad crediticia externa y por evidenciar la insustentabilidad de tales políticas, lo que revertirá en presiones sobre el tipo de cambio y en crisis de balanza de pagos. Ello obligará a realizar un ajuste. Es decir, se tiene que generar un superávit de comercio exterior para disminuir sus requerimientos de entrada de capitales y para cubrir las obligaciones financieras externas. Sin embargo, no se instrumentan políticas para favorecer la esfera productiva para corregir el desequilibrio del sector externo, sea a través de aumentar el valor agregado nacional de las exportaciones, como para sustituir importaciones. Tampoco se revisa la apertura comercial externa, y el gobierno insiste en evitar la flexibilidad del tipo cambio, por lo que se tendrá que acentuar el carácter restrictivo de las políticas monetaria y fiscal para reducir la actividad económica y sus importaciones y las presiones sobre el sector externo, por lo que la crisis seguirá latente. Sin entrada de capitales suficientes, se tendrá que devaluar la moneda, para que junto con la contracción económica se ajuste el déficit de comercio exterior.

La apertura comercial era condición para recibir igual trato del resto de los países para acceder a sus mercados. Sin embargo, tal política ha llevado a que el resto del mundo penetrara más a nuestro mercado que nosotros al de ellos, dado que tenemos una productividad por debajo de la media internacional, y de ahí que ello se ha traducido en rompimiento de cadenas productivas, menos capacidad productiva y empleo nacional y creciente déficit de comercio exterior. Ahora, con la recesión mundial y su bajo crecimiento, tenemos menos viabilidad para crecer en torno al comercio internacional, por lo que no hay razón para mantener la apertura comercial, dado que seguirán entrando más importaciones que lo que nosotros podemos exportar, implicando ello una filtración de demanda al exterior, déficit de comercio exterior y menor crecimiento económico, y mayor dependencia de entrada de capitales.

No se puede seguir apostando a una estrategia fallida, que no ha dado resultado, tanto porque no se cuenta con los niveles de productividad para salir exitoso en ello, como porque el escenario de la recesión actual y del estancamiento del comercio internacional, hacen inviable mantener la apertura comercial.

Igual comportamiento tendrán los flujos de capital, que en gran medida están asociados al flujo de mercancías, por lo que tendremos problemas serios de balanza de pagos, como en el pago del servicio de la deuda externa, que impedirán mantener condiciones de estabilidad cambiaria y establecer políticas a favor del crecimiento económico.

Con la falta de entrada de capitales se evidenciará la inoperatividad de la autonomía del banco central y la política de disciplina fiscal. Estas políticas han sido posibles por la afluencia de capitales al país. Una vez que la economía deja de contar con entrada de recursos suficientes para estabilizar el tipo de cambio y financiar la dinámica económica, no se puede mantener la autonomía del banco central y su política monetaria restrictiva, ya que de continuar en ello, se profundizaría la crisis.

La política de disciplina fiscal se podía mantener mientras crecían las exportaciones, así como las remesas recibidas y la entrada de capitales; pero, una vez que las variables externas dejan de darse en forma suficiente, se configuran contextos recesivos, por lo que la política fiscal no puede seguir manteniendo su carácter restrictivo, pues sería a costa de profundizar la crisis. Señala Wray que: "Por razones políticas y socioeconómicas, el gobierno debe crecer más rápido que la economía; si no lo hace, no sólo dejará a la sociedad con menos servicios públicos, sino que también generará mayor estancamiento" (2007).

La economía ha pagado un alto costo al pasar a más mercado y menos participación y regulación del Estado en la economía, por lo que no puede ser dejada a las libres fuerzas del mercado. Se requiere replantear nuestra inserción en el proceso de globalización y la política que la acompaña.

Mientras exista el libre movimiento de mercancías y capitales, no habrá viabilidad de salir de la crisis, pues ello impide flexibilizar la política económica a favor de lo productivo y del empleo, y además recicla al exterior todos los recursos que ingresan y que se generan en el país.

La incapacidad de mantener nuestra inserción en el proceso de globalización y las políticas que lo acompañan

La crisis del proceso de globalización es caldo de cultivo para el regreso del nacionalismo. Tal situación estuvo presente en la década de 1930 en México, Brasil y Argentina, entre otros, como respuesta a la Gran Depresión que se vivió de 1929 a 1933 y a la secuela que generó. Tales posiciones no existen actualmente. No hay correlación de fuerzas para ello. El capital financiero sigue siendo el hegemónico e impone las reglas del juego, y la política económica a su favor, lo que evidencia la incapacidad de los gobiernos para regular a dicho sector.

La lección que nos da la crisis no se ha aprendido y sigue repitiéndose, pues ante la crisis actual, se vuelve a expandir la liquidez y se instrumentan apoyos y políticas a favor de lo financiero, y no del sector productivo y la generación de empleo, por lo que lo financiero vuelve a dispararse y la economía real y el empleo no progresan. Prosigue fomentándose la distorsión de recursos que termina desquiciando el comportamiento de la economía.

Los recursos que recibe el sector bancario-financiero no se traducen en incremento de la disponibilidad crediticia, ni en inversión a favor de lo productivo, por lo que los mercados financieros están de nuevo creciendo.

Al no haber perspectivas de crecimiento, dados los problemas de la economía de EU, como la falta de competitividad de la producción nacional, así como por el predominio de las políticas monetaria y fiscal restrictivas, la esfera productiva seguirá sin ofrecer condiciones de rentabilidad, por lo que los recursos seguirán canalizándose al sector financiero-especulativo, lo que genera burbujas especulativas que retroalimentan la distorsión de recursos a favor de lo financiero, y en detrimento de la economía real.

Mientras la economía nacional siga dependiendo de la entrada de recursos y capitales y esté sujeta a las directrices del capital financiero, no tiene viabilidad de flexibilizar la política económica a favor del crecimiento. Es decir, no se puede bajar la tasa de interés e incrementar el gasto público, para recuperar la dinámica económica y el financiamiento interno ante el temor que ello presione sobre precios y el tipo de cambio y afecte al capital financiero, y este reaccione con salidas de capital.

Sin dinámica de acumulación, no hay estabilidad bancaria ni crecimiento

En contexto recesivo o de bajo crecimiento, ninguna empresa incrementa la inversión, dada la caída de ganancia configurada por la disminución de demanda, por la pérdida de competitividad, por los altos niveles de capacidad ociosa que se configuran y las nulas expectativas de crecimiento de mercado. No se invierte donde no se tenga asegurada la ganancia suficiente para cubrir el pago de la deuda que conlleva la inversión, y además tampoco la banca presta en tal situación.

Al no ofrecer la esfera productiva condiciones de ganancia para estimular la inversión, menos posibilidad tiene dicho sector de mejorar su competitividad, y seguirá siendo desplazado por las importaciones. La drástica caída de la producción manufacturera va acompañada de mayor desempleo y del deterioro de salarios y prestaciones de los trabajadores.

En el contexto de apertura comercial y apreciación del tipo de cambio, la producción nacional compite con las importaciones, en situación de desventaja. La industria nacional no tiene capacidad de recuperar el poder de la determinación del precio de sus productos, ya que estos son fijados por las importaciones. Mientras ello prosiga, así como la contracción de la demanda, no hay condiciones de acumulación, ni se mejorarán los ingresos de empresas e individuos, ni la disponibilidad crediticia, ni el consumo o la inversión. Actualmente, hasta los mismos economistas convencionales reconocen que la recuperación financiera y la real van juntas (Romer, 2009). El problema es que ellos no plantean como compatibilizar tal situación.

El crecimiento se deriva sobre todo del aumento de la disponibilidad crediticia que permite mayor consumo, inversión y actividad económica. Se requiere no solo reducir la tasa de interés, sino incrementar el ingreso de los deudores, para que estos crezcan por arriba de la tasa de interés y puedan reducir su nivel de endeudamiento y tengan capacidad de obtener créditos. Tienen que ir mancomunadas las políticas de expansión del gasto público y del crédito para conformar las condiciones de demanda y de financiamiento necesarias para el crecimiento.

El crecimiento económico, con bajas presiones sobre el sector externo, lleva a que los ingresos de las empresas e individuos crezcan en mayor medida que la tasa de interés, por lo que se retoma el crecimiento de la inversión y el consumo. Ello mejora la situación financiera de los bancos, los cuales pueden flexibilizar la disponibilidad crediticia tan necesaria sobre todo para las empresas, y así potenciar el incremento de la inversión. Los individuos, al ver incrementados sus ingresos, pueden satisfacer sus necesidades de consumo a través de sus ingresos, y no con deuda, a fin de evitar reproducir los problemas de sobreendeudamiento y de insolvencia. Se puede recurrir al crédito al consumo, cuando los individuos tienen garantizado los ingresos futuros para cubrir el reembolso de sus deudas. Mientras no haya expectativas de incremento de ingreso de empresas e individuos, la banca no expandirá los créditos, pues no habrá forma de recuperarlos.

Se tienen que privilegiar políticas a favor del crecimiento y del empleo, para volver a recuperar la disponibilidad crediticia, en vez de seguir canalizando recursos al sector bancario, ya que ello no se ha traducido en aumento de la disponibilidad crediticia.

El sector privado y las exportaciones no pueden ser el motor del crecimiento

En el contexto de política fiscal restrictiva, de caída de la dinámica económica mundial y del comercio internacional, la única viabilidad de crecimiento la tendría que generar el gasto deficitario del sector privado. Pero este no está invirtiendo ni consumiendo, dada la caída de sus ingresos –salarios y ganancias del sector no financiero–, como de la disponibilidad crediticia.

El sector privado no puede ser deficitario para contrarrestar el déficit externo y la disciplina fiscal, dado que se encuentra altamente endeudado, y no es sujeto de crédito. Además, no ve perspectivas de inversión rentable, ni crecimiento de ingresos futuros para hacerlo.

La economía nacional no podrá retomar su dinámica de exportaciones en forma sostenida, ya que estas descansaban en el crecimiento del consumo de las familias de EU, que estaba sustentado en la expansión del crédito, lo cual terminó en problemas de insolvencia que desembocaron en la crisis financiera. Los problemas de insolvencia y restricción crediticia siguen, por lo que es difícil que en los próximos años el consumo en dicho país vuelva a ser el motor de crecimiento en dicha economía, en forma tal que nuestras exportaciones vuelvan a crecer como en el pasado.

Tampoco hay perspectivas de crecimiento de exportaciones netas, ya que la economía no tiene capacidad para sustituir importaciones –dada la inexistencia de política industrial y agrícola como de créditos hacia tales sectores– y disminuir la brecha de la balanza de comercio exterior y apuntalar la dinámica económica.

La estrategia de crecimiento hacia fuera pasa a ser cuestionada, tanto porque no ha tenido los resultados esperados como por el actual contexto de recesión o bajo crecimiento mundial. A pesar de ello, la mayoría de los países sigue confiada en el crecimiento de exportaciones como motor de crecimiento de sus economías. Hasta el Presidente Obama señaló a principios de marzo de el 2010 que esperaba duplicar las exportaciones en cinco años. En igual sentido, muchos países, como México, instrumentan reformas estructurales tendientes a reducir salarios y prestaciones laborales para, supuestamente, así mejorar competitividad para crecer hacia fuera. Todos tratan de dinamizar su economía y empleo a través de exportaciones. El contexto de desaceleración de la economía mundial ha incrementado la competencia en el mercado internacional y hace más difícil tener posibilidades de éxito.

Hay que replantear la estrategia de crecimiento y retomar el manejo soberano de la política económica

Necesidad de modificar la estrategia de crecimiento

Ante la caída de las exportaciones, y de los flujos de capital, el país debe optar por elementos endógenos de crecimiento, ya que no hay perspectivas de que los elementos externos que operaban *positivamente* sobre el crecimiento y la estabilidad, vuelvan a repetirse en un corto o mediano plazos. Mientras más se tarde la economía estadounidense en retomar una dinámica sostenida, más se agravará la problemática de aquellas economías, como la nuestra, que dependen de la dinámica de tal país, por lo que ello obliga a reestructurar la economía nacional y redirigirla hacia el crecimiento del mercado interno.

No se puede tomar la posición de esperar que la economía de EU se reactive para así nosotros volver a crecer, pues una vez que alcance ello, tendremos menos capacidad productiva y competitiva. Hay que retomar el proceso de industrialización y el desarrollo agrícola para abastecer al mercado interno y crecer en torno a él, y así disminuir nuestra vulnerabilidad del exterior.

La crisis actual nos coloca en una situación similar a la Gran Depresión en 1929-1933. Así como el modelo primario exportador entró en crisis en aquel entonces, y obligó a la economía a crecer hacia adentro para disminuir la vulnerabilidad externa, lo que le permitió tener décadas de crecimiento desde fines de la década de 1930, hasta inicios de la de 1980. La misma decisión se tiene que asumir hoy. El crecimiento hacia fuera no redituó condiciones de crecimiento sostenido, sino nos ha llevado a tener menos condiciones endógenas de crecimiento, manifestado en menos capacidad productiva, menos financiamiento, pérdida de manejo soberano de política económica para el crecimiento y mayor vulnerabilidad externa.

La globalización nos llevó al pasado a repetir una historia fallida, en la que nuestras economías pasaron nuevamente a depender de las exportaciones y de la entrada de capitales, y descuidaron el crecimiento del mercado interno, y de ahí la crisis. La continuidad de tales políticas nos impide salir de ella.

La crisis cuestiona las políticas económicas predominantes que la ocasionaron, por lo que se tienen que inducir cambios en el proceso de globalización, de liberalización y desregulación económica, así como replantear la participación del Estado en la economía, como la política macroeconómica de "estabilidad" predominante.

La crisis debe replantear la estrategia y la política macroeconómica predominante

La mejora de las condiciones de acumulación en la esfera productiva, y de empleo bien remunerado, demanda replantear el modelo económico y las políticas económicas que la ocasionaron. No se puede continuar en un esquema que nos lleva a más mercado y menos Estado, y que nos hacen depender de factores externos, ya que ello es lo que nos ha llevado a la crisis. Nos dice Keen que: "La más importante cosa que la crisis financiera global ha hecho para la teoría económica es mostrar que la economía neoclásica no solo está equivocada, sino es peligrosa" (2009).

La economía dejada a las libres fuerzas del mercado no configura las condiciones de demanda y de acumulación, así como el manejo de política macroeconómica, necesarias para un crecimiento más sostenido. Se requiere realizar grandes cambios, que no están en la mente de quienes nos gobiernan, ni de aquellos que nos quieren gobernar.

Se debe retomar el manejo soberano de la política económica para flexibilizarla a favor del crecimiento

Ante el alto costo que ha representado el haber dejado a la economía a las libres fuerzas del mercado, se requiere la intervención de un Estado de nuevo tipo para que regule la actividad económica y retome el manejo soberano de la política económica, no sólo para que actúe en forma contracíclica –que reduzca la tasa de interés, flexibilice el tipo de cambio, e incremente el gasto público deficitario–, a fin de expandir la demanda, sino que se requiere revisar nuestra inserción en el proceso de globalización. Es decir, las políticas de liberalización comercial –los tratados de libre comercio–, como la liberalización financiera, a fin de actuar a favor de la esfera productiva, favorecer el mercado interno, el financiamiento, para incrementar la productividad y el empleo, y reducir las presiones sobre el sector externo, para alcanzar una dinámica sostenida y más equitativa.

Una es la política macroeconómica que requiere el capital financiero, y otra es la que actúa a favor de la esfera productiva, del crecimiento y del empleo.

Los objetivos de la política económica no los debe poner el capital financiero. No se puede insistir en los objetivos de estabilidad del tipo de cambio, de disciplina fiscal y de liberalización y desregulación financiera en contextos de incertidumbre, de baja competitividad, de disminución de la inversión privada, del consumo de las familias y las exportaciones, ya que son las que nos han llevado a la crisis y son contraproducentes para encarar los problemas que enfrenta la economía del país.

La política económica debe dejar de responder a los requerimientos del capital financiero, ya que este no ha representado mejores condiciones financieras para el crecimiento.

Las políticas monetaria y cambiaria deben priorizar el crecimiento

El banco central debe pertenecer al gobierno y responder a las necesidades financieras para el crecimiento

La autonomía del banco central ha atentado sobre las condiciones financieras internas para el crecimiento, ya que le quitó el manejo soberano al gobierno para tener una política monetaria a favor del crecimiento económico, y pasó a priorizar la estabilidad del poder de compra de la moneda, a través de privilegiar la estabilidad del tipo de cambio mediante políticas monetarias restrictivas. Ello ha limitado la política fiscal, pues tiene que subordinarse a dicho objetivo de estabilidad, por lo que predominan políticas de disciplina fiscal.

Tal política monetaria nos ha llevado a depender del financiamiento externo. Es por ello que las políticas de reducción de la inflación van aparejadas de las políticas encaminadas a promover entrada de capitales, lo que no da margen a la instrumentación de políticas a favor del crecimiento.

Los beneficiados de la autonomía del banco central y de su objetivo de la estabilidad del poder de compra de la moneda, ha sido el sector financiero, que es el que la controla, así como aquellos que han pasado a invertir en los sectores estratégicos de la economía, que el gobierno se ha visto obligado a conceder para promover la entrada de capitales para viabilizar la política monetaria-cambiaria predominante. Se estabiliza el tipo de cambio y reduce la inflación a expensas de sacrificar el crecimiento y de promover entrada de capitales. Señala Fuhrer que: se da "una correlación negativa entre la autonomía del banco central y el crecimiento real, y una correlación positiva entre autonomía del banco central y desempleo" (1997:34).

La insustentabilidad de la autonomía del banco central

La autonomía del banco central y su objetivo de estabilidad del poder de compra de la moneda ha sido posible por el flujo de recursos y de capitales con que la economía nacional ha contado. Ha sido el crecimiento de exportaciones como de las remesas, la inversión extranjera y la deuda externa lo que ha hecho posible que la economía cuente con reservas internacionales para viabilizar nuestra inserción en el proceso de globalización, *i.e.*, la apertura comercial y financiera de la economía.

Al no existir flujos de recursos y de capitales suficientes para financiar el déficit externo y la estabilidad del tipo de cambio, deja de ser sustentable la autonomía del banco central, y su objetivo de estabilidad del poder de compra de la moneda como la disciplina fiscal y la liberalización económica. En tal contexto el gobierno no podrá mantener el objetivo de estabilidad del tipo de cambio, ni podrá aferrarse a políticas monetarias restrictivas para alcanzar dicha estabilidad, ya que ello profundizaría la contracción económica y los problemas de insolvencia, que desembocarían en una crisis bancaria y en crisis económica de mayores proporciones, sino que tendrá que generar la liquidez necesaria para evitar una drástica caída de la actividad económica.

En un contexto de incertidumbre respecto al comportamiento de las exportaciones y entrada de capitales como de la inversión y el consumo del sector privado, el gobierno debe revisar su participación en la actividad económica. Tiene que poner en el centro de la política monetaria –y de la política económica en su conjunto– el crecimiento de la esfera productiva y el empleo bien remunerado, que logre una dinámica endógena, que disminuya nuestra vulnerabilidad externa, la dependencia de los flujos de capitales y que mejore la distribución del ingreso y no seguir con las políticas que han acentuado los rasgos del subdesarrollo, la concentración de la riqueza, y la extranjerización de la economía.

El rezago de la esfera productiva, el alto desempleo, las altas tasas de miseria, las presiones sobre el sector externo, los altos requerimientos de entrada de capitales, deben replantar la política monetaria predominante, que es causa importante de la pérdida de manejo soberano sobre la moneda y del tipo de cambio como de la falta de financiamiento para encarar los problemas antes mencionados.

El banco central no puede seguir siendo autónomo del gobierno, ni tener como objetivo la estabilidad del tipo de cambio y del poder de compra de la moneda, ya que no existen condiciones internas ni flujo de recursos del exterior que lo viabilicen. Tiene que replantearse el papel de dicha institución monetaria, la cual debe avocarse a bajar la tasa de interés y otorgar la liquidez necesaria que requiere la atención de los problemas que enfrenta la economía. Señala Minsky que el dinero debe satisfacer las necesidades de financiamiento y de fondeo de la economía (1993).

Una política monetaria a favor del crecimiento

La preocupación de la política monetaria no debe ser la estabilidad del poder de compra de la moneda, ni debe comprometerse a asegurar la convertibilidad de la moneda al tipo de cambio estable, ya que ello restringe el manejo de la política fiscal y por ende, el crecimiento económico.

La política monetaria debe adecuarse a las necesidades de liquidez que requiere la expansión de la esfera productiva y el empleo. La independencia política que permita la habilidad para fijar la tasa de interés a favor del crecimiento, depende de que no se sujete a estabilizar el tipo de cambio, sino que se opte por un régimen de tipo de cambio flexible.

Al dejar de tener como objetivo la estabilidad cambiaria, no se requiere atraer capitales para tener altas reservas internacionales, por lo que se puede bajar la tasa de interés y flexibilizar la política fiscal.

Hay que recordar que la salida del patrón oro y el aumento de la oferta monetaria fue el factor clave para la recuperación y el crecimiento de los países en la década de 1930 (Romer, 2009). Lo mismo tiene que considerar el banco central en el sentido de dejar de priorizar la estabilidad cambiaria.

Al trabajar con un tipo de cambio flexible en torno al diferencial de precios, ya no tendría que priorizarse políticas restrictivas a favor de la estabilidad cambiaria. Con una política macroeconómica flexible, se alcanza un crecimiento estable (Bibow, 2004:32) y se mejora el manejo de la deuda del sector público y privado, dadas las menores presiones sobre el sector externo, como por la mayor dinámica de acumulación que genera la flexibilización de la política económica.

El banco central debe responder a las necesidades financieras de la banca comercial, la que debe a su vez atender la demanda de créditos de la esfera productiva a una baja tasa de interés, que garantice las condiciones de solvencia y estabilidad bancaria (Rochon y Setterfield, 2007), para que esta retroalimente la dinámica económica.

La flexibilización de la política monetaria contribuiría a disminuir la carga de la deuda interna y a mejorar las condiciones de reembolso. La reducción de la tasa de interés disminuye el costo de la deuda como el monto de la misma (a través de su desvalorización), y la expansión del gasto público, favorecería la producción nacional así como el ingreso de los deudores. Además de aligerarse los problemas de deuda, se retomaría el crecimiento del consumo e inversión, y se frenaría la venta de activos y la caída de sus precios, lo cual contribuiría a favor de la estabilidad del sector bancario-financiero.

Menores tasas de interés permiten que se realicen más proyectos de inversión. Al ser menor el costo del crédito, da margen a que se realicen muchos proyectos de inversión, los cuales pueden ofrecer rendimientos por arriba de la tasa de interés. Ya Keynes lo señalaba en su capítulo 17 que la tasa de interés es el rendimiento mínimo que debe ser alcanzado por todos los activos (Keynes, 1964).

Cabe recordar que el proceso productivo empieza con dinero para terminar con dinero incrementado. Es por ello que debe existir la liquidez necesaria para retomar el proceso productivo para la generación de empleo y riqueza. Wray asegura que: "No habría necesidad de promover el financiamiento público, puesto que se aceptaría el dinero a cambio de los bienes y servicios que se proveen al gobierno" (1997). Sin dinero, sin la existencia de condiciones financiero-crediticias a favor de la economía real, no se impulsa la dinámica económica y el empleo. Para que se flexibilice la liquidez y el crédito, tiene que alejarse la incertidumbre existente de bajo crecimiento de demanda, de baja acumulación en el sector productivo, a fin de estimular la inversión y la canalización de créditos hacia tal sector.

Si no hay condiciones de demanda por crédito, no se expande este como tampoco la oferta monetaria para acompañar el proceso productivo. Para que se incremente la demanda por crédito, y su oferta, tiene que incrementarse la demanda efectiva y los niveles de rentabilidad en el sector productivo, lo que exige que se flexibilice la política fiscal.

La flexibilización de la política monetaria es necesaria para viabilizar una política fiscal a favor del crecimiento, a través de la adquisición de parte de los bonos emitidos por el gobierno. Sin ello, no es posible contrarrestar la caída de exportaciones, de remesas y de inversión extranjera ni la caída de la inversión de las empresas y del consumo de las familias.

La flexibilización de la política monetaria y la consecuente menor tasa de interés disminuiría a su vez la transferencia de recursos que se realiza por parte de los deudores a favor de los dueños del dinero y beneficiaría a la esfera productiva y a los individuos. Es decir, la reducción de la tasa de interés es un mecanismo redistributivo del ingreso a favor de los deudores, en detrimento del capital financiero. El banco central no disminuye la tasa de interés en forma significativa ante el temor de que el capital se le vaya. Sin embargo, el capital no tiene a dónde ir, pues el resto del mundo está disminuyendo su tasa de interés, por lo que no buscarán opciones de inversión fuera. El capital sale si el país no ofrece opciones de inversión atractivas. Estas tienen que darse en el sector productivo, por lo que el gobierno debe incrementar el gasto e instrumentar otras medidas para dinamizar la demanda y ofrecer opciones de inversión atractivas en el sector productivo.

La política monetaria es tan importante para la dinámica económica, que no puede ser autónoma del gobierno, ni mucho menos ser controlada a favor del capital financiero, sino que tiene que responder a los objetivos nacionales de empleo, crecimiento y bienestar de la gran mayoría de la población. De ahí que tiene que ser acomodaticia a las necesidades de liquidez que requiera la dinámica económica.

Las decisiones que toman los directivos del banco central son cruciales, ya que determinan el manejo de la política monetaria, cambiaria y crediticia, la cual es determinante para el desempeño económico, tanto de las finanzas del sector público, como de las empresas bancarias y no bancarias, así como de los individuos, por lo que inciden en el gasto público, en el costo de la deuda como en la capacidad de reembolso de la misma. De ahí que la nominación del Gobernador y Subgobernadores del banco central debe ser a través del proceso de elección democrática a fin de que respondan al reclamo de sus electores y no a los dueños del dinero. Ellos, deben responder a los intereses del sector industrial, agrícola, de los trabajadores, como a los objetivos de estabilidad financiera en condiciones de crecimiento económico.

Hay que replantear la función del banco central. Este no debe circunscribirse a bajar la inflación. Ello debe ser un objetivo de toda la política económica (Tymoigne, 2006) y no sólo de la política monetaria.

El objetivo de reducción de la inflación no debe corresponder a la política monetaria, ya que su origen no es monetario. El utilizar a la política monetaria para alcanzar la reducción de la inflación ha llevado a trabajar con alta tasa de interés que contribuye a la apreciación de la moneda nacional, lo que genera un proceso de competencia adversa contra la producción nacional, frenando su crecimiento y el del empleo, además de ocasionar presiones sobre la balanza de comercio exterior. Se ha requerido de una política dirigida a promover la entrada creciente de capitales para viabilizar la estabilidad del tipo de cambio y la reducción de la inflación, lo que ha llevado a que la política desatienda los factores endógenos en los cuales debe sustentarse la reducción de la inflación, por lo que ésta y el comportamiento de la economía dependen de variables externas.

La reducción de la inflación debe alcanzarse a través del incremento de la productividad y de la producción y con situaciones de holgura en la balanza comercial. Para alcanzar ello, las políticas monetaria, fiscal, comercial y cambiaria deben encaminarse a desarrollar la esfera productiva, para así incrementar la productividad, y competitividad, y reducir las presiones sobre el sector externo así como los requerimientos de flujos de capitales.

Un tipo de cambio flexible y competitivo

Es importante trabajar con política cambiaria flexible y competitiva a fin de encarecer los productos importados y abaratar los nacionales –en términos del dólar– para mejorar la competitividad de la producción nacional frente a las importaciones y para incrementar las exportaciones y así dinamizar la producción nacional y disminuir las presiones sobre el sector externo así como los requerimientos de entrada de capitales.

Para el caso de los países subdesarrollados, la eficacia de la flexibilidad del tipo de cambio para ajustar la balanza comercial depende de la elasticidad de las exportaciones e importaciones, respecto al movimiento del tipo de cambio. Las variaciones del tipo de cambio no inciden en las exportaciones petroleras o de productos primarios, ya que el precio de estos es fijado internacionalmente, y la dinámica de tales exportaciones es función de la demanda internacional. De hecho, en la gráfica 4.1 podemos observar la relación inversa. La evolución de las exportaciones petroleras incide en el comportamiento del tipo de cambio.

Gráfica 4.1

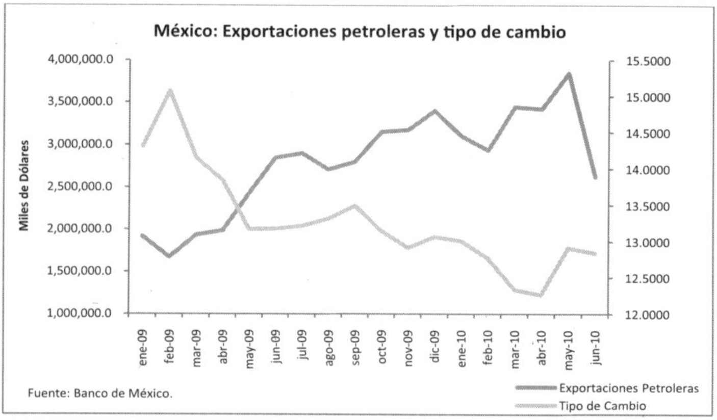

Fuente: Banco de México.

Al aumentar las exportaciones petroleras –a partir de marzo de el 2009–, disminuye la relación peso-dólar (aunque ello está también influido por la línea de crédito recibida por el FMI), y como en mayo de 2010, al caer el valor de las exportaciones petroleras, hay presiones al alza del tipo de cambio.

Las variaciones del tipo de cambio –al alza– sólo inciden en la cantidad de moneda nacional que el gobierno recibe por la exportación de dicho insumo. Pero dicha variación, sí incide en las exportaciones de bienes no primarios, es decir, en los manufactureros y bienes.

Un tipo de cambio competitivo, al aumentar el precio de las importaciones y el costo del servicio de la deuda externa, reduce el ingreso nacional. Cada unidad producida vale menos en términos del dólar y de la producción importada (Robinson, 1973a:222). Ello mejora la competitividad de los productos elaborados internamente, potencia las exportaciones y la sustitución de importaciones y tiende a actuar a favor de la dinámica productiva y el empleo y de la reducción del déficit de comercio exterior. Sin embargo, la modificación de la política cambiaria por sí sola no necesariamente corrige el déficit de comercio exterior en un corto plazo. A pesar que encarece las importaciones, no todas ellas disminuyen, dados los fuertes rezagos productivos existentes, que hacen que no haya capacidad productiva para satisfacer la demanda, por lo que prosiguen dichas importaciones, siendo por tanto, inelásticas al alza de precios. Por ello el impacto sobre la producción y el sector externo dependerá de la capacidad de respuesta de los productores para aprovechar la nueva paridad cambiaria para incrementar su producción para exportar, lo cual está en función de si tienen capacidad instalada ociosa o no, o si tienen condiciones financieras para incrementar la inversión y la capacidad productiva. En el caso de países que enfrentan restricción crediticia, se dificulta a las empresas responder a la nueva paridad cambiaria mediante el incremento de inversiones. A su vez, hay que considerar que la gran mayoría de las exportaciones manufactureras tienen un alto componente importado, por lo que la nueva paridad incrementaría el costo de tales insumos, lo que contrarrestaría gran parte del efecto favorable de la variación cambiaria sobre la competitividad a favor de las exportaciones. De ahí que la devaluación de la moneda no tendría un gran impacto sobre el crecimiento de las exportaciones que se caracterizan por su alto coeficiente importado, pero sí sobre las que tienen mayor componente nacional. La variación del tipo de cambio –en una perspectiva de ajustarse al diferencial de precios internos *versus* externos, que incluya cierto componente competitivo–, al encarecer el precio de los productos importados, incentivaría el proceso de sustitución de importaciones –debido al encarecimiento de los productos importados–, pero ello requeriría de política de estímulos fiscales como de política crediticia que acompañe dicho proceso. Ello dependerá a su vez del porcentaje del ajuste cambiario y del periodo en que se mantenga ese diferencial de precios internos *versus* externos, ya que si tal ajuste cambiario es seguido de un crecimiento de precios, éstos revertirían rápidamente el diferencial de precios, y no estimularía la sustitución de importaciones. De no existir flexibilidad crediticia a favor de ello, ni política de estímulo fiscal, menos condiciones habría para aprovechar el cambio de paridad, para avanzar en la sustitución de importaciones, por lo que no tendría impacto significativo sobre la reactivación económica y la reducción del déficit de comercio exterior.

Si, a pesar del ajuste cambiario prosigue la demanda por los productos importados, se tiene que disminuir la preferencia por estos –ante la incapacidad de financiarlos o para hacer un mejor uso de las divisas existentes–, a través de políticas de regulación directa del comercio exterior.

En lo referente al impacto del tipo de cambio competitivo sobre las exportaciones, habría ramas manufactureras que se beneficiarían de ello, sobre todo las de mayor componente nacional, aunque la recesión mundial y la falta de financiamiento impedirían un gran dinamismo. Puede generarse una competencia entre países en función del manejo del tipo de cambio para proteger sus mercados y tratar de no perder mucha presencia, pero no tendrían mucho éxito, dada la disminución del ingreso y comercio mundial, que independientemente de la baja de precios que pueda implicar un tipo de cambio competitivo, no incrementaría mucho la demanda, aunque estaría más posesionado que aquellos que mantienen tipos de cambio apreciados.

Un tipo de cambio competitivo presiona sobre el costo de la deuda externa en términos de la moneda nacional –ya que se encarece el dólar en relación con el peso– y las finanzas de los sectores endeudados en dólares, lo que los lleva a disminuir su gasto para poder cubrir el mayor costo de dicha deuda, por lo que actúa en detrimento de la actividad económica. A fin de evitar este impacto, se tendría que proceder a la reestructuración del pago de dicha deuda.

El impacto inflacionario que puede tener en un primer momento un tipo de cambio competitivo se irá disminuyendo conforme se avance en la sustitución de importaciones y en el incremento de la productividad.

A fin de evitar acciones especulativas y devaluatorias, que se pueden derivar de la instrumentación de un tipo de cambio competitivo, debe procederse a la instrumentación de políticas proteccionistas y de control de cambios.

Hay quienes se oponen a que se trabaje con un tipo de cambio flexible-competitivo, ya que afecta los intereses del capital financiero. Este quiere la estabilidad de la moneda del país donde opera, pues pierde cuando esta se devalúa. La UNCTAD plantea que: "Acuerdos de tipo de cambio global o multilateral son necesarios para mantener la estabilidad global para evitar el colapso del sistema comercial internacional" (2009, iv y v). Esta posición es la que EU han venido demandando desde hace años, ya que el manejo del tipo de cambio competitivo que ejerce China y otros países asiáticos ha mermado la competitividad estadounidense, afectado su dinámica productiva e incrementado su déficit de comercio exterior, por lo que plantean que el tipo de cambio debe dejar de ser manejado como instrumento competitivo. De ahí los acuerdos globales o multilaterales recomendados por la UNCTAD y otros organismos, para sujetar a los países en vías de desarrollo a los dictámenes de los países desarrollados.

El tipo de cambio debe ser una variable a favor del sector productivo, de la dinámica económica y de ajuste del sector externo, y no a favor de los intereses del capital financiero.

La política fiscal debe ser el motor del crecimiento

Política fiscal a favor del crecimiento y del empleo

No se puede continuar con la política de austeridad fiscal, dado el bajo nivel de ingreso del sector privado y de las familias. Tales sectores enfrentan problemas financieros y están disminuyendo sus consumo y la inversión para pagar deudas, lo que contrae la economía. De ahí que el gobierno debe aportar a la economía, más de lo que saca de ella. Es decir, debe aumentar el gasto en mayor proporción que lo que recauda, para dinamizar la demanda y mejorar el ingreso de empresas e individuos y así frenar la caída de inversión y consumo y mejorar las condiciones de pago de la deuda de estos.

El sector productivo y las familias, más que demandar disciplina fiscal, deben demandar gasto público deficitario a favor del empleo, de la infraestructura, del crecimiento del mercado interno, de la educación, de mejores servicios públicos, así como para frenar la venta de activos nacionales, todo lo cual favorecería el ingreso nacional, el reembolso de la deuda y la recaudación tributaria del gobierno.

El incremento del gasto público tiene que ser de una magnitud tal que contrarreste la caída de las exportaciones y de la demanda del sector privado y de las familias. "La política fiscal debería ser formulada para alcanzar resultados deseados en vez que subordinarse a la visión de balance presupuestal" (Wray, 2008, JEI). Las necesidades de crecimiento y generación de empleo deben determinar los niveles del gasto público a fin de mejorar el ingreso de empresas e individuos, mejorar las condiciones de reembolso e incrementar la demanda.

El gasto público deficitario no debe derivarse del apoyo a los bancos, sino que debe ser a favor del desarrollo productivo y del empleo a fin de incrementar el ingreso nacional.

Si el gobierno incrementa el gasto como medida de reactivación en el contexto actual de apertura comercial y tipo de cambio no competitivo, se filtraría a importaciones, por lo que no tendría impacto favorable sobre la producción nacional y el empleo. De ahí que el solo incremento del gasto público no resolvería tal situación. Se requiere la revisión de la apertura comercial, como la política cambiaria, a fin de evitar filtraciones de demanda hacia importaciones, para desarrollar la esfera productiva y reducir las presiones sobre el sector externo, para así incrementar el empleo y el ingreso de empresas e individuos y con ello la captación tributaria, por lo que permitirá reducir el déficit inicial impulsor de la dinámica económica (Palley, 2009). Asimismo, permitiría incrementar el ingreso de empresas e individuos para mejorar sus condiciones de reembolso de la deuda, para ser sujetos de créditos, así como para incrementar la inversión y el consumo y en esta forma el de la actividad económica.

La generación de empleo requiere que la política económica impulse la demanda y el mercado interno, así como la disponibilidad crediticia a favor de los sectores productivos y el empleo. Se deben garantizar condiciones de rentabilidad en el sector productivo para impulsar la inversión y la generación de empleos. Si el sector privado no genera empleo suficiente para absorber todo el empleo disponible, el gobierno tiene que generarlo a través de gasto público deficitario, a favor de los sectores productivos.

Los objetivos de empleo y bienestar no son satisfechos por el mercado. Este actúa para que el pleno empleo no sea alcanzado, ante el temor de que aumente el poder de los trabajadores y reivindiquen incremento salarial, que pueda mermar las ganancias. De ahí que no se baja la tasa de interés, ni se incrementa el gasto público ante el temor de que la reactivación de la economía incremente el empleo y ello presione sobre salarios y ganancias.

Una empresa genera empleo siempre que este le redunde ganancias, y que la producción que el trabajador elabore pueda ser realizado en el mercado a una tasa de ganancia aceptable. Es decir, "las empresas contratan empleo para producir la cantidad de producto que esperan vender" (Wray, 2009a). Si ello no se da, la inversión y el empleo no se generan. De ahí que en un contexto recesivo o de bajo crecimiento, el único que puede generar empleo es el gobierno a través de su gasto deficitario. Por lo que tiene que incrementarse el gasto público, para aumentar la demanda y la producción nacional. Sin embargo, ello no garantiza la eliminación del desempleo. Este sólo puede ser encarado con políticas explicitas para ello. Nos dice Wray (2009b) que: "El desempleo es muy costoso...no solo en términos de pérdida de producción, sino en términos de los problemas sociales que acompañan al desempleo". Para otorgar empleo a todo aquel que lo busque al salario existente, el gobierno tiene que actuar como empleador de última instancia (Wray, 2009b), ya que es el único que puede generar empleo, sin la búsqueda de la ganancia.

Siempre se piensa que al incrementar el empleo y los salarios, aumentará la demanda y con ello importaciones y el déficit de comercio exterior. Ello no se daría si el empleo es generado en las industrias de sustitución de importaciones y productoras de bienes de consumo salarial, las cuales incrementarían la producción que sería demandada por el mayor empleo y salarios.

La política fiscal de estímulos debe centrarse en el aumento al gasto, y no tanto en la disminución de impuestos a las empresas

En las reformas tributarias instrumentadas en el país, se ha procedido a reducir los impuestos a las empresas y a los sectores de altos ingresos, con la esperanza de que sus mayores ingresos se traduzcan en mayor inversión, cosa que no ha acontecido, sino por el contrario, sus mayores ingresos disponibles se canalizan a la esfera especulativa y de ahí el porqué de los *booms* bursátiles que la economía ha tenido en años recientes. Bajar los impuestos a tales sectores solo les permite aumentar liquidez en su poder, para cubrirse frente a pérdidas adicionales, como para especular con dólares, pero no para incrementar la inversión o el empleo. En dado caso, la disminución de impuestos debe ser para los trabajadores, para que puedan cubrir sus deudas e incrementar su consumo, lo que contribuiría a frenar los problemas que la economía encara.

La política fiscal debe centrarse en el incremento del gasto, más que en la disminución de impuestos que, de hecho, el gobierno, como se mencionó en el capítulo anterior, está procediendo a aumentar impuestos, más que reducirlos. Lo que se requiere es aumento de la demanda para que se beneficien los ingresos de empresas e individuos y así encaren sus problemas de insolvencia como para aumentar, inversión y el consumo y reactivar la economía. La reducción de impuestos no se traduce en aumento de la inversión o el consumo, ni en mayor pago de deuda. Si no crece la inversión, no es porque los impuestos sean altos, sino porque no hay demanda: no hay mercado para el cual producir. Asimismo, si no hay aumento de consumo ni pago de la deuda, no es porque las familias tengan altos impuestos, sino porque no tienen ingresos suficientes para ello, por lo que el gasto público debe ser aumentado.

Perfectamente puede utilizarse la política tributaria para redistribuir el ingreso, gravando al que más tiene, como para desincentivar prácticas especulativas, para mejorar el ingreso de los que menos tienen, a fin de mejorar el poder adquisitivo de estos, y así dinamizar la demanda y la actividad económica.

Un gobierno soberano no es restringido por el gasto deficitario

Hay una creencia errónea de mantener alta tasa de interés para financiar el déficit fiscal y atraer flujos de capital para financiar el déficit de cuenta corriente (Wray, 2006). El gasto público deficitario no presiona al alza la tasa de interés, ni el déficit de comercio exterior. No tiene que aumentar la tasa de interés para colocar deuda. El gasto deficitario incrementa el ingreso de empresas e individuos así como los depósitos bancarios, lo que presiona la tasa de interés a la baja. Si dicho gasto se dirige a incrementar la producción nacional y a sustituir las importaciones como a aumentar el valor agregado nacional de las exportaciones tendrá impacto positivo sobre la balanza de comercio exterior.

Los planteamientos convencionales siempre se oponen a que el gobierno trabaje con gasto deficitario porque, según ellos, ello se traduce en altos niveles de deuda pública que termina presionando sobre la tasa de interés como en aumento de impuestos para hacer frente a la carga del servicio de dicha deuda, lo que frenaría frenando la actividad económica. Un gobierno soberano no es restringido financieramente. El sector público no es como el sector privado que si requiere endeudamiento para financiar su gasto deficitario. En cambio, el poder que el gobierno tiene de imponer y recolectar impuestos y de crear dinero no lo tiene el resto de la economía. Ello le permite trabajar con gasto deficitario, y desempeñar un papel activo en promover el crecimiento de la economía, a diferencia del sector privado. Éste no puede emitir dinero, ni trabajar permanentemente con gasto deficitario, pues caería en altos niveles de endeudamiento que limitarían su gasto, ya que tendría que cubrir dicha deuda. Un Estado que tiene manejo soberano de su política monetaria y fiscal, no tiene restricción en su gasto, ni es restringido por el monto de la deuda, ni enfrenta problemas de insolvencia en su propia moneda. Nos dice Wray, que: "No hay riesgo de pago de la deuda pública. El gobierno puede siempre encarar comprando todo para vender acreditando a los bancos, y puede siempre servir su deuda acreditando intereses a las cuentas de aquellos" (Wray, 2009c). El gobierno no puede ir a la bancarrota. Paga su deuda, ya sea acreditando sobre la cuenta bancaria de los deudores o emitiendo dinero o deuda pública (Wray, 2010).

El gobierno federal no tiene límites para el endeudamiento, a diferencia de las empresas, los individuos, los estados y municipios. Estos pueden ir a la bancarrota, pero el gobierno federal no. Su deuda es aceptada, pues un gobierno soberano siempre tiene capacidad de solvencia. La moneda que emite siempre es aceptada, sea para pagar impuestos o deudas, o realizar transacciones comerciales y financieras.

Con tipo de cambio flexible, el gobierno puede trabajar con gasto deficitario, y no requiere incrementar impuestos o emitir deuda para financiar su déficit fiscal. Gasta acreditando sobre la cuenta de aquellos que le venden bienes y servicios. Los mayores gastos incrementan los depósitos y las reservas bancarias, las cuales son pasivos del gobierno (Wray, 2009c), y tienden a reducir la tasa de interés. A fin de evitar ello, el gobierno emite deuda para regular las reservas bancarias y así mantener la tasa de interés objetivo. La deuda que emite no es para financiar el gasto deficitario, sino para regular la liquidez de la economía y la tasa de interés objetivo.

El incremento de ingreso de las empresas les posibilita la adquisición de deuda emitida por el gobierno, sin que tenga que aumentar la tasa de interés. Asimismo, si los mercados prefieren excedente de reservas, no es necesario vender bonos (Wray, 2006). También el papel de la emisión de deuda es para evitar que la mayor liquidez generada por el gasto público deficitario ocasione presiones inflacionarias y sobre el sector externo. Jamás un gobierno puede ser insolvente en su propia moneda. Señala Wray que "Un gobierno soberano que emite su propia moneda con tipo de cambio flotante nunca llega a ser insolvente en su propia moneda" (2009a), en última instancia socializa pérdidas.

El gobierno puede incrementar el gasto deficitario sin necesidad de emitir deuda y de incrementar la tasa de interés, dada la gran necesidad de liquidez que demanda el mercado para reactivar demanda y producción. En caso de emisión de deuda, no hay limite a la emisión de esta si se trabaja con tipo de cambio flexible y si el gasto público se dirige a incrementar la productividad, la capacidad productiva y el empleo, tanto para que la oferta de productos acompañe al crecimiento de demanda y se evite presiones inflacionarias y sobre el sector externo como para incrementar el ingreso de empresas e individuos y que ello redunde en aumento de la captación tributaria, lo cual reduciría el déficit y permitiría cubrir el pago de la deuda como el monto de la misma. Si el banco central pagara tasa de interés sobre los depósitos, no es necesario emitir deuda (Wray, 2006:10), ya que la banca no tendría que deshacerse del exceso de liquidez.

El gasto público deficitario no requiere financiamiento externo

Los organismos financieros internacionales siempre se pronuncian por que los países que trabajan con gasto público deficitario recurran al financiamiento externo. Ello lo plantean justo pensando que el déficit fiscal ocasionaría déficit de comercio exterior y presiones sobre el tipo de cambio. Al recurrir al financiamiento externo, se evitarían presiones sobre el tipo de cambio que pueda trastocar los intereses del capital financiero. Sin embargo, los países pueden perfectamente trabajar con gasto deficitario, sin la necesidad de financiamiento externo si dicho gasto se encamina a impulsar la productividad, la producción nacional, a sustituir importaciones, a aumentar el valor agregado nacional de las exportaciones y, por tanto, a reducir las presiones sobre la balanza de comercio exterior.

El déficit público es sustentable si se canaliza a favorecer a los productores ubicados en el país y a reducir el déficit de comercio exterior, y más si va acompañado de una política de tipo de cambio competitivo y de regulación del comercio exterior, por lo que disminuirían los requerimientos de entrada de capitales. Se evitarían así filtraciones de demanda hacia el exterior y permitiría aumentar el ingreso de empresas e individuos. En tal contexto, el gasto deficitario no se traduce en aumento de impuestos, ni en alza de la tasa de interés.

El gasto público deficitario no necesita de deuda externa para financiarse, aunque tenga impacto sobre en el sector externo. Si la expansión del gasto público incrementa las importaciones, los que nos venden tales productos aceptan los pesos con que se compran dichos productos, y no necesariamente los intercambiarán por dólares. Si el país ofrece opciones rentables de inversión hacia tales áreas, se canalizarán tales recursos, o a la adquisición de deuda pública si esta ofrece rentabilidad aceptable. Al dinamizar el gasto público deficitario el mercado interno, ofrecería opciones de inversión a los pesos en poder de quienes nos venden productos desde el exterior. Además, se estimularía la entrada de inversión extranjera directa a fin de producir para aprovechar el crecimiento de demanda. Si el país ofrece opciones atractivas de inversión, esos recursos no se intercambian por dólares, sino que se invierten internamente.

El déficit de comercio exterior es financiado por pesos que se invierten en el país. Es decir, tenemos déficit de comercio exterior porque el resto del mundo acepta nuestros pesos para con ellos adquirir activos nacionales. Nos dice Wray que: "No se requieren flujos de ahorro al país para financiar el déficit público o el déficit de comercio exterior (Wray, 2009d). Se requiere que la moneda sea aceptada, y para ello el país tiene que ofrecer opciones de inversión atractivas.

Para que el déficit de comercio exterior no nos lleve a perder activos nacionales –públicos o privados–, que se ofrecen al capital extranjero, a fin de que fluya al país para financiar dicho déficit, y mantener estable el tipo de cambio, se debe regular el sector externo, trabajar con tipo de cambio flexible –competitivo– como encarar los rezagos productivos y evitar así fuertes presiones sobre la balanza de comercio exterior.

Asimismo, cuando el país deje de ofrecer activos atractivos de interés para tal capital, estos dejarán de aceptar pesos, por lo que no podremos importar más de lo que se exporta, a no ser que seamos sujetos de crédito, o haya inversión extranjera de no compra de activos nacionales.

El déficit fiscal y su impacto sobre el tipo de cambio

El impacto que el gasto deficitario pueda tener sobre el tipo de cambio depende del comportamiento de la balanza de comercio exterior como del flujo de capitales con que cuente la economía. Si el gasto deficitario no aumenta el déficit comercial, y si hay entrada de capitales suficientes para encarar el déficit comercial externo, no hay presiones sobre el tipo de cambio, y no habrá necesidad de aumentar la tasa de interés para atraer capitales.

Por el contrario, el déficit de comercio exterior puede ocasionar déficit fiscal, ya que reduce la actividad económica, lo cual contrae la captación tributaria y presiona sobre las finanzas públicas (Palley, 2009). A ello se agrega el hecho que el déficit de comercio exterior presiona al alza la tasa de interés para atraer capital para su financiamiento y para evitar presiones sobre el tipo de cambio, por lo que se ve incrementado el costo de la deuda pública, lo que aumenta las presiones sobre las finanzas públicas. De ahí la importancia de una política fiscal que reactive la economía y disminuya las presiones sobre la balanza de comercio exterior, ya que ello favorecería las finanzas públicas.

El gasto público no es inflacionario

El gobierno evita caer en el déficit fiscal ante el temor de que éste ocasione inflación, lo cual dicen, mermaría el poder adquisitivo de la población y frenaría la actividad económica.

Sin embargo, ello no acontecería, dado que la economía está trabajando con altos niveles de capacidad ociosa y alto desempleo, como resultado de la caída de las exportaciones como del consumo e inversión –pública y privada– que se ha dado por la crisis que enfrentamos, por lo que la expansión de demanda que ocasionaría no derivaría en presiones inflacionarias, dada la capacidad de respuesta productiva que se daría.

Asimismo, el gasto deficitario no ocasionaría presiones inflacionarias, dada la propensión a la baja de precios derivada de la contracción de demanda de los bajos niveles de ingreso de empresas e individuos. La acumulación de inventarios presionan a la baja los precios a fin de disminuir costos por dicho concepto. Ello a su vez garantizaría efectos a favor del ingreso de empresas, individuos y del sector público y el ahorro nacional, y evitaría filtraciones de recursos al exterior que puedan propiciar presiones sobre el tipo de cambio y frenar la actividad económica. En tal perspectiva, la flexibilización de la política monetaria, fiscal y crediticia no sería inflacionaria, ni propiciaría devaluación de la moneda, ni creciente déficit público. You y Dutt nos dicen que: "Si el multiplicador es mayor,… un aumento del gasto público disminuirá el déficit" (1996: 343).

Mientras el déficit fiscal no ocasione presiones inflacionarias y sobre la balanza de comercio exterior es sostenible, ya que estaría configurando un contexto donde el ingreso nacional y la captación tributaria estarían creciendo en mayor proporción que el costo de la deuda, es decir, la tasa de interés, lo que generaría condiciones para el reembolso de la deuda emitida, tanto pública como privada, como para reducir el monto de la deuda y el propio déficit.

De no haber respuesta expedita al incremento de la producción frente al aumento de la demanda, las presiones inflacionarias serían transitorias. Una vez que dicho gasto se encamine a incrementar la productividad y la producción agrícola e industrial, la inflación se reduciría. En dado caso es mejor la inflación en contexto de crecimiento económico y de empleo, que la baja inflación, con recesión y creciente desempleo.

El déficit fiscal no ocasiona crowding out

En el enfoque convencional, el déficit fiscal absorbe ahorro privado, por lo que le deja a este sector menos recursos para invertir, además de presionar sobre la tasa de interés, todo lo cual frena la actividad económica. Ello obliga al gobierno a restringir su gasto para contribuir positivamente sobre el ahorro del sector privado y así favorecer la inversión de este (*Council of economics advisers*, 2006). Sin embargo, la reducción del gasto público contrae la economía, el ingreso del sector privado y con ello su capacidad de inversión como de solicitar crédito.

La política fiscal deficitaria no ocasiona *crowding out*, ya que el sector privado no ve incrementada la tasa de interés, ni es excluido de mayor disponibilidad crediticia, sino por el contrario, la mayor demanda generada le permite al sector privado ver mejorados sus niveles de ingreso, por lo que pasa a ser sujeto de crédito, lo que potencia su crecimiento. El efecto de la política de gasto público deficitario es de *crowding in*, ya que al mejorarse el ingreso de empresas se incrementa su capacidad crediticia y de crecimiento de inversión.

Ante el contexto de caída de las exportaciones, como de la inversión y consumo del sector privado y las familias, la economía nacional puede soportar un déficit público creciente, ya que incrementaría la demanda. Los empresarios están ávidos de ver incrementadas sus ventas como de incrementar la inversión y el empleo para incrementar la capacidad productiva para satisfacer una demanda creciente, por lo que acogerían en buenos términos una expansión significativa del gasto público a favor del mercado interno. El que no estaría de acuerdo con dicha política sería el capital financiero, ya que vería expectativas inflacionarias como devaluatorias, y respondería especulando, a fin de que el gobierno no instrumentase tal política. Lo que tendría que hacer el gobierno es actuar en consecuencia, y proceder al control de cambios, a fin de evitar acciones especulativas y viabilizar una política económica contracíclica.

Un gasto público deficitario con alto efecto multiplicador interno incrementa la demanda y con ello el ingreso de empresas e individuos, lo que se traduce en mayor recaudación tributaria –sin aumento de impuestos– y en reducción del déficit fiscal. Además, con los mayores ingresos que las empresas logran percibir por el incremento del gasto público, podrán adquirir la deuda que el gobierno emita para regular la liquidez generada –no para financiar el déficit–, sin que el gobierno tenga que ofrecer una mayor tasa de interés para colocar dicha deuda. Ya Domar señalaba que la carga de la deuda depende del ingreso nacional (1944). Si este crece en mayor proporción que la deuda, no hay problema en hacerle frente, por lo que termina reduciéndose la relación de endeudamiento. Además, está el hecho que la mayor liquidez y depósitos bancarios derivados del mayor gasto público, reducen la tasa de interés.

El crecimiento requiere la regulación del sector externo y del sector bancario-financiero

Necesidad de controlar el sector externo, el uso de recursos financieros y de divisas

La crisis no será resuelta solo con políticas macroeconómicas flexibles. El incremento del gasto público deficitario y la reducción de la tasa de interés son necesarios, más no suficientes para la salida a la crisis. Se requiere revisar nuestra integración en el proceso de globalización.

La revisión de nuestra inserción en el proceso de globalización –de la apertura comercial y el libre movimiento de capitales, así como de la política macroeconómica de "estabilidad" que le acompaña–, es imprescindible para tener política económica a favor del crecimiento, lo que implica romper con las condiciones de confianza y movilidad exigidas por el capital financiero.

La instrumentación de políticas proteccionistas evitaría filtraciones de demanda al exterior, aseguraría condiciones de rentabilidad en el sector productivo, para que el capital fluya hacia tal sector, para así impulsar el crecimiento y la generación de empleos, así como para reducir las presiones sobre el sector externo y los requerimientos de entrada de capitales. Nos dice Joan Robinson que la alternativa para el país de pleno empleo es disminuir importaciones en una recesión donde las exportaciones caen (Robinson, 1973b:104).

Cuando los niveles de productividad y competitividad están por debajo de la media internacional, la economía no puede trabajar con economía abierta, con tipo de cambio apreciado y cero o bajos aranceles, ya que atenta contra la esfera productiva, el empleo y el sector externo, y lleva a que todo incremento de demanda se filtre al exterior y no tenga impacto significativo sobre la economía nacional. Ello evidencia que el crecimiento económico y el pleno empleo no se logran bajo régimen de libre comercio, y menos si la economía no cuenta con niveles de productividad y competitividad para encarar tal proceso. El déficit de comercio exterior y los rezagos productivos y competitivos que lo configuran no son de fácil solución. Ello frena la dinámica económica si no tenemos flujos de capital suficientes para financiar tal situación.

Se tiene que regular el movimiento de mercancías y capitales, así como flexibilizar la política monetaria, cambiaria y fiscal, para dinamizar el mercado interno y para tener políticas industrial y agrícola para encarar los rezagos productivos, avanzar en la sustitución de importaciones e incrementar el valor agregado de las exportaciones, para obtener un superávit de comercio exterior y así cubrir las obligaciones financieras externas como para disminuir los requerimientos financieros externos. Ello configuraría contextos de baja tasa de interés y, por tanto, un crecimiento de la carga de la deuda en menor proporción que el crecimiento de los ingresos públicos y privados, lo que reduciría la relación de endeudamiento e incrementaría la capacidad de gasto, inversión y consumo, impactando ello favorablemente sobre la dinámica económica.

Otro factor que actúa a favor de la regulación del sector externo es el hecho que el país no tiene perspectiva de continuar recibiendo el flujo de divisas que las exportaciones generaban, ni el monto que se percibía por remesas y por inversión extranjera, por lo que no se contará con recursos suficientes para mantener las importaciones que el país estaba realizando, es decir, la economía no podrá seguir comprando del exterior más allá de lo que vende.

Se deben replantear las relaciones comerciales entre desarrollados y subdesarrollados a fin de que estas respondan más al desarrollo interno de nuestros países, para disminuir nuestra vulnerabilidad externa. Debemos condicionar las compras indispensables del exterior, a que ellos a cambio demanden nuestra producción, y que acepten esta como forma de pago. Ello contribuiría favorablemente a la balanza de comercio exterior, al mejor uso de las divisas, ante el menor flujo de capitales y a impulsar la dinámica nacional.

Es difícil que las economías victoriosas, que presentan superávit de comercio exterior, acepten ver disminuidas sus exportaciones netas y procedan a demandar importaciones de los países deficitarios para que estos mejoren su sector externo y su dinámica económica. De ahí que países deficitarios como el nuestro, más que esperar el cambio de actitud de los países desarrollados y de los victoriosos, debe proceder a revisar la apertura comercial, para impedir las importaciones de aquellos bienes que se producen internamente así como para poder rescatar cadenas productivas importantes, como para impulsar la sustitución de importaciones e incrementar la productividad y alcanzar un desarrollo más integrado internamente y así disminuir las presiones sobre el sector externo.

No podemos seguir en un contexto de libre comercio porque la economía nunca ha tenido los niveles de productividad y competitividad para salir exitosa, lo que se ha traducido en altos costos para el país, tanto de destrucción de planta productiva, creciente desempleo, presiones sobre el sector externo, como el acelerado proceso de privatización para atraer capitales para su financiamiento.

Si la economía enfrentase déficit fiscal y del sector externo, el capital especulará contra el peso, dado que avizora expectativas devaluatorias y se adelanta a ellas.

En un contexto de incertidumbre como el que existe, donde se fomentan las prácticas especulativas, no se puede mantener el libre movimiento de capitales o mercancías, dado que ello terminará saqueando las reservas internacionales, lo que nos llevará a una crisis de mayores proporciones de la que ya se presenta.

La regulación del movimiento de capitales evitaría prácticas especulativas de salidas de capitales que desestabilizan el mercado de capitales y de divisas y a la economía, y evitaría a su vez excesos de entrada de capitales que especulan en la Bolsa Mexicana de Valores y ocasionan *booms* especulativos que distorsionan la asignación de recursos en detrimento de la esfera productiva y de la economía real, por lo que reduciría la vulnerabilidad e inestabilidad de la economía.

Al controlarse el movimiento de capitales, se le quita a este el poder especulativo que ejerce para que la política económica responda a sus intereses. Es decir, la política económica no tendría por qué estar sujeta a las demandas de estabilidad cambiaria, alta tasa de interés, disciplina fiscal y altas reservas internacionales que dicho capital exige.

En un sistema financiero internacionalizado, el control sobre los flujos de capital es una herramienta esencial para el manejo macroeconómico (Grabel, 2009:10). Países como China e India, que tienen control del movimiento de capitales y regulación financiera, quedaron mejor posicionados que el resto, lo que les permitió instrumentar políticas contracíclicas exitosas (Grabel, 2009:32).

El control al libre movimiento de capitales permite reducir la tasa de interés, flexibilizar el tipo de cambio e incrementar el gasto público, sin que se diesen acciones especulativas contra la moneda nacional y las reservas internacionales. De hecho, estas no serían necesarias en sus altos niveles actuales, ya que la política para la cual están diseñadas deja de operar, por lo que deberían canalizarse a apuntalar al sector agrícola e industrial, para así satisfacer la demanda nacional, incrementar el empleo, disminuir las presiones sobre el sector externo y nuestra vulnerabilidad externa.

Se deben regular los flujos de capitales a los mercados financieros, tanto a través de fijar plazos de permanencia en los mismos como fijar tasas impositivas a las transacciones de activos financieros, a fin de desincentivarlas para actuar a favor de los flujos de inversión hacia la esfera productiva (Pollin, 2009). Sin embargo, cuando las ganancias en el sector financiero son altas, un impuesto no desestimula la inversión en tal sector, por lo que es preferible incidir directamente en la asignación de los créditos a favor de lo productivo, y gravar fuertemente el financiamiento especulativo. Asimismo, hay que regular los tipos de activos y pasivos que deben ser permitidos en las hojas de balance de los bancos (Tymoigne, y Wray, 2009) para evitar prácticas especulativas que incrementen la liquidez de los mercados financieros, como las grandes emisiones de títulos financieros que inundan los mercados financieros y dan pie a *booms* bursátiles que terminan fragilizando y desestabilizando a dichos mercados.

Posiciones existentes contra las políticas proteccionistas

La ortodoxia está en contra del proteccionismo porque considera que las políticas instrumentadas durante la Gran Depresión frenaron el comercio internacional y empeoraron las cosas. El problema no es que las políticas proteccionistas hayan frenado el comercio. Esto fue resultado del propio contexto de crisis generalizada que contrajo la demanda, tanto en países desarrollados como subdesarrollados.

Aquellos que se oponen a las políticas proteccionistas, señalan que ello profundiza la crisis, ya que afectan la dinámica y el sector externo de los países exportadores, lo que les obliga instrumentar políticas de alta tasa de interés y contracción del gasto público para ajustar su déficit externo. J. Robinson, en su reflexión respecto a la política de afectar a mi vecino, a través de las políticas proteccionistas, afirma que: "Probablemente es acompañada por un aumento de la tasa de interés para el mundo como un todo, y consecuentemente una disminución de la actividad mundial" (Joan Robinson, 1973c:230). El problema es que tienden a predominar políticas restrictivas así como alto desempleo y bajo crecimiento, no obstante que no existen políticas proteccionistas. La caída de las exportaciones, junto a la apertura comercial existente, mantienen latentes las presiones sobre el sector externo, lo que obliga a los países en desarrollo a mantener altas sus tasas de interés y políticas fiscales restrictivas para evitar crecientes déficit externos, ante la inviabilidad de financiarlos, dada la caída de los flujos de capitales. Ello los ha llevado a contraer su mercado interno y su actividad económica, la cual frena sus importaciones y contribuye a profundizar la caída del comercio internacional y la recesión mundial. De tal forma, es el contexto de liberalización económica y las políticas predominantes en tales países lo que lleva a no tener ni mercado interno ni mercado externo para crecer, y es lo que contrae el comercio internacional y generaliza la crisis, y no las políticas proteccionistas como señalan muchos.

La UNCTAD (que se caracterizaba por impulsar políticas a favor de la industrialización de los menos desarrollados) ahora señala que: "El proteccionismo en un país es probable que lleve a un retroceso a otros países en la presencia de un *shock* negativo global. El resultado puede ser solo empeorar la situación de cada simple país" (2009:29).

En esta posición también está la OCDE, señalando que la instrumentación de políticas proteccionistas para salir de la crisis, profundizaron la Gran Depresión (OCDE, 2009). En relación con tales argumentaciones cabe especificar que las políticas proteccionistas afectan la dinámica económica de aquellos países que exportan hacia los países que se protegen. Pero el que protege sus mercados, crece a través de la sustitución de importaciones, lo que le permite incrementar el ingreso de empresas, así como el empleo y reducir el déficit de comercio exterior, todo lo cual le genera condiciones de crecimiento.

La realidad actual nos obliga a volcar la dinámica hacia el mercado interno, y ello exige producir internamente los bienes que importamos. Las importaciones de representar 12% del PIB en 1990 pasaron a ser 38% del PIB en el 2008 (véase gráfica 4.2), por lo que ello representa un gran potencial de crecimiento para el desarrollo industrial si se opta por impulsar la sustitución de importaciones, y más considerando que ya no contamos con recursos suficientes para financiar tales importaciones. En un contexto recesivo hay pocos proyectos rentables susceptibles de ser sujetos de crédito. Se tiene que asegurar condiciones de rentabilidad en la esfera productiva para que el financiamiento y la inversión fluyan a dicho sector. Ello exige expansión de demanda y políticas comerciales a favor de la producción nacional para incentivar la inversión productiva. Ello permitiría incrementar la productividad y recuperar encadenamientos productivos, a través de la sustitución de importaciones, que ofrezcan oportunidades de inversión atractiva, para impulsar el empleo y disminuir las presiones sobre el sector externo y los requerimientos de flujos de capital del exterior. La economía así se encaminaría hacia un crecimiento más sostenido y menos vulnerable del exterior.

Gráfica 4.2

Fuente: Banco Mundial.

Los países que ven contraído el crecimiento de sus exportaciones, tanto por la desaceleración de la economía y el comercio mundial como por las políticas proteccionistas instrumentadas por algunos, se ven obligados a virar su estrategia de desarrollo, en el sentido de crecer en torno a su mercado interno, para lo cual requieren instrumentar políticas proteccionistas y dinamizar su gasto público entre otras políticas.

Si revisamos como se salió de la Gran Depresión, y como se retomó el crecimiento sostenido después de la Segunda Guerra Mundial, fue porque todos los países cambiaron las políticas que venían predominando. Se dejó atrás el libre mercado, la apertura comercial y financiera que había ocasionado dicha crisis y se procedió a regular el movimiento de mercancías y capitales a través de políticas proteccionistas y del control de cambios. Ello aconteció tanto en países desarrollados como subdesarrollados. Las soluciones fueron globales, y los principios fueron los de regulación del mercado a través de la mayor participación del Estado en la actividad económica. Si no hubiera sido por las políticas proteccionistas, no se habrían alcanzado los niveles de industrialización, ni el crecimiento sostenido que se dio desde la década de 1940, hasta la de 1980 en la mayoría de los países de América Latina.

Las instituciones antes mencionadas no reconocen que el retroceso que enfrentan muchos países en desarrollo lo han ocasionado las políticas de apertura económica. Hoy en día la mayoría de países desarrollados y subdesarrollados tienen menos industria que la que tenían cuando predominaban políticas proteccionistas (véase cuadro 4.2).

Cuadro 4.2
Industria en proporción al PIB

	Estados Unidos	Reino Unido	Italia	Argentina	Brasil	México
1980	19.95	34.63	30.87	29.48	33.49	22.26
1990 a/	16.33	27.42	25.93	26.79	25.34	20.80
2000	14.23	22.03	23.42	17.52	17.22	20.31
2005	12.41	17.22	20.86	23.15	18.10	18.45
2006	12.33	17.19	21.11	22.27	17.40	18.62
2007	12.14	16.57	21.43	21.28	17.42	18.59
2008	11.56	16.16	20.77	21.24	16.00	18.84

a/ Los datos de Alemania y Brasil para el valor de 1990 corresponden al año 1991.
Nota: Para EU se uso la fuente del Bureau of Economic Analysis. Para Reino Unido e Italia se uso la fuente del Banco Central Europeo. Para Argentina, Brasil y Mexico se uso la fuente del Banco Mundial.
Fuente: Bureau of Economic Analysis, Banco Central Europeo y Banco Mundial.

Se afirma que el proceso de globalización imperante dificulta la viabilidad de instrumentar políticas proteccionistas (UNCTAD, 2009:29), ya que las empresas trasnacionales han diseminado sus procesos productivos por todo el mundo en función de las ventajas comparativas, competitivas y de localización que los países ofrecen. Señala dicha institución que: "La globalización ha incrementado la integración de países y su dependencia de cada otro. Toda esa realidad debe actuar contra el proteccionismo" (UNCTAD, 2009:29). El problema es que todo ello ha entrado en crisis. Los procesos productivos y las empresas están distribuidos a nivel mundial, pero –al entrar en recesión los principales mercados del mundo–, se debilita todo el andamiaje: cae el comercio mundial, la producción industrial, el empleo, aumentan las presiones sobre las balanzas de comercio exterior, y se generaliza la crisis y el posterior estancamiento. La caída de exportaciones no será transitoria ni pasajera, y no se vislumbra que alcancen un dinamismo en forma que sean el motor del crecimiento mundial, por lo que pasa a cuestionarse todo ese esquema de división de procesos productivos entre diferentes países que estaba encaminado a disminuir costos y mejorar competitividad para crecer hacia fuera. Y no obstante ello, se pronuncian por "mayor competencia, menor barreras a la entrada, adecuada infraestructura, ayudaría a desarrollar mejor la capacidad productiva" (UNCTAD, 2009: 36). Se ve que no entienden el porqué de la crisis. Insisten en seguir profundizando las políticas de libre mercado que la ocasionaron. Agregan que: "El principal desafío para las economías en desarrollo, es continuar atrayendo inversión extranjera durante la crisis para estimular la actividad económica" (2009:37). Ello implica no reconocer que, por más inversión extranjera que las economías en desarrollo han recibido –sobre todo las de América Latina–, ello no se ha traducido en mayor capacidad productiva, ni en mayor crecimiento, sino sólo fueron de adquisición de activos ya existentes.

También hay quienes se oponen a las políticas proteccionistas, ya que traería consecuencias de adquisición de bienes nacionales de menor calidad y a mayores precios que los importados. El problema es que ya no se cuenta con divisas suficientes para seguir manteniendo dólares baratos, y que se pueden despilfarrar, importando bienes que son –o pueden ser– producidos internamente. Ante ello, la economía tiene que proceder a ajustar el déficit comercial externo, por lo que no puede seguir consumiendo más de lo que produce.

Hay que evitar que las políticas proteccionistas actúen en contra de la calidad y la eficiencia de la producción y de que se configuren prácticas de alza de precios como resultado de la menor competencia que ello ocasionaría. Ello exigiría de vigilancia de las autoridades y de la sociedad.

El proteccionismo es una realidad en muchos países

Ante las protestas que están surgiendo de desempleados en varios países del mundo, ha llevado a diversos gobiernos a retomar políticas proteccionistas, a fin de proteger a sus empresas y al trabajo frente a los productos importados. Los países que más se retrasen en revertir las políticas de apertura comercial y financiera más tiempo les llevará resolver sus problemas.

Rusia ha empezado a disminuir su comercio y ha impuesto tarifas a las importaciones. India, Vietnam, Indonesia y muchos otros están estableciendo medidas para contener importaciones. Hasta la UNCTAD en su documento reconoce que la problemática actual ha llevado a muchos gobiernos a restaurar varias políticas para salvaguardar industrias nacionales y el empleo. Han aumentado tarifas, medidas de protección contingente, permitir subsidios, manejo de tipo de cambio, medidas no tarifarias, tales como regulaciones restrictivas sanitarias (2009:29). Al poner altas tarifas a las importaciones, o al colocar medidas no arancelarias para frenarlas, se evita que las políticas de reactivación del gasto público se filtren al exterior, para asegurar que tengan mejor impacto internamente.

El paquete fiscal de los 700 mil millones de dólares del presidente de Estados Unidos se acompañó de la consigna "Buy American", que implica favorecer los productos de dicho país frente a los del resto del mundo. Hubo protestas de los países europeos, y tuvo que ser matizada dicha postura, pero la intención existe, y no cabe duda que de una u otra forma la irán instrumentando, ya que con las políticas de libre mercado no se resolverán los problemas que enfrentan.

La Organización Mundial de Comercio debe ser revisada debido a que actúa a favor del comercio de los países desarrollados, en detrimento de los países subdesarrollados. A los primeros se les permite la instrumentación de subsidios a su producción y exportaciones, los que a su vez son prohibidos a los subdesarrollados, por lo que a las diferencias de productividad, se le suman las políticas de subsidios que vienen a acentuar las desventajas competitivas de la gran mayoría de los países subdesarrollados frente a los desarrollados. Dicha institución debe modificar radicalmente sus criterios y principios de funcionamiento, ya que el libre comercio promovido por ellos no tiene operatividad alguna en el contexto de crisis configurado por tales políticas. De no darse respuesta a las demandas de la sociedad, los problemas sociales se extenderán en todo el mundo.

Reestructuración del sistema bancario-financiero

Ante los problemas derivados de la crisis financiera, tanto respecto a la caída de los mercados financieros, descapitalización de activos, insolvencia, restricción crediticia, caída del consumo e inversión, de la producción y del empleo, y del ingreso de empresas e individuos, que nos lleva a un panorama incierto, no se puede seguir permitiendo que el sector financiero y los mercados financieros operen libremente. Este es un sector tan importante para la dinámica económica que no puede ser dejado en manos de especuladores que generan crisis frecuentes y cada vez más severas y difíciles de salir.

Este sector no puede ser manejado por el mercado, ni mucho menos por la banca internacional, porque es más difícil regularla y subordinarla a los intereses nacionales. Tal sector ha determinado una estructura y disponibilidad crediticia, así como altas tasas de interés, que resultan disfuncionales a la dinámica económica del país.

El sector financiero debe ser regulado, tanto para evitar prácticas especulativas y distorsión de la asignación de recursos que actúan contra la dinámica económica. La disponibilidad crediticia debe favorecer al sector productivo y a la generación de empleo, y no al consumo de bienes importados, ni al sector bursátil. Tiene que estar integrada la política crediticia, con la política comercial, con la política industrial y agrícola como de empleo y el gasto público para que se aseguren las condiciones de confianza y rentabilidad en la esfera productiva, para que se facilite la expansión crediticia necesaria para impulsar la inversión en tal sector, como para que se generen los ingresos suficientes en empresas e individuos que aseguren el reembolso de sus deudas y así la estabilidad bancaria.

Hay muchos pronunciamientos en el sentido de que los gobiernos deben jugar un papel más importante en la regulación de tales mercados, "los gobiernos van a ser jugadores mucho más grandes en los mercados de capital que ahora" (Wolf, 2008). El problema es que los gobiernos de muchos países subdesarrollados no tienen poder alguno para regular al capital financiero internacional que opera en tales mercados, por lo que –de mantenerse el proceso de liberalización financiero– ellos son los que seguirán dictando las reglas de comportamiento, y no los gobiernos nacionales.

En nuestro país no existe estrategia alguna para regular y reformar al sistema financiero para refuncionalizarlo a favor del crecimiento productivo. De proseguir la supremacía del sistema financiero, continuarán las mismas políticas especulativas en detrimento del sector productivo, y que nos conducen a crisis recurrentes, cada vez más costosas y difíciles de superar. En ese tenor Wray señala que: "Si nosotros manejamos restaurar la estabilidad mientras permanezcan los manejadores del dinero, sólo estaremos garantizando que otra crisis sistémica habrá en pocos años" (Wray, 2009a). La hegemonía de tal sector, tal como se analizó en el segundo capítulo, ha presionado para que la política de rescate actúe a su favor, y sigue repitiendo las mismas prácticas que ocasionaron la crisis. El capital financiero intentará hacer otra vez lo único que sabe: buscar y priorizar inversiones de corto plazo, que conforman *booms* bursátiles, que atraen flujos de capitales a tales mercados y ocasionan apreciación del tipo de cambio, mayor liquidez, y distorsión de asignación de recursos en detrimento de las inversiones productivas de largo plazo, lo que nos lleva a ser menos competitivos, y a tener mayores presiones sobre el sector externo, situación que frena la dinámica económica, aumenta la vulnerabilidad externa de la economía y genera crisis.

Mientras el sector financiero siga imponiendo la política económica a su favor, no habrá condiciones de superar la crisis que enfrentamos. Nos dice Johnson que: "La recuperación fracasará a no ser que quebremos la oligarquía financiera que está bloqueando la reforma esencial" (Johnson, 2009).

Ante eso debe haber correlación de fuerzas, por parte de los sectores no financieros, que demanden la regulación firme del capital financiero, ya este siempre buscará mejores opciones de inversión especulativas en el mercado financiero para atraer capital, a costa de relegar y marginar de la disponibilidad crediticia y de recursos financieros al sector productivo, por lo que más alejados estaremos del crecimiento económico.

La banca ha sido disfuncional a la dinámica económica, por lo que más que apoyarla, hay que reestructurarla. No repetir los errores del pasado donde se transfirieron grandes recursos a dicho sector, sin pasar a regularlo, por lo que continúan las mismas prácticas especulativas. Al recrudecerse los problemas de cartera vencida y la problemática de la banca, ésta demandará otro rescate bancario. Sin embargo, el gobierno no tiene viabilidad de hacer suya la deuda mala de la banca otra vez, para así disminuir el riesgo de quiebra de ésta, dada la débil situación de las finanzas públicas, y además, porque la población no aceptaría la socialización de las pérdidas de la banca otra vez.

El destino del crédito es tan importante, ya que determina las características y el comportamiento de una economía, por lo que no se puede dejar dicha decisión a las libres fuerzas del mercado que responden a los intereses de los dueños del dinero, y no de las necesidades de crecimiento y bienestar para todos.

El banco central, así como la SHCP y la CNBV, deben tener herramientas regulatorias para que el sector financiero no especule y sea funcional a la dinámica económica y al pleno empleo. Debe evitar la disparidad de rentabilidades entre lo financiero y lo productivo. Al continuar el sector financiero ofreciendo mejores opciones de inversión que la esfera productiva, menos condiciones tendrá la economía para retomar su dinámica de crecimiento, como corregir las presiones sobre el sector externo y reducir su dependencia de la entrada de capitales. De ahí que se tiene que recuperar el control que el gobierno ejercía al sector bancario, para regular la asignación de crédito a fin de que estos no se destinen a actividades especulativas, ni al financiamiento de bienes de consumo importados, lo cual desquicia el funcionamiento de la economía y provoca crisis.

A fin de evitar la quiebra de empresas durante la crisis, el banco central les debe otorgar créditos a ningún costo, para que puedan liquidar o reestructurar los términos de sus deudas. Pero lo más importante es que se realicen el conjunto de políticas antes mencionadas, para mejorar los ingresos de las empresas, y así puedan encarar sus problemas de insolvencia.

La capitalización de la banca debe de sustentarse en las ganancias de dicho sector, derivadas del reembolso de los créditos otorgados, por lo que deben predominar condiciones macroeconómicas y productivas que lo garanticen.

Los bancos e instituciones financieras deben ser reguladas de forma tal que su capital guarde una proporción importante en relación con los créditos y activos que emiten, a fin de que garanticen el respaldo de los mismos y así regular la liquidez de dicho sistema y frenar acciones especulativas que desquician a los mercados y a la economía.

Al ser el gobierno y el banco central los garantes de los depósitos así como de la emisión de ciertos títulos que realiza el sector financiero, los obliga a ejercer mayor regulación sobre los tipos de activos que compran las instituciones financieras como en la distribución de sus créditos. Deben tener ingerencia en la política crediticia seguida por los bancos, a fin de evitar comportamientos procíclicos de la misma. De ahí que se debe proceder a "aumentar la habilidad del banco central para responder a contracciones o expansiones crediticias para ofrecer o retirar obligaciones libres de interés a cambio de compras o venta de activos de las hojas de balance del sector financiero" (D'Arista, 2009), lo cual permitiría que dicho sector tuviese más un papel contracíclico.

El problema es político, de correlación de fuerzas

La instrumentación de las políticas alternativas antes anunciadas implica un problema político difícil de resolver ya que implica afectar intereses económicos que están detrás de las políticas predominantes que se oponen al cambio.

El contexto de crisis debería actuar a favor del cambio, pero no hay la correlación de fuerzas para ello. El capital financiero es tan poderoso –no obstante haber ocasionado la crisis–, que impide todo cambio a la política predominante.

El sector privado no acepta que se trabaje con déficit público, y el problema es que –al no incrementarse el gasto– menos posibilidades se tendrán de frenar la desaceleración de la actividad económica y de aumentar el empleo. Tampoco se acepta replantear los Tratados de Libre Comercio, ni la liberalización financiera, por lo que seguiremos con los conflictos económicos, políticos y sociales que de ello se deriva.

Uno podría preguntarse porque la defensa a ultranza del libre mercado, no obstante que ello nos ha llevado a la crisis que enfrenamos. Hay que recordar que el sector hegemónico es el capital financiero, y no el productivo nacional, y mucho menos los trabajadores. Las empresas trasnacionales se oponen a que se frene el libre comercio, así como el capital financiero no acepta que se controle el movimiento de capitales entre países, ni que se les diga como tienen que asignar el crédito.

El capital financiero está por el libre movimiento de mercancías y capitales para así ampliar sus mercados de inversión, y de los productos donde son competitivos, por lo que se opone a las políticas proteccionistas y de regulación del sector financiero, y también al control del flujo de capitales, a pesar de la inestabilidad mostrada en los mercados financieros internacionales, y en los mercados de divisas, y las consecuencias negativas que ello está teniendo sobre la economía real.

A pesar de la crisis, del desempleo creciente, de las grandes desigualdades en la distribución del ingreso y de la inseguridad que se vive, no hay cambio de correlación de fuerzas que permita modificar la política económica predominante y anteponer una que ponga en el centro el crecimiento económico, el pleno empleo y el bienestar de la población.

Surge la pregunta de si la profundización de la crisis configurará la correlación de fuerzas para replantear las políticas que la originan. El problema se magnifica porque no existe conciencia por parte del gobierno, del Congreso, y de los partidos políticos, de la magnitud de la crisis que enfrentamos. Es una crisis del patrón de acumulación, y mientras éste no se modifique, no habrá recuperación sólida alguna que satisfaga los reclamos de los productores agrícolas e industriales, de los trabajadores, de los que buscan empleo, de los marginados y de los miserables que no tienen opción alguna. El problema es de falta de niveles de concientización, y de movilización por parte de los excluidos de este sistema, para frenar a los especuladores, a los que se han apoderado de los activos estratégicos nacionales, y a los que actúan a favor de ellos. De no generar acuerdos en torno al recate de un Proyecto de Nación incluyente, soberano, que se encamine a sacarnos del subdesarrollo y de la miseria, no habremos respondido a los retos que la historia nos coloca hoy en día.

Bibliografía

Bibow, J., 2004, "Fiscal Consolidation: constrainsting stategies & lessons from international experiences", en The levy Economics Institute and Board College, Working Paper, núm. 400.

Council of Economic Advisers, 2006, Economic Report of the President.

D'Arista, J., 2009, "Setting on Agenda for Monetary Reform", en Political Economy Research Institute, University of Masachussetts-Amherst, WP núm. 190.

Domar, E.D., 1944, "The Burden of the Debt and the National Income", en *American Economic Review*, Vol 34, núm. 4.

Fuhrer, J. C., 1997, "Central Bank Independence and Inflation Targeting: Monetary Policy Paradigm for the Next Millennium", en *New England Economic Review*, ene-feb.

Grabel, I., 2009, "Productive Incoherence in an Uncertain World: Financial Goverance, Policy Space and Development after the Global Crisis", en *Political Economy Research Institute,* University of Massachusetts Amherst, Workking Paper Series, núm. 214, enero.

Johnson, S., 2009, The Quiet Coup, en *TheAtlantic,* www.theatlantic.com/doc/200905/imf-advice.

Keen, S., 2009, "Mad, bad, and dangerous to know", *Real World Economics Review,* núm. 49.

Keynes, J. M., 1964, *The General Theory of Employment, interest, and Money,* A Harvest Book, Harcout Brace and Company, NY, Londres.

Minsky, H., 1993, "Finance and Stability: The limits of capitalism", en The Levy Economics Institute of Board College, Working Paper, núm. 93.

OCDE, 2009, *Global Recession: How Should Policy Respond?* Editorial, March 30th, of Klaus Schmidt-Hebbel, Chief Economist.

Palley, T., 2009, "The Fiscal Austerity Trap. How Budget Deficit Alarmism Risks Sabotaging Growth and Creating Self-fulfilling Budget Difficulties", en *New American Contract Policy Paper,* The New America Foundation 15 de Sept.

Pollin, R., 2009, "Tools for a New Economy. Proposals for a financial regulatory system", en *Boston Review* (http://bostonreview.netBR34.i/pollin.php), enero-febrero.

Romer, Ch., 2009, *Lessons from the Great Depression for Economic Recovery in 2009,* Lecture in Brookings Institution, Washington, DC, 9 de marzo.

Robinson, J., 1973a, "The Foreign Echanges, en *Collected economic papers*, Cap. 22, Vol. IV, Oxford: Brasil Blakwell.

Robinson, J. 1973b, "The economic of full employment", en *Collected economic papers*, Vol. IV, Oxford: Brasil Blakwell.

Robinson, J., 1973c, "Beggar-My Neigbour Remedies for Unemployment", en Collected economic papers, cap. 23, vol. IV, Oxford: Brasil Blakwell.

Rochon, L.-P., y Setterfield, M., 2007, Interest rates, income distribution, and monetary policy dominance: Post Keynesians and the "fair rate of interest", en *Journal of Post Keynesian Economics* 30, pp. 13-42.

Tymoigne, E., 2006, Asset Prices, Financial Fragility, and Central Bank, en The Levy Economics Institute of Bard Collage,Working Paper, núm. 456, junio.

Tymoigne, E., y Wray, R., 2009, "It isn't working: Time for more Radical Polices, en The Levy Economics Institute of Bard Collage, Public Policy Brief Higlights, núm. 105, noviembre.

UNCTAD, 2009, "Global Economic Crisis: Implications for trade and development", Report by UNCTAD Secretarial, Trade and Development Board, Geneva, mayo 11-15.

Wolf, M., 2008, "Challenges of Globalization", Conferencia impartida en el Soria Moria Hotel, Oslo, septiembre 18, www.espen.com/archives/2008/09/martin_wolf_on.html

Wray, R., 1997, "Deficit, inflation and monetary policy", en *Journal of Post Keynesian Economics* 19, núm. 4.

—, 2006, "Understanding policy under a floating rate regime", en Center of full employment and price stability, Working paper, núm. 51.

—, 2009a, "The Return of Big Government", en The Levy Economics Institute of Board College, Public Policy Brief, núm. 99.

Wray, R., 2009b, "The Social and Economic Importance of Full Employment", en The Levy Economics Institute of Board College, Working Paper, núm. 560.

Wray, R., 2009c, "Why Congress Should NOT Increase the Government's Debt Limit", en *New Deal 2.0, http://www.newdeal20.org/*, noviembre.

Wray, R., 2009d, "An alternative view of finance, saving, deficits and liquidity", The Levy Economics Institute of Bard Collage, Working Paper, núm. 580.

Wray, R., 2010, The Federal Budget is NOT like a Household Budget: Here's Why, en *New Deal 2.0,* http://www.newdeal20.org.

You, J-I, y A. K Dutt, 1996, "Government debt, income distribution and growth", en *Cambridge Journal of Economics* 20, núm. 3.

La crisis en Estados Unidos y México:
la dificultad de su salida
Se terminó de imprimir el 22 de marzo de 2011
en los talleres de Navegantes de la Comuncación Gráfica,
S.A. de C.V., ubicado en Pascual Ortíz Rubio, núm. 40,
col. San Simón Ticumac, Portales, México, D.F.
Para su composición se usaron tipos Apollo MT
regular, italic y semibold 11.5/14.
Impreso en offset sobre papel bond ahuesado de 90 gr.
Coordinación editorial: Leonel Rivera.
Cuidado editorial: Eladio Periañez César.
El tiraje consta de 1000 ejemplares.